U0862609

鸣谢：

南方日报社

暨南大学舆情与社会管理研究中心

“中国社会调查丛书”编委会

顾　问　林如鹏　范以锦

委　员　支庭荣　杨先顺　张晋升　姚淑兰

林爱珺　陈伟军　星　亮　朱　磊

申启武　邱一江　林少娴

中国社会调查丛书

Discovering Sansha

揭梦三沙

南海深度采访行

主　编　邱一江
副主编　王玉玮　麦尚文　李　龙

暨南大学出版社
JINAN UNIVERSITY PRESS

中国·广州

图书在版编目（CIP）数据

揭梦三沙：南海深度采访行／邱一江主编；王玉玮，麦尚文，李龙副主编．—广州：暨南大学出版社，2014.11

（中国社会调查丛书）

ISBN 978－7－5668－1021－2

Ⅰ．①揭…　Ⅱ．①邱…②王…③麦…④李…　Ⅲ．①大学生—社会实践—概况—广东省　Ⅳ．①G642.45

中国版本图书馆 CIP 数据核字（2014）第 095030 号

出版发行：暨南大学出版社

地　址：中国广州暨南大学
电　话：总编室（8620）85221601
　　　　营销部（8620）85225284　85228291　85228292（邮购）
传　真：（8620）85221583（办公室）　85223774（营销部）
邮　编：510630
网　址：http://www.jnupress.com　http://press.jnu.edu.cn

排　版：广州良弓广告有限公司
印　刷：佛山市浩文彩色印刷有限公司

开　本：787mm×960mm　1/16
印　张：21.75
字　数：388 千
版　次：2014 年 11 月第 1 版
印　次：2014 年 11 月第 1 次

定　价：49.80 元

（暨大版图书如有印装质量问题，请与出版社总编室联系调换）

著名青年书法家、暨南大学教师朱圭铭先生赠题

暨南大学新闻与传播学院“揭梦三沙”南海深度采访团永兴岛小分队在三沙市地名碑前与驻军官兵合影

暨南大学情系海疆军民联欢晚会

暨南大学新闻与传播学院“揭梦三沙”南海深度采访团向中国人民解放军92474部队首长赠送锦旗

总　序

杨先顺

有一种梦想，凝聚了多少年来中华儿女浴血奋战、攻坚克难的共同期盼——这就是“中国梦”。

有一种理念，将抽象干枯的理论植根于鲜活滋润的社会实践中，从而产生强大的创造力——这就是“知行合一”。

2013，暨大新传追逐梦想，锐意行动！

为进一步加深对“中国梦”内涵的认识，了解各行各业的中国人（特别是边防战士和基层群众）如何为实现“中国梦”而恪尽职守、默默奉献，暨南大学新闻与传播学院以国家级大学生校外实践基地为支撑，创造性地将大型社会实践活动与专业实践教学活动、党建品牌活动有效结合起来，策划并实施了我行我动“中国梦”深度采访与调研活动，成功申报暨南大学党建品牌项目，并于2014年被评为暨南大学“十佳党建品牌项目”。

这堪称暨南新闻教育史上的一次壮举！

活动之广——纵横数十万公里！调研之深——边疆边贸和灾区都有大家的足迹！规模之大——8个子项目，14个团队，100多名师生。其中，这8个子项目为：

1. “揭梦三沙”南海深度采访行
2. “寻梦中国”海疆万里行
3. 广货行天下，边贸万里行
4. 寻访美丽中国——川藏行
5. 基层深呼吸——湖北宜都市经济社会发展采访调研
6. 寻梦廊桥深度采访行
7. 我是记者——瑶乡行
8. “中国梦 ”海外华文媒体深度调研（伦敦行）

我们惊叹——“揭梦三沙”南海深度采访组乘风破浪，成为全国第一个进入海南省三沙市采访的大学生社会实践团队。我们惊讶——“寻梦中国·

海疆万里行”活动踏遍了中国沿海的重要口岸、港湾、海岛，钩沉历史，洞察现实，思考未来。我们惊奇——“广货行天下·边贸万里行”活动历时3个月，行程4万公里，零距离接触俄罗斯、朝鲜、蒙古、越南、尼泊尔、老挝、缅甸7个国家，走访了9个一级边境口岸，完成了15万字的调研报告。我们惊心——“寻访美丽中国——川藏行”团队不辞劳苦、不畏颠簸赶往四川映秀镇、威州镇、水磨镇和西藏林芝地区，探寻汶川震后重建的精神力量，挖掘广东援藏的感人事迹。我们惊服——“中国梦 ”海外华文媒体深度调研（伦敦行）团队，跨越国境，远赴海外，克服生活的不适，挑战文化的差异，就“外国人对中国国家形象的认知”、“海外华文传媒生存现状”、“海外华工生存现状”等问题进行了深入的采访和调研。

活动的成果令人瞩目。通过媒体传播，彰显了我院学子的专业素质和精神境界，赢得了良好的社会声誉。活动共发表纸媒报道35篇，广播电视媒体报道20多次，网络报道1 000多条，业界和学界对此好评如潮。活动调研报告总计20多万字。《守·望》、《强国风雨路》、《揭梦三沙》3部活动中拍摄的微电影，获得广东省教育厅“最美中国”主题微电影创作大赛的一等奖和二等奖。同时，与活动相关的挑战杯立项3项。英国华文媒体《欧洲商报》建立了暨南大学新闻与传播学院第一个海外实习基地。

有梦想，才有行动！有行动，才有体验！有体验，才有思考！

这套丛书汇聚了你们执着真切的梦想，见证了你们不畏艰辛的行动，渗透着你们刻骨铭心的体验，蕴藏着你们深邃缜密的思考！

感谢你们——带队的老师们！你们肩负重任，一路排忧解难、悉心指导，完成了比课堂教学更为艰巨的任务。

感谢你们——参与的同学们！你们冒着酷暑，扛着重物，忍着痛苦，经历了象牙塔里从未遇见的磨难，将新鲜的报道呈现于多样化的全媒体中，将严谨的调查报告汇聚成册，公开出版。

若干年后，你们是否还能记起这激情燃烧、青春飞扬的岁月？

（作者系暨南大学新闻与传播学院党委书记兼副院长、教授）

目　录

"揭梦三沙"南海深度采访行采访日记集锦

二、“跨·跃”采访组

三、“爱是深蓝”三亚潜艇部队采访组

四、My Way 2013·行走三亚组

五、“潭门”采访组

六、“守·望”采访组

"揭梦三沙"南海深度采访行选题方案集锦

"揭梦三沙"南海深度采访行各组照片集锦

前　言

2013年7月30日五点整，“揭梦三沙”暨大学子南海深度采访一行13人（包括老师、学生、记者）在文昌清澜港登上“琼沙三号”补给船。7月31日七点半，经过15个小时的航行抵达三沙市永兴岛，踏上了梦寐已久的地方。我们成为全国大学生中第一支登上该岛的大规模实践团队！

这次之所以能够创造“全国第一”有多方面的原因。首先是暨南大学新闻与传播学院领导的高度重视。学院一次就批给我们十多万元的经费，而且2013年暑假学院类似的活动还有“海疆万里行”、“追寻名牌广告”、“寻找那些不朽的桥”等等。这些说明，暨南大学新闻与传播学院为学生实践活动的开展，为学生能力的提升，是敢于投入甚至不惜“血本”的。这种做法、这种意识、这种气魄，在全国新闻院系中不是唯一，也属罕见！

其次，三沙是富含新闻价值的“金矿”，三沙行有着重大的现实意义。三沙市是中国最年轻的城市，也是中国目前地理位置最南端的城市。三沙市的设立意味着中国在对南中国海各大群岛、岛礁及有关领海的控制，迈出了重要一步，标志着中国对南中国海及其附属岛屿、岛礁及有关领海在法理上的控制，有了更为有利的根本依据。但是在大多数国人心中，这个如此重要的年轻城市却仍是一个神秘而模糊的概念。真实的三沙到底是怎么样的？永兴岛上的居民是怎样生活的？三沙的未来走向如何？这一个个疑问都牵动人心。由此可知，三沙是锻炼新闻学子新闻敏感、新闻业务等各方面素质、能力的最好战场，而且通过我们多种方式的呈现——纸媒报道、电视作品、书籍——能够让国人进一步了解三沙，进一步增强海防意识、国防意识。其现实意义不言而喻。除了三沙，我们还选择了三亚和潭门两个点。三亚是海南第二大城市，也是距离三沙最近的城市；潭门的渔民有很多到三沙捕鱼，两地间有着浓郁的亲情纽带。这样以三沙为中心，三沙、三亚、潭门成一面，能够完成对南海的深度解析。

再次，“电视采编训练营”是暨南大学新闻与传播学院广播电视系较为成熟的学生实践平台，有一套完整、系统的运行机制。“电视采编训练营”先要经过一个学期的课堂实践训练。参加训练营的同学三四人一组，每两周出一个电视作品，由老师一一点评。一个学期要拍摄8～10个作品，这样一学期下来对电视节目采制的所有环节都经过了八次以上的训练。接着暑假一开始就进行为期一周的集中培训，请业界有经验的记者、编辑为大家授课，解答同学们的疑问。与此同时，各个小组开始制订自己暑假实践的采访方案。最后，采访方案获得通过的小组可以外出开始暑期社会实践。由此可见，在“电视采编训练营”，同学们在电视采访实践和理论两方面都经过了扎实、系统的训练，这为他们大规模外出采访提供了坚实的基础。

最后，“揭梦三沙”南海深度采访行之所以获得成功，跟中国人民解放军92474部队李政委的热情支持和不可或缺的帮助分不开，在此深表谢意！李政委认为暨南大学新闻与传播学院这次“揭梦三沙”南海深度采访行是一次军民携手的生动范例，有助于提升大学生的国防意识、海洋意识。李政委希望这样的活动能够持续下去，并寄望暨大学子为国家的海防事业贡献自己的青春和热血。政委——一位老军人——的厚望我们铭记于心！

正是有了上述这些独特的优势和条件，我们才能登上三沙，才能完成对南海的深度采访，也才有了本书的面世！

本书主要包括作品、采访日记、策划方案和工作照片四个部分。作品部分主要是电视作品的文字呈现及创作体会。作品的文字呈现采用了电视专用的分栏纸形式，力图突出电视多符号的特点，反映创作者电视的思维状态；创作体会是作者在电视采访、写作、编辑、制作及策划等多方面的经验总结，在选题、形式、结构等各种创作要素上的认识、经验等。采访日记反映了每个成员在整个过程中的经历和思想活动。采访日记因人而异，有的侧重业务的探讨，有的讲述个人的经历和感悟。策划方案是各个小组在整个活动中讨论、制订的，有的付诸实践并且成功得以在作品中呈现，有的因种种原因而束之高阁，有的经过修改继续在采访中得到贯彻。毫不讳言，其中绝大部分方案非常优秀、周密，最终都未能实施。这种现象令人深思，如何认识采访策划？怎样使策划更为有效？策划是不是无用？这是所有成员都苦苦纠结，爱之、恨之又不能完全把握的。工作照片是用照片的方式记录各个采访组工作、生活的情况，同时反映了采访的环境、情境，以使读者对整个活动有个感官认识。

借着这本书的出版，这里也就大学生社会实践谈谈看法。

社会实践是“电视采编训练营”流程中的最后一环，也是真正检验前期教学、实践效果的关键，它是同学们由课堂走向新闻主战场、由模拟走向实战的一个重大转变。如何成功“转型”？我们觉得以下几方面至关重要：

第一，关于策划。

本书是“策划”的产物。“揭梦三沙”总策划案中明确规定了各个阶段每个团队要提交的各种材料，策划书是所有材料中的关键部分。

首先是出发前。在这个阶段里，每个有意向参与活动的同学要提交详实具体的报道方案，并以报道方案的可行性和突出性选人。这里的方案要求同学们对将要进行的人物或者事件采访事先做出谋划或筹划，在谋划过程中进行分析、构思，经过反复酝酿、调整，从多个报道方案中优选出最佳报道方案后加以实施。但是光有一个方案是远远不够的，这次活动中，学生们充分体会到有时候计划赶不上变化，预期采访安排可能会因为许多不可抗力因素的干扰被迫中止或者是改期。因此，“策划”这两个字的作用和优势尤为凸显。报道方案经过带队老师组成的评委团审核通过了，制订方案的同学才能成为正式的成员。

其次是在活动过程中。我们要求每一位团队队员写采访日记，记录采访过程中的真实事件、真实情感，并随时抽查。不仅如此，我们还在活动进行中不断修改原先制定好的策划书，根据当时采访过程中发生的现实情况做出临时的调整，以求能够让最后采访成品的效果达到最优化。

最后是活动结束后，要求大家在规定的时间内拿出作品（包括视频和文本），并且附带深刻的采访体会。由于策划到位，任务明确，加之执行不打折扣，所以构成本书的几大部分内容都能比较顺利的收集、整理出来。

第二，关于机制。

机制是确保包括电视采编训练营在内的大学生社会实践活动正常、规范、良性、可持续的制度基础。从纵向看有流程机制，从横向看有分类机制。

纵向的流程机制包括三个阶段。一是在校实践阶段，时间 16 周，持续将近一个学期。其做法是，学期开始参加电视采编训练的同学就自由分组，然后每组每两周交一个电视新闻作品，逢双周老师进行讲评，总共八次。这样，训练营的同学对电视新闻的选题、策划、采访、拍摄、编辑、写作、制作等各个环节都有了八次的实际经验，再经过老师针对性的讲评，可以加深对新闻理论、电视媒体的认识。

二是集中培训阶段，持续 1 周。具体时间一般是暑假的第二周，我们延请业界有经验的记者、编辑和领导给同学们集中授课，进一步强化新闻意识、电视意识，巩固一个学期的实践、理论学习的成果。这一阶段业界老师的选择是关键，比如“揭梦三沙”南海深度采访行，我们就请了河源电视台的车济民副台长，他介绍的河源电视台拍摄“天下客家人”大型系列纪录片的体会，给同学们留下了深刻印象，让同学们知道电视记者尤其是小台记者的艰辛，这对他们完成自己的任务很有帮助，如冼丽影同学在采访日记里这样写道：“记得在上培训课的时候，河源电视台车济民台长也跟我们提过他类似的经历。当时还体会不到他所说的那种无奈与羞愧。但在派出所凉亭的那一刻，我体会到了。当时我的脸通红，火辣辣的……教导员的敷衍，让我只能向同在现场的佛山电视台记者寻求帮助。低声下气、笑脸相迎，尽管心里有再多的委屈也只能先放一边。若我真打算从事新闻行业，这样的事情以后便是家常便饭吧。现在也只能安慰自己，把这个经历当作是提前的社会实习了。”

三是外出实战阶段，各组提出自己的选题，通过后或分散或集中出去完成，最后需提交作品视频、文本、前期策划、采访体会、采访日记等。这个阶段实际又分为前期采访、后期编辑制作和最后总结三个步骤。前期采访如何完成在策划一节已经做了详细的阐述，在此不再赘述。后期编辑制作和最后总结是一般社会实践活动容易忽视的环节，出去时轰轰烈烈，回来后寂寂无声的现象时有出现。改变这种状况，真正使大学生的社会实践活动取得实效，关键在于抓落实。在“揭梦三沙”南海深度采访行中，我们强调，成片能力是各种业务能力的综合体现，是评价每个同学在社会实践中表现优劣的最基本依据，更进一步讲，能不能拿出作品也是衡量一个同学对社会实践活动态度正确与否的标准。在提高同学们认识的同时，采取相应的措施，对完成得好的同学在学分、评优等方面给予适当倾斜，而没有完成的则予以惩罚。指导老师再加强督查，敦促同学们在限定的时间里拿出作品。对于采访日记、采访体会同样重视，要求必须按质按时完成，因为将实践经验转化为理论认识，是一个飞跃式的进步，养成时时总结、处处思考的良好习惯，有利于同学们业务能力、理论水平的提升。

这样经过“在校实践—集中培训—外出实战”三个阶段，一期电视采编训练营宣告结束。

横向的分类机制包含很多，比如选拔机制、评价机制、运行机制、推广机制、沟通联络机制等等，在这里就不展开叙述了。

第三，关于团队。

指导老师团队是项目成功的核心。“揭梦三沙”南海深度采访行有四位指导老师，其中有业界经验丰富者，有理论涵养深厚者；有传统媒体的实践者，有新媒体的研究新锐；还有学生工作经验丰富者。这种组合互补性强。在实际工作中这种优势充分体现出来，比如麦尚文老师策划能力强，与媒体联系广泛，他提出，要挖掘三沙离不开潭门和三亚，这样就确定了整个活动“三点一面”的框架：以三沙、三亚、潭门三点为核心，重点挖掘，从而形成对南海（一面）的深度解析、整体认识。我们的活动得到媒体广泛、持久的关注，也与麦老师的精心策划、积极沟通分不开。王玉玮老师为人谦和，深得学生喜爱。他擅长纪录片拍摄，《守・望》就是在他执导下获得了省级一等奖。李龙老师长期做学生工作，懂得学生心理，在学生团队组成、后期成果呈现等多方面，都提出了独到的建议和设想。几位老师的共同努力确保了这次大规模的活动安全、顺利、圆满。

学生团队是项目成功的基础。我们认为培养好的学生团队需要做好以下三点：第一，由同学自由组合。在流程机制中已经介绍了，电视采编训练一开班就要求同学们自由组合，形成采访团队，之所以这样，是因为同学们学习、生活在一起，专业、特长、脾性等彼此熟悉，有的同学已经有过合作的经历，更容易形成默契，碰到问题、困难时更容易沟通、解决。同时一个团队的默契需要时间来磨合，而一旦磨合成功对后面第三阶段出去实战是非常有益的。事实证明后来片子做得比较好、成果较多的就是这样经过磨合、锻炼的团队。第二，强化合作意识。电视记者是个集体的概念，做好电视采访，离不开策划、出镜采访、摄像、灯光与音响调试等多工种、多环节的密切协同。一个有能力的团队必然是每个成员术有专攻，又能相互配合的团队。以冼丽影组为例，组长冼丽影电视纪录片创作经验丰富，拍摄技术优良，采访沟通及后期剪辑能力极强；组员邹薏颖长于前期策划和后期剪辑；组员张芮技术全面，可以实现团队中角色的快速转换；组员康群群对声音非常敏感，擅长现场采音和后期配乐。大家在采制中既发挥各自优长，又相互鼓励、配合。他们拍摄的《守·望》接连获得学校和省里的大奖。合作的意识还体现在组与组、组与大团队之间。这点下面详细阐述。

团队协调是项目成功的保证。协调主要适用于整个团队与采访组之间以及各个采访组之间的关系上。“揭梦三沙”南海深度采访行是一个大的团队，有 25 名学生，分成 6 支采访组。大家的总体目标、任务是一致的，那就是通过对三沙、三亚、潭门的重点挖掘形成对南海的深度、整体认识。但是每个采访组又有自己单独、具体的任务。采访组与采访组、采访组与大团队之间还是有些矛盾冲突，比如设备的分配、时间的安排、行程的确定与调整等。怎样处理好大团队与采访组之间的关系？我们觉得需要把握好以下几个原则：

一要明确任务。每个成员都要明确整个团队的任务，明确各自所在采访组具体的任务，并且明确完成任务的时间。这些都明确了，每个人、每个组就知道什么时候该做什么事情，这些事情是自己小组的还是整个团队的，这样关系就好处理了。统一行动时就服从整个团队或者大活动的安排，强调步调一致。分散行动时则鼓励发挥各自采访组的积极性。在统、分转换时则严格要求行动迅速，按时到位。比如，与军队联欢……时间紧，任务重，而且出发前事物繁杂，各组都在忙着自己方案的完善、资料的充实、采访对象的联系、设备的借用等等。但是，我们仍然坚持所有一切必须为整个团队的活动让路，各组必须积极投入联欢会节目的排练中。结果短短三天就与部队联手拿出了一场不错的晚会。

二要尊重各个采访组的独立性。这种尊重表现在给各组创作的充分自由，无论是内容还是表现形式方面，都要尊重小组的意见，因为只有他们最了解自己的选题。当然尊重并不是放任不管，如果时间允许，指导老师要尽可能多地参与各小组讨论，与组员平等交流，共同探讨，提出自己的建议和意见。这样会大大激发同学们的创作热情，增强团队的凝聚力，形成钻研业务的良好氛围。笔者就曾在微信上参加了两个小组的讨论，同学们讨论的热烈、认真以及富于创意，都深深感染了我，并从中受到不少的启发。尊重还体现在因势利导，发挥采访组、组员各自的特长。发挥各采访组的特长，最终的结果是整个团队的作品题材丰富，体裁多样。既有反映与民生活的，也有体现部队文化的；既有纪录片、旅游文化片，也有微电影等等。充分尊重各采访小组，反过来整个团队的大活动定然会得到他们的支持，这样大团队与小团队之间就分合自如，整体执行力大大增强。

三要确保沟通畅顺。“揭梦三沙”南海深度采访行设置了整个团队和采访组两级Q群和微信群。团队指定专人负责信息沟通，正常情况每日与各组组长联络一次，然后上报指导老师。指导老师每日召开各组长会议，根据各组情况提出注意事项，布置下一步的工作。信息渠道多样、畅通，保证了整个团队协调自如。

第四，关于效果

效果包括有形与无形两种。有形的包括获奖的以及制作完成的电视作品，即将出版的这本书，各大媒体的相关报道等等，从不同方面扩大了暨南大学的影响，提升了暨南大学的声誉。我们有个梦想，那就是：我们把希望留在了三沙，总有一天我们会再次揭开过去的回忆，揭开三沙的更多面目，揭开我们曾经为之奋斗的梦想！

无形的效果体现在学生参与活动的整个过程和之后学习生活的方方面面。首先是对情感的熏陶，这里的情感不局限在小众之间的喜怒哀乐，而是包含了对团队的情感，对自然的情感和对家国的情感。学生们从前期的准备、策划，到后续采访的顺利进行，每一步骤都是在团队的合作下完成，同吃同住，共同面对困难，共同经历喜悦。就像三沙采访组组员黄伊莉同学在日记中提到：“去哪里做什么不重要，重要的是和谁在一起。与其说这一路我学到了知识和技术，倒不如说是收获了你们。我的老师和朋友们，你们的努力、坚持和关爱感动着我，这份记忆长存。”在分组采访过程中，学生们对于社会、家国以及自然的热爱和敬佩也是我们意料之外的巨大收获。就像潭门采访小组组长范晓玲说的："大家感动于潭门镇淳朴的民风，感动于潭门镇人的乐于助人，感动于潭门镇女人的坚强，感动于潭门镇渔民海一样的胸怀……"

其次是对学生们个人素质的提升。在专业方面，我很惊喜地看到了每一位同学能力上的进步。琼海潭门采访组组长冼丽影在采访过程中有这样的体会："由于天气问题没有拍摄成功。这又导致了某些画面的缺失。这些经历尽管当时很苦，但现在想起来，却觉得很幸运。幸运能认识到这些错误，幸运还有机会改正这些错误。"不管是在临场反应还是专业技术上，历经一次次失败的经验教训，通过一遍遍实战的千锤百炼，他们正以蓬勃的热情向专业媒体人渐渐靠拢，这也正是我们此次"揭梦三沙"活动的最重要目的。但光有对工作的热情还远远不够，在纷繁复杂、充满各种利益诱惑的现代社会，作为记录时代进步，传播新闻信息，引导社会舆论的新闻记者，应该坚持新闻理念与职业道德，用热情、正义感、责任感和敏锐的头脑来实践自己的新闻信念。就像琼海潭门采访组组员康群群说的："一名记者，应当承担道德与专业素质之间的碰撞和冲突。"只有真实的实践才会有切实的体会，"揭梦三沙"给了学生们这样一个平台，可以感受到许多我们在课堂上无法感受到的真情实感。

最后是对我们荣誉感的增强。"揭梦三沙"深度采访一行依靠与部队的沟通和支持，不仅在行动上成为全国首批进入三沙市采访的大学生团队，而且从意识上提升了对团队、国家的荣誉感。"爱是深蓝"三亚潜艇部队采访组组长牛若曦在自己的采访日志中表达过这样一段真实感受："就在出发的这个早上我睡过了头，迟到了一个小时，害得所有的同学在集合地点等了我一个小时，也就耽搁了大家的行程。这深刻的一课教会我守时是一个最基本的原则，尤其是记者在进行采访任务的过程中，不管是什么原因，迟到都将面临任务失败、计划取消。因此，作为准媒体人的我们，守时是我们入行的基本要求。今后我将严于律己，不再让类似的错误发生。"虽然语言质朴，但情感真切。有所发现，有所感悟，正是我们开展大学生暑期社会实践素质教育的重中之重。

编 者

2014 年 6 月

于暨南大学新闻与传播学院

2014年6月

“揭梦三沙”
南海深度采访行电视文本与心得体会

一、“潭门”采访组

“潭门”分栏纸

画　面	解说词
潭门镇街景（摇镜头，全景） 潭门渔港渔船（摇镜头，全景） 潭门镇街景（固定镜头，全景）	【画外音】海南省琼海市潭门镇，是海南岛东部一个濒临大海的小镇，这是一个遍地都是船长的地方。
苏承芬站在水边眺望渔港（固定镜头，中景） 苏承芬站在海边眺望大海（固定镜头，近景） 苏承芬的挂在墙上的照片（推镜头，特写） 苏承芬从家中纸袋里翻找（固定镜头，中景） 苏承芬站在海边眺望大海（推镜头，近景）	【画外音】家住潭门镇草堂村的老船长苏承芬，今年已经 80 岁了，他 13 岁就跟着父亲出海，是潭门镇上公认航海技术最好的船长。现在，苏承芬有一个更加特殊的身份，即国家级非物质文化遗产——“南海航道更路经”的代表性传承人。
苏承芬在家中阅读《更路簿》（固定镜头，近景） 《更路簿》局部（固定镜头，特写） 苏承芬画的行船路线简图（推镜头，特写）	【画外音】《南海航道更路经》，简称《更路簿》，是潭门渔民世代手写的，从海南岛前往东沙、西沙、南沙，以及东南亚一带海域的行船路线图。
苏承芬接受采访（固定镜头，近景）	【苏承芬】父亲当船长了，去西沙就带我出海捕鱼，他就拿出《更路簿》来看。我那时小，不懂是什么东西，就问我父亲。他说是《更路簿》。他讲从这个地方到那个地方，脑子要记，记住的就不用看，忘记了的或记不起的，就拿出来看看。
《更路簿》局部（推镜头，特写） 苏承芬讲解行船路线（固定镜头，近景） 苏承芬在桌上摊开一幅海图（固定镜头，近景） 苏承芬向记者讲解海图（摇镜头，近景） 苏承芬讲解罗盘的用法（固定镜头，特写） 苏承芬讲解海图（固定镜头，近景）	【画外音】《更路簿》上记载了三沙所有岛礁的位置以及它们之间的航线。在没有卫星和海图的帆船时代，《更路簿》就是潭门渔民的导航仪。苏承芬 20 多岁当上了船长，凭着从父亲手中继承的《更路簿》和罗盘，闯荡南海五十余年，历经无数艰险，但从未迷航过。

（续上表）

画面	解说词
苏承芬接受采访（固定镜头，近景）	【苏承芬】有人问我，西沙、南沙这么危险，为什么每年都到那边捕鱼呢？我回答他们：第一，为了我们的生活；第二，我们祖祖辈辈在西沙生产，西沙、南沙是中国的领土，为什么我不能每年都到那边捕鱼呢？
潭门中心渔港标志石刻（摇镜头，中景） 两个渔民在海中布网捕鱼（固定镜头，全景） 大海上漂泊的小渔船（固定镜头，中景） 苏承芬正在渔港边接受采访（固定镜头，近景）	【画外音】《更路簿》是证明三沙主权归属中国的铁证，世代在此以海为生的潭门人，骨子里都有一种强烈的主权意识，年轻时的苏承芬就曾用一种最质朴、最直接的方式，守护过他们的祖宗海。
苏承芬接受采访（固定镜头，近景）	【苏承芬】有一年到西沙，当时什么东西都没有呀，不像现在有钢笔和墨水。那怎么办？我就到岛上拾取木板，用烧过的木炭在木板上写上“中国的领土领海，其他国家不可侵犯”。
潭门妇女在切小鱼（固定镜头，中景） 潭门妇女在切小鱼（固定镜头，特写） 潭门镇上的水产市场（固定镜头，中景） 潭门妇女在市场卖鱼（固定镜头，中景） 潭门妇女在切鱼（固定镜头，近景） 潭门妇女在加工鱼产品（固定镜头，特写） 一艘渔船驶出渔港（摇镜头，全景） 渔民在向船舱中放冰（固定镜头，中景） 渔民驾船缓缓靠岸并跳上岸（摇镜头，中景） 一个渔民穿行在停泊的渔船间（摇镜头，中景） 两艘渔船在港中相向而行（固定镜头，近景）	【画外音】三沙距离海南岛十分遥远，为什么潭门渔民要去那里作业呢？早在宋元时代，潭门渔民就形成了自己特殊的作业方式：驾船出远海，在珊瑚礁中潜水，捕捞生长在那里的海珍品。这种传统的作业方式，几百年来被潭门渔民代代传承。于是，哪里有珊瑚礁，潭门渔民就奔向哪里，而三沙正是这样的地方。

（续上表）

画　面	解说词
黄耀坚正在渔港边接受采访（摇镜头，近景） 黄昏下的潭门渔港及渔船（拉镜头，全景）	【画外音】潜水捕捞是潭门人赖以生存的本领。43 岁的黄耀坚已经有 27 年的出海经验了，他就是一位潜水捕捞的能手。
黄耀坚接受采访（固定镜头，近景切换特写）	【黄耀坚】也有带那个水肺的，我一般不戴水肺，直接憋气潜水，可以一下子憋差不多 1 分钟吧，就是可以从水面憋气潜下 10 米，把那个我们抓的鱼呀螺呀拿上来就可以了。有的戴潜水镜，穿潜水衣，加上那个蛙鞋。
开捕仪式船上的渔民（固定镜头，中景） 开捕仪式上的渔船（固定镜头，全景）	【画外音】每年的 8 月 1 日，是潭门渔民自己的节日。这一天，为期两个半月的南海伏季休渔期正式结束。开捕仪式后，渔民们又将从潭门港起航，驶向那片生生不息的蓝色海洋。
符大江的渔船（摇镜头，近景） 符大江抽烟（固定镜头，特写） 符大江登上船顶（固定镜头，近景）	【画外音】在这些出海作业的船只里，有一艘是船长符大江的。南海上的大型岛礁，符大江每年都要去几次。
符大江接受采访（固定镜头，近景） 符大江接受采访（固定镜头，中景）	【符大江】因为人做什么都要讲效益的，你在那里捕有效益，你就不想在附近捕鱼，你做这个就爱这个了嘛，不要在远海搞那个抓鱼，那抓鱼伙食费高，又赚不到钱。去三沙那里捕成本小，收入又高，何乐而不为呢？

（续上表）

画面	解说词
潭门渔港海面（固定镜头，全景） 海岸边的树林（摇镜头，全景） 兄弟公庙（固定镜头，全景） 兄弟公庙（固定镜头，近景） 兄弟公庙内景（拉镜头，从特写到近景） 兄弟公庙内香炉（固定镜头，特写） 海岸边的树林（固定镜头，全景） 海面上的小船（固定镜头，近景） 小船上的渔民（固定镜头，近景）	【画外音】出海捕鱼面临许多未知的自然风险，潭门渔民期望从神明那里得到庇护。在潭门镇草堂村的海边有一座庙，门前的一副对联上写着“孤魂作颂烟波静，兄弟联吟镜海清”。这里供奉着潭门独有的海洋神明——“一百〇八兄弟公”。在潭门镇的每个村，都有一座这样的庙，潭门渔民每次出海前都要来祭拜兄弟公。
黄耀坚接受采访（固定镜头，近景） 黄耀坚接受采访（固定镜头，特写）	【黄耀坚】你回来，从潭门过去那边，就祭拜一下；平常初一、十五我们也祭拜一下，他们船上一般是拜十二兄弟公。
潭门渔港（固定镜头，全景） 潭门渔船上作业的渔民（固定镜头，近景） 潭门渔港上行驶的渔船（固定镜头，全景） 渔船到天空（摇镜头，全景）	【画外音】然而，富饶的南海从来都不是一片宁静之海，比自然灾害更残酷的是海盗和政治纷争。几乎每个出海的潭门渔民都有被海盗或周边国家骚扰、抢劫甚至扣押的经历。
符大江接受采访（固定镜头，近景）	【符大江】他说你们侵犯了他的地盘，我们政府说是我们的，他们说是他们的，所以开枪警告我们，如果我们没有停船，他们就开枪直接往船上打。最后把我们带到菲律宾去，蹲了四到五天的监狱。在那个外交部大使馆外长的协助下，我们很快就回来了，一个星期就回来了。

（续上表）

画　面	解说词
海面上的天空（固定镜头，全景） 海军收复西沙纪念碑（固定镜头，全景） 三沙市人民政府（固定镜头，全景） 三沙岛街道（摇镜头，近景） 海军西沙供应站（摇镜头，近景） 西沙海洋博物馆（固定镜头，近景） 船上的桅杆（固定镜头，近景） 天空中飞翔的鸟（固定镜头，远景） 永兴岛屿港口附近海面（固定镜头，全景） 永兴岛图书馆（摇镜头，近景） 图书馆书架（摇镜头，近景） 永兴岛上工作的吊车（固定镜头，全景） 蔬菜生产基地介绍碑（固定镜头，近景） 蔬菜基地内的辣椒（固定镜头，近景） 蔬菜基地内景（固定镜头，全景） 蔬菜基地内景（摇镜头，全景）	【画外音】2012 年 7 月 24 日，南海渔民们终于有了最有力的安全保障。这一天，三沙市人民政府正式成立了。从此，美丽的南海有了一个中国最年轻、陆地面积最小、海域面积最大的地级市。三沙市管辖西沙群岛、中沙群岛、南沙群岛的 200 多个岛礁及其海域，市政府所在地为西沙永兴岛。三沙万象伊始，各项基础设施建设都在有条不紊地开展，大部分直接关乎民生。各岛礁间的岛际交通船，由三沙市政府免费提供。
海面（固定镜头，全景） 汽车驶入小巷（固定镜头，全景） 李海云说话镜头（固定镜头，近景）	【画外音】赵述岛上的居委会妇女主任李海云，家住潭门镇。一年中的大部分时间里，李海云都跟随丈夫一起出海。
李海云接受采访（固定镜头，近景） 李海云接受采访（固定镜头，特写）	【李海云】她们有的是煮饭啊，晒螺啊，杀鱼啊。老公捕鱼回来，她们就（杀鱼），反正就是在家里搞一些妇女的活动，生活活动呗。我们有的也是这样，有的还帮丈夫开那些小船，丈夫就捕鱼。
黄耀坚在海岸边聊天（固定镜头，中景） 黄耀坚与人交谈（固定镜头，近景）	【画外音】三沙市成立后，黄耀坚比过去忙多了：他被选为羚羊礁居民委员会主任、三沙市第一届人大代表。在他领导的羚羊礁居委会成员中，潭门人占了八成。

（续上表）

画面	解说词
黄耀坚接受采访（固定镜头，近景）	【黄耀坚】目前南海的这些问题还没有解决嘛，我们当这个领导干部主要在那边也是象征着一种维权吧，维护我们的南海主权，再说这个是改善那边生活条件的民生问题。
龙德村石碑（推镜头，近景） 龙德村田间（摇镜头，远景） 符菲雅接符少强电话（固定镜头，近景）	【画外音】符菲雅的家在潭门镇龙德村，父母常年居住在三沙，家中只有她和奶奶。爸爸符少强每天都会往家里打电话，这是一家人沟通的主要方式。
符菲雅和奶奶接受采访（固定镜头，近景） 潭门镇街道（移动镜头，中景） 渔港旁边的海鲜店（固定镜头，中景） 渔港岸边渔民分鱼（固定镜头，近景）	【画外音】符菲雅中学毕业后就没再上学了，现在往来于潭门镇和永兴岛之间，帮助父母料理海鲜生意。然而她并不喜欢岛上的生活，而是想去省会城市海口市打工赚钱。
符菲雅和奶奶接受采访（固定镜头，近景） 符菲雅接受采访（固定镜头，特写） 符菲雅手部（固定镜头，特写） 符菲雅和奶奶接受采访（固定镜头，近景）	【符菲雅】我就打算自己一个人嘛，满20岁后就自己出去打工，赚钱多了，可以独立了以后嘛，就想去外面的世界看一下。
潭门街道夜间行人（固定镜头，全景） 潭门街道车流（固定镜头，全景） 潭门街道虚化（固定镜头，远景）	【画外音】潭门的年轻人渴望走向另一种生活，老一辈的渔民也是如此，他们将转变的希望寄托在下一代身上，希望他们依靠读书改变命运，不要再过海上漂泊的苦日子。
李海云接受采访（固定镜头，近景）	【李海云】我希望他读书，不要做渔民，做渔民太辛苦了。
符大江接受采访（固定镜头，特写）	【符大江】做渔民做了几十年了，下一辈还要做啊？现在我都累了。
黄耀坚接受采访（固定镜头，特写）	【黄耀坚】在风口浪尖上生活确实比较辛苦。（我）也不想他们跟着我的脚步走。

（续上表）

画　面	解说词
潭门渔港渔船归港（固定镜头，中景） 潭门渔港渔民下船（固定镜头，近景） 潭门渔民在渔船上卸货（固定镜头，近景）	【画外音】其实，潭门渔民的光荣使命已经完成。
潭门渔民从船上卸鱼（摇镜头，近景） 潭门渔民用车拉鱼（摇镜头，近景） 潭门渔民分鱼（固定镜头，近景） 潭门渔民装鱼（固定镜头，近景） 潭门渔民秤海鱼（固定镜头，近景） 潭门渔民在岸边整理渔网（固定镜头，近景） 潭门妇女整理渔筐（固定镜头，近景） 渔筐上的鱼钩（固定镜头，特写） 潭门镇夜景俯瞰（固定镜头，全景） 潭门街道夜晚车流（固定镜头，全景）	【画外音】三沙市的成立，首先要感谢潭门人。正是他们，用自己独特的作业方式，用在海上九死一生的冒险，在南海开辟出黄金水道，把三沙和中国连接在一起。正是他们，用一条条记载在《更路簿》上的航线穿过恶浪险滩，把千里之外的几大珊瑚群岛拉回祖国的怀抱。
潭门渔港岸边街道夜景（固定镜头，全景） 从渔港岸边街道到渔船（摇镜头，全景）	【画外音】因此，没有潭门镇，也就没有三沙市。
苏承芬海边散步（固定镜头，近景） 符非雅接受采访（固定镜头，特写） 黄耀坚接受采访时接电话（固定镜头，特写）	【画外音】海南有个潭门镇，这是海南的光荣，也是中国的幸运。
符大江接受采访（固定镜头，特写） 李海云接受采访时大笑（固定镜头，特写） 潭门渔港渔船出海（固定镜头，远景） 潭门某渔民海边涉水收网（固定镜头，远景） 潭门镇海上日出（固定镜头，全景）	【画外音】在潭门人身上，我们能找到海洋文明的核心精神：冲破束缚，追求自由，敢于冒险。浩瀚的南海是潭门人的“祖宗海”，也是他们的根。
符大江在船上爬扶梯（固定镜头，中景） 符大江在甲板上看远方（摇镜头，近景） 符大江在船上抽烟（固定镜头，特写） 符大江哼唱《西沙之歌》（固定镜头，特写）	【画外音】在海上的日子里，符大江船长喜欢独自坐在甲板上哼唱那首潭门人耳熟能详的《西沙之歌》。

【组员采访心得】

整体策划　团结协作　收获美丽潭门

2012级新闻与传播专业硕士研究生　王　骏

潭门镇是个美丽的地方——这里面朝大海，天高云淡，有着别具特色的渔港风情；潭门港是个传奇的港湾——从这里延伸出去的一条条航线，把千里之外的三沙岛礁挽入祖国的怀抱；潭门镇最美的风景是人——潭门人质朴善良、热情友好，他们以海为家，勤劳勇敢，传承着海洋文明的核心精神。因此对我来说，能用镜头记录这里的人物和故事，能用影像表达我的理解和敬意，是一次幸运而宝贵的经历。

回首这次经历，令我最难忘的业务环节是策划——不论是前期策划还是临场策划，都让我领略到了电视的魅力。在此之前，我还从未如此深刻地意识到这一点：电视节目摄制是一项系统工程，它需要超前的编辑意识，需要参与其中的每一个成员对影片整体以及摄制工作的各个环节进行精心策划，并随时根据现场的实际情况对策划内容进行调整和完善。

首先，不管是专题片还是纪录片，前期策划并不是可有可无的，而是十分必要的。以前我有一种偏见，认为既然纪录片是如实记录现场情况，那到现场后遇到什么拍什么就行了，不需要提前策划。由于这种错误意识，我往往从现场带回一堆杂乱无章的素材，连自己都不清楚它们的用处。结果，素材虽多，但我们进行后期剪辑时难免东拼西凑、捉襟见肘。潭门的采访经历让我明白，无论影片的类型怎样，无论采访的复杂程度如何，精心的策划都会使一次电视节目的制作过程进行得更加顺利有序，它是一个必要的准备过程，是超前的编辑意识的体现。从学校出发前，我们小组成员在对影片进行构想和策划的过程中，就确立了该片将要表达的核心观点：没有潭门镇，也就没有三沙市。我们有了这个核心观点，制作过程就有了主心骨。接下来的一切采访和拍摄，包括采访对象的选择、问题导向的设置、镜头拍摄的视角和辅助资料的搜集等，都紧紧围绕这个中心，并为表现和佐证这个中心服务。

其次，策划不可能是在屋子里拍拍脑袋一次性就完成的，它要经过多次的修改，尤其是临场的调整、补充和完善，有时甚至要将原有的所有构想推翻重来。潭门的采访经历让我明白，前期的整体策划完成了，绝不意味着万事大吉。新闻采访的现场永远是难以预料和复杂多变的，新情况随时发生，新困难随时出现，这就要求我们根据现场观察和了解到的实际情况，对原有策划进行修改，对部分方案进行调整。有时现场情况的变化完全在我们的意料之外，这就要求我们时刻做好将原策划推翻重来的准备。当我们小组带着前期做好的策划方案到达潭门镇后，发现这里的实际情况与之前的策划有些出入，存在诸如采访对象寻找不到、内涵挖掘难以深入、部分资料无法查询、语言沟通不畅等问题，但总体上并没有偏离之前制定的中心主线。我们根据实际情况连夜商讨，对部分采访对象、拍摄内容以及行程安排进行了调整，并积极争取当地政府部门、渔民协会以及普通群众的支持和帮助，最终顺利完成了拍摄任务。

再次，电视节目拍摄是一项十分强调分工协作的系统工程，是集体努力的结果，因此它要求摄制组成员团结一心、默契配合。我们意识到，将人员分工、行程安排、外联计划、设备管理、活动方式甚至衣食住行等一并纳入前期策划的范畴，是一种“宏观策划”的理念。作为一名电视节目采编团队的成员，无论进行哪种类型的影片的创作，都要按照这种集体合作、复杂周密的工作方式进行安排。例如，我们在潭门镇上进行纪录片拍摄时，在保证拍摄围绕中心主线进行的基础上，还希望拍摄的作品具备这些特点：以典型人物为线索，以人物的故事串联各部分，注重环境和氛围的表现，兼顾拍摄资料、照片等历史佐证。这就需要摄像人员在现场积极主动地发现有价值的亮点、挖掘人物故事、寻找关键信息。声音与摄像同等重要，录音人员应与摄像人员密切配合，防止画面与声音错位。场记的作用至关重要，他应记录每天拍摄的内容、地点、姓名以及其他信息，为下一步的工作提供依据和索引。总之，在潭门镇上拍摄影片的五天中，我们摄制小组的每一名成员都积极参与其中，非常强调团结，形成了一个亲密无间的集体。而这团结的基础，正是我们对电视事业的热情，以及对这片土地的爱。

功夫不负有心人，在老师和同学们的共同努力下，此次南海深度调研采访活动取得了圆满成功。我们驻扎在潭门镇上的两个摄制小组一行共八人，也伴着那天壮丽的海上日出，依依不舍地告别了朝夕相处五天的渔港小镇。这里的一切，都已经深深印入我们的脑海，令我们无法忘怀。我想，历经坎坷、付出辛劳之后取得的成果固然重要，但这个与团队成员携手并进、同甘共苦的过程更加值得我们珍惜。在这个过程中，我领略了独特的潭门渔港风情，得到了专业能力上的明显提升，收获了发自内心的真挚感动，留下了一段最美好的回忆。

凡事预则立，不预则废

2012 级新闻与传播专业硕士研究生　王　潇

开学的日子总是匆忙而充实，一转眼，从海南拍摄回来快三个月了。在这近三个月里，我总会在不经意间回忆起和小伙伴们一起在海南采访的日子。本以为忙碌的生活节奏会慢慢抹去那段记忆，然而随着时间的推移，那段记忆愈发鲜活起来。是啊，就是在那段汗水与欢笑交织的日子，我们把自己初次的采访策划留在了海之南。

回首那段时光，我们从中学到了很多。在专业能力上，毫无疑问，我们在采访、拍摄的技巧方面进步了很多。因为我们每一天都要完成不同的采访任务，而现实生活中种种复杂的、不可控的因素给我们上了最生动的一课。脱离了学校按部就班、循规蹈矩的生活，我们一头扎进了错综复杂的海南拍摄中，在慌乱、焦虑、迷惘中前进，磕磕绊绊地完成了采访任务。如今我们彻底脱身出来了，这才看清楚，当时的种种不堪基本都是可以避免的。在此，我把自己切身体验写下来，以期冀下一届的暑期实践活动的参与者们能有所借鉴。

从七月中旬策划开始到九月底剪辑完成，我感受最深的一点就是，面对庞杂的采访线索，一定要在正式拍摄开始前做好规划，有的放矢，否则，等待你的将是层出不穷的困扰。策划主要指的是两方面，第一方面就是出发前选题的策划。通常来说，这方面大部分人都可以做得很好，都能策划出一些很精彩的选题，但最关键的是要注意选题的可操作性，包括预想的拍摄对象能否采访到、宏大的主题是否能够做到见微知著、现有的摄像器材能否满足拍摄需求。这些都是很具体的、要去面对的问题，如果操作不了夺人眼球的选题，那就不如踏实一点，从朴素的、有把握的选题开始做起，循规蹈矩，步步为营。

第二方面就是拍摄时具体的拍摄提纲、分镜头的策划。从海南回来以后，我们对拍摄素材进行了整理，发现竟然总共拍了 120 多个 GB（千兆）的内容。通过逐条筛选，将近一半的素材都被删掉了，根本没有用处。这主要是因为我们在海南时，没有针对每一天的拍摄内容撰写详细的分镜头脚本，在采访现场时，又担心遗漏了素材；就看到什么拍什么，不可避免地造成了素材的冗余。这既耗费了大量的时间，又给后期剪辑留下了较大的工作量。

凡事预则立，不预则废。很多时候决定能否做好一件事的关键在于是否在开始时就投入了足够的热情去完成它，如果肯下功夫，肯花精力，那么所有技术、器材等方面的困难都是可以克服的，你需要记住的只有一点，那就是如何给自己花费的时间一个交代，给辛苦拍摄的影片一个交代。

潭门采访小记

2012级新闻与传播专业硕士研究生　覃华兵

此次南海深度采访行，给了我很多"第一次"体验：第一次坐海轮，第一次登上海南岛，第一次参观军营，第一次观看数千名战士登台演唱，第一次坐在摄像机前面进行人物专访，第一次在夜间赤脚下海捉螃蟹，第一次在海边看星星，第一次连续五天吃海鲜……现在想起来，这一切仍然历历在目。而让我收获最大的，莫过于在潭门镇连续五天的采访拍摄活动。

7月29日上午，我们四位硕士研究生与四位本科"女汉子"坐上暨南大学的校车，从三亚住处前往琼海市潭门镇进行采访拍摄活动。随行的还有带队的王玉玮老师和校车队的两位司机。其中一位年长的师傅因为曾在海南一带开过船，所以对海南的路况比较熟悉。他几乎成了我们整个海南之行的"活地图"。

大概经过了一个多小时的车程，我们一行11人终于到达了只在前期策划里有所了解的"国家级中心渔港"——潭门镇。我们找到镇中心十字路口处的"海鲜大酒店"住下，据了解，这是镇里唯一一家"酒店"。解决了住宿的问题，接下来，最让我们牵挂的就是我们的采访与拍摄任务了。

吃过午饭，稍做调整，王玉玮老师召集我们八位同学开了一个小会，再三强调出行纪律和未来几天的拍摄任务。因为前期策划的选题不同，所以我们八位同学分成潭门硕士小分队和三沙小分队，在接下来的几天里各自分头行动。

为了提前进入状态，我们硕士小分队四人决定等太阳稍弱之后去潭门渔港走一走，顺便拍摄一些空镜头。下午5点左右，太阳光稍有减弱，迫不及待的我们拿着摄像机和照相机，向渔港进发。来到渔港，眼前的一切对于我们来说都是新奇的。偌大的L形大型渔港停靠着上千条大大小小的渔船，散发着腥味的海星整齐地"躺"在阳光下，渔港岸边的楼房顶上装饰得像古代海船的船舷，街边的工艺品店里陈列着各式各样的砗磲工艺品，渔港的远方是一望无际的大海……

我们赶紧将摄像机和照相机打开，频繁地按下 record 键和快门键，希望可以将这些美妙的景色记录下来。也许正是因为这样的仓促和“饥不择食”，我们的镜头拍得都比较随意，导致在后来的剪辑中并没有找到特别让人满意的画面。画面不平稳、过曝、色偏等问题比比皆是。

第二天，按照计划，我们要采访《更路簿》的代表性传承人——苏承芬老船长。在苏承芬船长的家里，我们选择了一间比较敞亮的房间进行采访和拍摄。我负责主机位，王潇负责游机位，王骏负责采访，范晓玲负责举话筒。作为我们来潭门后第一次正式的人物采访，我不得不说，这次采访相当失败，问题主要有以下几点：

首先，话筒收音不太好，杂音较多。

其次，分工出现重叠。按照分工，王骏负责发问，范晓玲负责举话筒，但是在采访过程中，两个人却交替向苏老提问，还时不时地以“嗯”、“哦”等语气词来应和苏老，严重影响了采访视频的完整性。同时，在交替发问过程中，苏老的眼神朝向也会因为提问者的更替而左右移动，这使得主机位的人物画面显得很不平稳，给后期剪辑带来很大影响。

再次，自动挡影响我们拍摄细节画面。拍摄之前，为了方便，我们将两台摄像机都调到了自动挡，这导致我们将镜头推到苏承芬手中《更路簿》上的文字时，画面受光线影响，时而模糊，时而清晰，再加上特写镜头本身晃动得厉害，最后拍摄出来的画面质量非常不好。

最后，主机位的过肩镜头当中肩膀占据画面空间过大。当时，考虑到镜头的客观性（即镜头应该平视采访对象），我将主机位的镜头高度调整到苏承芬坐在凳子上的高度。可是，主持人王骏身高体长，且穿着黄色上衣，因此主机位过肩镜头的左下方被大块的“黄颜色”占据，使得主体人物——苏承芬并没有被充分地突显出来。

7 月 31 日，是三沙小分队登上三沙市永兴岛的日子。按照事先的设想，为了体现“没有潭门人，就没有今天的三沙市”这个主题，我们计划找到一户从潭门移居到三沙市的渔民家庭。三沙小分队与我们潭门硕士生小分队将分别在三沙市和潭门镇采访这户家庭的成员（据我们了解，有很多潭门的中青年，因为常年在三沙市一带捕鱼，便逐渐在岛上定居下来，但其父辈或者子辈仍留守潭门），并且以电话连线的方式来体现三沙与潭门的直接联系。连线的时间初步定在当天下午。

经过一上午的打听，我们潭门硕士生小分队没能找到符合连线要求的潭门渔民家庭，却误打误撞联系到两位比较有代表性的采访对象——三沙市某村委会主任黄耀坚和三沙市某村委会妇女主任李海云。不久，从三沙永兴岛传来好消息，三沙小分队在永兴岛上恰好碰上一位潭门渔民符少强，其母亲和女儿正好住在潭门镇龙德村。因为三沙小分队当天下午 5 点多必须登船返回三亚，于是，我们叫了一辆小三轮车马不停蹄地赶往符少强家进行采访。

由于时间紧急，我们显得有些慌乱。在拍摄符少强母亲接听符少强电话的画面时，有一台摄像机的内置话筒模式没有打开，所以没能录上声音，等我们发现这个问题时，连线已经快结束了。幸好，另外一台摄像机在进行辅助拍摄的时候捕捉到了电话连线的全程。不然，这次电话连线就彻底失败了。

电话连线结束之后，我们又对符少强的女儿进行了一次专访。这次走访时间比较充裕，我们对机位和声音等进行了非常细致的调整。这次专访吸取了之前采访苏承芬时的教训，由我一个人来进行提问。因为是固定机位拍摄，所以我们在画面的选取上，也更加注意景别和画面主体的变化。当天晚上回到酒店回看录像的时候，除了对电话连线部分稍感遗憾，对于符少强女儿符菲雅的采访，我们都感到比较满意。这也成了我们之后几次采访拍摄的一个标杆。

8 月 1 日对于潭门镇来说是一个隆重的日子，因为来自福建、台湾和海南本地的妈祖神明将在潭门镇——这个国家中心渔港“相会”，一起参加“2013 两岸妈祖佑南疆祈福活动暨第四届琼海市南海传统文化节”。一年一度的开捕仪式也在当天上午举行。我们一大早便来到活动的现场——潭门渔港进行拍摄。我和王骏负责拍摄祈福活动和开捕仪式现场，范晓玲和王潇负责在远处的岸边拍摄全景。因为没有吊臂等辅助拍摄设备，所以为了拍到祈福仪式的全景，我们只好爬到当地电视台为拍摄而搭建的铁架上进行拍摄。由于身体抖动得厉害、铁架高度有限，我们并没有拍摄到很好的全景画面。幸运的是，在之后的开捕仪式上，我和王骏提前占领了一个比较好的位置，所以拍摄了很多非常漂亮的画面，也算不虚此行。

当天下午，按照我们与黄耀坚约好的时间，我们在渔港岸边对他进行了专访。黄耀坚长年生活在荒芜的海岛上，与世隔绝，所以，面对我们的镜头时，他一开始显得比较拘谨，每句话都很短，声音也特别小。在这种情况下，为了让他尽快地放松下来，我问了他一些比较轻松的生活化的问题。过了一阵子，黄耀坚慢慢地跟我聊开了。我们也从他的口中获得了很多有用的信息。比如，潭门渔民潜水捕捞海珍品的情景，潭门渔民在三沙市海岛上居住的情况，三沙居民依然保留着潭门人的信仰和生活方式等。

与黄耀坚一样，李海云和她的丈夫也是长年在三沙市各岛礁附近捕鱼的潭门人。三沙市成立之后，李海云在岛上其他妇女的推举下，担任赵述岛村委会妇女主任。常年面朝大海的她同样是一位不善言辞的三沙“新干部”。8

月3日上午采访李海云的时候，我们先从她的孩子聊起。我知道，任何一位母亲都喜欢聊自己的孩子。慢慢地，我们聊开了。不过美中不足的是，我们没有拍摄李海云家里的空镜头，这导致我们后期在剪辑这部分采访内容的时候，镜头显得过于单一。

潭门之行的最后一位采访对象——符大江是一位性格豪放的潭门渔民。8月3日下午，我们在符大江掌舵的大渔船甲板上对他进行了专访。符大江喜欢抽烟，时不时拿出香烟来抽。他告诉我们，在潭门镇，如果男人不会抽烟，就不是潭门男人。因为在采访之前，我们和符大江一起吃过饭，并简单地聊过，所以，相比前面几位采访对象，符大江在采访过程当中显得更加大方、自然。我们从驾船出海的作业方式，聊到祭拜兄弟公庙，之后又从他被菲律宾警方非法扣押的经历，聊到他对子女的期待。最后，符大江还应我们的请求，为我们哼唱起了那首耳熟能详的《西沙之歌》。

总体来说，此次南海深度采访行，自己在拍摄、采访以及编导等各方面的业务能力得到了很好的提升，而这种提升都是建立在我们一次次从发现问题到解决问题的过程中的。这些问题包括缺乏足够的计划性、准备不充分、容易忽视技术细节、太依赖自动挡等。这些都为我们以后进行这种异地采访拍摄提供了借鉴。

二、“守·望”采访组

“守·望”分栏纸

画　面	解说词
暨南大学校徽	【字幕】暨南大学出品
黑夜中大海海面风暴骤起，一艘船在起伏的波浪中行驶（远景）	【画外音】南海广博，天幕浩荡，时局变换，风雨飘摇。
船上数名水手收桅杆（中景） 透过纱网，数名渔民正望向处于黑暗之中的大海（中景） 数名渔民收网（手部特写） 捕鱼网捞鱼（近景） 一艘渔船在黑夜中行驶，渔民整理渔网，他们身后是无边无际的海面（中景） 黑夜渔船（全景） 两艘黑夜渔船中，一个渔民准备收网（中景）	【画外音】有一群人，他们在恶劣的环境中艰难生存，开发着、守护着祖国海疆。他们就是海南省琼海市的潭门渔民。
白天，潭门多位渔民坐着渔船驶远，望向前方（全景） 两个潭门渔民搬抬装鱼的桶（背面中景）	【画外音】潭门渔民以自己的胆魄和智慧乃至生命，数百年如一日地开发西、南、中沙群岛，他们是世界历史上唯一连续开发西沙、南沙、中沙的特殊群体。
一个渔民站在渔船的甲板上向外看海（全景） 船只乘风破浪，白色浪花溅起（近景） 多只海鸥在海面飞翔（全景跟拍）	【画外音】潭门男儿是勇敢的海燕，肩负着与惊涛骇浪搏击的使命。
一个渔民站在船头指挥（全景） 多只渔船向远处海边驶去（远景） 夕阳下，行驶中的渔船船头（近景） 黑幕	【画外音】在潭门男人的背后，是一群女人支撑起他们的冒险之路。

（续上表）

画　面	解说词
老人王维菊搬柴（全景） 一个妇女织渔网（手部特写） 一个妇女打扫门口落叶（全景） 王维菊与孙女在厨房做饭（背面全景）	【画外音】母亲、妻子、女儿，她们坚强地守在家里，耕田种地，养活老小。
一个渔民坐在渔船围栏上眺望远方（背面中景） 潭门日出（远景） 小渔船在海面上缓缓行驶（全景跟拍） 潭门中心渔港夕阳（远景） 标题《守·望》缓缓淡入 黑幕	【画外音】对于出海的男人来说，她们是明灯，照亮回家的路；她们是港湾，等候远行船只的归航停泊。
屋檐上，小鸟跳动（全景） 王维菊出门（脚步特写跟拍）	【画外音】凌晨5点，王维菊戴上斗笠，扛起锄头准备出门。
王维菊扛着锄头行走（背面全景跟拍） 王维菊锄地（中景） 王维菊锄地（近景） 潭门日出（远景）	【画外音】她还没有吃早饭，但她并不是这个家里唯一起早贪黑的人，半个小时后儿媳孙志池也要出门上班。
清洁工清扫街道（中景）	【画外音】今年年初，孙志池在环卫局找到一份清洁工的工作，每天工作13个小时，工资每月1 000元。
潭门海滩（远景） 潭门街景（远景俯拍）	【画外音】这里是海南省琼海市潭门镇。
潭门渔港整齐排列的船只（全景） 黄岩岛事件资料画面	【画外音】这个曾经名不见经传的小镇，如今，因为黄岩岛领土纠纷而跃入大家的视线中。

（续上表）

画　面	解说词
有关习近平主席视察潭门的《新闻联播》资料画面 一艘潭门渔船（全景）	【画外音】最高领导人的巡视，网络上一双双眼睛的关注，并没有改变渔民们祖传的生活模式。
一艘渔船驶出码头（全景） 一艘小渔船快速在水面上行驶（全景）	【画外音】男人们依然驾着油漆斑驳的渔船航行在海面上。
潭门妇女织渔网（手部特写） 一个妇女在打扫屋外落叶（中景） 一个妇女在向窗外四处眺望（中景） 黑幕	【画外音】女人们依然忙着家里的活计，带着孩子在黄昏时守望丈夫的归来。
王维菊的胸部（近景）	【画外音】然而，王维菊一家并没有可以守望的人。
王维菊的婆婆在家中踱步（中景） 王维菊在家中	【画外音】王维菊的丈夫已经在 5 年前因肝癌去世，终年 55 岁。两年后，儿子的英年早逝，更是断了家里的最后一根顶梁柱。
记者采访王维菊、潭门边防派出所干警（全景） 王维菊接受采访	【王维菊】我的丈夫生病不在了，再失去了这个儿子，我觉得自己在社会上已经不算是个人了。
海上，一艘小渔船驶过（全景）	【画外音】渔民们养于大海，也易葬身于大海。
两个渔民在船上收渔网（中景） 一个年轻渔民在船上扔绳索（中景） 一个渔民在船上铲冰（中景）	【画外音】潭门作家郑庆扬在其著作《蓝色的诱惑》中写道：“潭门渔民如果能二十岁平安无事，就算万幸；如果四十载安然无恙，就是奇迹。”

（续上表）

画　面	解说词
三个渔民在船上搬送物件 一个渔民带着渔叉在海中游泳（水中全景） 海洋中一条鱼在游动（全景）	【画外音】潭门渔民能寿终正寝者寥寥无几，绝大多数仅在中青年时期就魂归大海或者长眠孤岛。
2010年国庆期间潭门镇遭遇特大洪水资料画面	【画外音】2010 年 10 月 1 日开始，不期而至的狂风暴雨肆虐着海南岛，潭门渔港的海水漫上堤岸，洪水突袭。3 人在潭门遇难，其中就有王维菊的儿子——符健。
采访王维菊老人	【王维菊】如果他调皮（方言，意为不那么负责）一点点的话，看到这个水那么大就懒得去了。但他没有这样做，无论人家叫他干什么活，他既用心又肯干。无论什么工，人家一叫他，他就要去。说到干活，就像干我们自己家的活一样。
采访船长符大江	【符大江】那是那个船开始走动的时候，那个老板叫他马上跳过去，跳上那个船，我（刚好也）在码头的船上。那老板一跳进去（那只船），那只船就开始走动。
暴雨 采访船长符大江	【符大江】两秒钟，他跳不过去，就掉到水里去。那水太急了。两秒钟，差了两秒钟（符健就被大水冲走了）。
王维菊老人悲伤拭泪	【画外音】眼泪，总在提及老伴和儿子时莫名地决堤，坚强的外壳瞬间崩溃。

（续上表）

画　面	解说词
儿媳孙志池与符健的结婚照	【画外音】儿媳孙志池告诉我们，符健遭遇海难后的很长一段时间内，王维菊都不愿出门，更不能看见海。
采访王维菊老人	【王维菊】当时哪里都去找了，把我急得都不知道如何形容了。当时宁愿死也不愿意活着，但如果我死了，留下这两个幼小的孙子真不知道要怎么安置。我能依靠谁呢？我很惨！非常惨！真的非常惨！
房间中晃动的蚊帐一角 风吹动破旧的窗帘 王维菊眼里充满泪水	【画外音】两场人祸注定要这位本该安享天年的老人，度过一个不安稳的晚年。
老祖母坐在电视机前 孙子、孙女在房间 孙女帮着王维菊做饭 王维菊带着孙子、孙女外出	【画外音】家中有87岁的老祖母，还有两个才几岁的孙子、孙女，一家人都要活命，王维菊只能振作起来，她与儿媳孙志池必须找出一条活路。
渔船靠港 老渔民拴绳 小渔船靠岸，三个渔民上岸	【画外音】每年除了休渔期，潭门的渔民都会到海上作业，短至一个晚上的近海捕鱼，长至一个半月的远航。
渔妇在岸边卖鱼	【画外音】近海作业收获的海产品并不多，一般自家人就可以搬完。
大船队出海	【画外音】但如果是一支远航回来的大船队，其中载着的便是数以万计的海产品。
一筐鱼 渔民按照鱼的尺寸分类	【画外音】要卸下如此多的货物，就只能依靠留守在家中的潭门女人。

（续上表）

画面	解说词
渔嫂搬一箱鱼的过程 渔嫂分鱼	【画外音】拉鱼是王维菊日收入最多的工作，每当有远航船队回来，她就会跟几个渔家妇女组成小组加入到拉鱼大军中去。
渔嫂和渔民用拖车拉鱼 一群渔嫂聚在一起切鱼	【画外音】一干就是一整天，一个小组一拉就是几千万斤，根据市价，拉100斤有5分钱的收入，一天下来，每个人可以分到2 000多块钱，这是一年之中最大的一笔外快，这不是天上掉下来的馅饼。
渔民从小船往岸上搬鱼 王维菊在家扫院子 王维菊和孙女在院子里洗菜 王维菊削胡萝卜皮（手部特写）	【画外音】潭门镇人口约2.9万，而王维菊已经60岁了，拉鱼的辛苦非常人所能想象，她曾经一年能拉鱼7次，现在很难做到了。
王维菊在小卖部门前串砗磲珠子	【画外音】相对于拉鱼来说，串贝壳的工作更为稳定和轻松。
砗磲工艺品店铺全貌（摇镜头） 巨大的砗磲贝 用砗磲制作成的工艺品	【画外音】砗磲现在几乎成了潭门镇的主要产业，渔民会潜入海底打捞砗磲，把外壳送进工厂加工成工艺品。
砗磲工艺品店铺全貌（摇镜头） 砗磲首饰专柜	【画外音】这些工艺品会进入镇上各家店铺，远销各地。
潭门街全貌（摇镜头） 潭门街上来来往往的摩托车 “港湾6号”、“藏海阁”、“海角8号”、“辰艺阁”砗磲工艺品店的牌匾叠化	【画外音】走在潭门镇上最富有风情的富港街和潭门街上，我们发现，大约有65%的店铺是砗磲工艺品店。

（续上表）

画　面	解说词
顾客选购砗磲工艺品（手部特写） 店铺里面女人在串珠子	【画外音】砗磲工艺品巨大的市场需求，也恰好增加了潭门留守女人赚钱的机会。
王维菊串珠子（手部特写） 王维菊串珠子（大景） 老祖母串珠子 孙女认真串珠子（近景）	【画外音】用细长的尼龙线把圆润的砗磲珠子或者形状大小一致的贝壳串起来，制作成精美的首饰，对于这个工作，王维菊和这个家庭已经轻车熟路，一家五口每天利用空余时间串上 5 000 串珠子，收入50～70元钱。
田野里的水稻（近景） 田野全景（摇镜头） 王维菊举着锄头在田野间除草 王维菊走进田间拔起水稻穗仔细看看	【画外音】如果说拉鱼、串贝壳是王维菊的副业，那家中 8 亩多的农田便是她的主业。这 8 亩田主要是种植水稻，到了冬天的时候，就种上两亩辣椒来增加收入。万一遇上天气恶劣或者行情不好，那就白忙活一场了。
田野里的水稻特写（摇镜头） 田野全景	【画外音】即使是丰收的时候，王维菊依然感到头疼。8 亩地的农作物，家中就只有婆媳两人拼命收割。
王维菊扛着锄头走在去田野的路上 王维菊在稻田边用锄头除草	【画外音】怕夜长梦多，她们硬是用两天时间收割完。
老祖母提着水往浴室走，准备给孩子洗澡	【画外音】这时候，家中的孩子就只能留给 87 岁的老祖母照顾，所幸两个孩子非常听话。
小卖部里的电视机正在播着琼剧 小卖部全貌（摇镜头）	【画外音】家里还开了一间小卖部给老祖母打理着，也算是给艰难的生活增加一点点补贴。

（续上表）

画面	解说词
王维菊在厨房里炒菜 王维菊在家里串珠子 王维菊走进田里看水稻	【画外音】用命换钱，拿钱活命。王维菊是众多潭门女性的一个缩影。
潭门街上女人骑着三轮车载客 潭门女人骑三轮车迎面而来 潭门女人在给打捞上来的鱼分类 打捞上来的鱼被运走 潭门菜市场里面（全景） 潭门街边的店铺里，女人在剪海参	【画外音】在这里，只要你逗留足够长的时间，你就会发现，街道边掌盘开车的几乎都是女人；中心渔港的“搬鱼大军”都是由女人组成的；海鲜市场宰鱼叫卖的也都是女人……潭门到处都是女人忙碌的身影。
两个女人把冰搬上准备出海的船 一群女人在街边的店铺宰鱼 潭门街上骑着三轮车走过的都是女人	【画外音】“巾帼不让须眉”，女人从事男人的职业，在潭门镇上早已不是什么新鲜事儿。为了自己与家人，为了活下去，无数坚韧不拔的渔家女子挺直腰背，扛起了一家的重担。
海水在夕阳的映射下波光粼粼（由虚到实） 海水扑打着海边的石头，溅起水花	【画外音】人们习惯于把女性和水联系在一起，但潭门的女人更多了一层石质的坚硬和沉稳，透露着执着坚韧的气概。在这里，水和石矛盾而和谐，两种不同物质的结合创造出新的美感，形成了海边最美的风景。
骑着三轮车的女人微笑地载客（脸部特写） 一个女人坐在家门前补渔网 一个女人在街边卖东西（中景） 一个女人在宰鱼（脸部特写） 王维菊串珠子（脸部特写） 妈妈给女儿梳辫子 孙子看着镜头微笑	【画外音】像王维菊一样坚贞高洁的潭门女人默默盼望着、守望着。她们等待孩子的成长，守望未来的幸福。

【组员采访心得】

采访是一种学问

2011级广播电视新闻学专业　冼丽影

这次海南潭门之行有悲有喜，有泪有笑，有心酸有自豪，一路之行就像掉进了五味杂陈的罐子里，情绪感受随时变化，不由自己。尽管风雨同路，但因为有老师的全程支持，有伙伴们的鼓励陪同，我们只顾一路兼程。

海南潭门之行是一次非常宝贵的经历。用双眼领略别样的潭门风采，用心灵感受潭门女人的自强，用镜头记录潭门正在上演的生活“故事”。以记录者的身份站在这片土地上，我收获了很多很多。在这里，我最想谈谈这一路上的采访经历，从采访对象的选取到最终的成功，整个过程充满了学问。

在策划时，我们小组人员因某些原因把采访地点从三亚换成了琼海潭门镇。而关于潭门镇的网络资料极度匮乏，它仅仅是因为黄岩岛事件才被人们所知，除此之外就没有其他的信息了。因此，当时摆在我们面前的情况是，我们必须通过少得可怜的资料来确定在潭门的拍摄主题、拍摄策划以及方案。

无疑，采访对象的选取非常重要，身处广州的我们必须联系上千里之外的潭门人，并且是具有典型故事的人。在敲定“潭门女人”这个主题后，我们就根据网络上的零星线索寻找人物。潭门女人、有故事、操作性强，根据这些特征，我们敲定了邢惠琼这个人物，她的丈夫被外国官兵强杀，年轻的她要扛起一家的重担，可以说是潭门女人的缩影。但是由于我们身处广州，无法直接与她取得联系，只能通过各种渠道尽力联系。潭门政府、派出所等我们都尝试着去联系，最后终于联系上了当地派出所的黄国孝上尉。但由于人物的敏感性，我们只能到达当地后，在他的指引下才能跟邢惠琼联系。在去海南的路途上，我们都一直跟黄国孝上尉保持着紧密的联系，希望尽可能从他口中了解更多关于邢惠琼的信息。

我们自认为已经做足了一切准备并且满怀信心，可是刚踏进潭门镇，我们就面临着手足无措的情况。虽然我们知道邢惠琼这个人物很敏感，也预测到采访之路不会一帆风顺，但事实比我们预期的更加严峻。潭门渔民协会、边防派出所都不能给予我们更多的帮助，潭门镇上的镇民也绝口不提她，三天里我们打了无数个电话，咨询了很多人，但都没法见到邢惠琼的“庐山真面目”。

前期策划做得再漂亮，现实情况中不行就是不行，我们辛辛苦苦熬了半个月的策划眼看就要打水漂了，而我们距离计划返回广州的时间也只剩下4天。我们只能当机立断，重新抉择。这也是我们在采访中时常会遇到的问题，当事先约好的采访对象无法接受采访时，要么选择放弃，要么选择另寻他人。当时的情况是我们不能放弃，所以只能忍痛割爱，推倒一切，从头再来。

当我们在对寻找人物快要绝望的时候，边防派出所的干警给我们带来了好消息。当时我跟着两位干警进入村子里面去探访一些村民，期望能够通过多接触村民找到更多的希望。其中一位村民就是王维菊老人，在干警的翻译和帮助下，我跟王维菊老人聊了起来。王维菊老人无意中透露了她自己的一些遭遇。当时我觉得她起码是有故事的人，于是当机立断让同行的伙伴把随身携带的高清DV（数码摄像机）打开，记录下我跟她的聊天过程，而这“聊天”其实就是我慢慢开始引导她讲述自己的经历，让她能够自然地在镜头面前释放情绪的过程。经过一个多小时的“聊天”，我大概已经了解了王维菊老人的故事，非常庆幸当时果断打开了DV，记录下这些珍贵的画面。

其实在很多情况下，当我们设定了采访人物的时候，我们往往就只会按着原先设定的路去走，选择性忽略路途中出现的意外惊喜，但有时候正是这些意外中的人与事让我们收获更多，而这些收获的前提是我们必须跳出固定的框框，勇于改变。我认为要当一名合格的记者，必须随时随地保持自己的应变能力和灵活的思维。

采访结束后，我跟一个组员带着拍到的这些画面与另外两个组员会合，全组一致决定把王维菊老人设定为我们的拍摄对象。经过深夜的一番热烈讨论后，我们根据之前做邢惠琼策划的经验拟订了王维菊的拍摄方案。尽管邢惠琼的策划没有成行，但之前我们所做的努力并没有白费，而是不自觉地转成了我们在面对突变情况时的知识储备。我们临时更换了采访对象，但那些之前拟订的拍摄步骤、拍摄方法以及片子构思等是融会贯通的。机会总是留给有准备的人的，只要随时做好出发的准备，那么不管遇到什么突发状况都可以应付自如。

采访更难的地方在于跟采访对象的沟通。没有沟通，没有对话，就没有了解，就不可能把人物采访做好。当我们第二次到达王维菊老人家中时，我发现她明显多了一些戒备心，不愿意再多说，对于我们的全程拍摄也非常抗拒。这给我们的拍摄带来了更大的挑战。我知道我们要拍摄的东西是王维菊老人心中的伤疤，她自然不愿意重温痛苦的旧事。我不能硬逼着王维菊老人去讲那些事情，只能另寻他法，尝试换位思考。于是，我跟她讲述自己经历的遭遇，尽量让她感受到我的真诚与认真，让她体会到我不是以一种冷冰冰的记者询问式的语气来要求她回答。尽管我们是带着目的去完成一件事，但是完成的方式是可以多样化的，得到结果的渠道也是可以多样化的。也许是因为我是农村出来的小孩，背景相似，王维菊老人跟我比较聊得来，也就慢慢地打开心扉了。

事总与愿违，但事总在人为。要想做一个优秀的新闻系学生，就要有时刻面对困难的准备。每一次采访中遇到的问题都是一次经验的积累。正如旧话所说“七分采，三分写”，应用到视频中也是如此。采访是一门大学问，这次的潭门之行让我明白：作为一个记者，首先要学会如何跟采访对象“对话”，而不是“采访”。

策划里的“应变”

2011 级广播电视新闻学专业　邹薏颖

这次活动里，在做策划上我绝对是受益良多的，可这是一段地狱般的日子啊！

这并不是我第一次做策划。上大学以来，我做了不少策划，活动的策划、微电影拍摄的策划、新闻专题的策划等都有涉及，积累了一定的经验。但是这一次，我竟然在策划这一环遇到了最意想不到的困难。

此次海防行分为三个地方——三沙、三亚、潭门，我们小组通过讨论把地点选在三亚，并以极快的速度把策划做好交给指导老师。但是“三亚”这块宝地还是被别人先选定了，我们被迫分到了潭门。潭门是哪里？这是我脑子里第一个闪过的念头。

三沙是最年轻的城市，不管什么都是新鲜的；三亚是个旅游胜地，而且我们还获得了在海军区居住的特权，就算拍不出旅游片，也可以跟兵哥哥一起拍个微电影什么的；而在潭门，那里有什么？我们能拍什么？一头雾水就是我们当时的写照。原本不能踩点考察原定地点三亚就已经很让我们头疼了，现在要面对一个完全陌生的地方，让我们的策划更加难以开展。我们小组四个成员一头扎进网络搜寻相关资料，但好几天也找不着北，这让我们连策划主题都难以确定。

可以说，这绝对是我第一次写策划写得如此缩手缩脚。采访人物联系不上，采访主题模棱两可，采访问题编不出来，拍摄方案拟不出来，甚至连我们到底会在潭门那个地方遇到什么都无法预测出来，所以可想而知，我们的应急方案将是多么虚的东西。但是，我真的很感谢我的队友，在重重困难中，我们互相扶持着把策划写了出来。虽然不知道到底有没有实施的可能，但只要策划的主题在，只要主线人物不变，那即使其他因素会发生变化，也不会变得太离谱，也不会变得让我们措手不及。

但结果告诉我们，终究是我们太乐观了。到了潭门之后，我们压根就没有办法见到我们的主线人物。因为媒体的曝光和其本身的特殊性，潭门的人们都不约而同地把这个人给“藏”了起来，我们在渔民协会碰了钉子，在派出所吃了闭门羹，在这个并不大的小镇，好像所有人都忘记了这个人的存在，无论如何都不愿意我们去靠近她。策划攥在我们的手里，却变成几张印满了文字的废纸，所有的设想都因为联系不上主线人物而全部崩盘，我们沮丧、气愤！策划，到底算什么？策划，依然让我们在这个陌生的地方迈不出一步，几个昼夜的冥思苦想就这样被现实无情地捏碎，烟消云散了……

在我们濒临绝望的时候，我们遇到了在此行中最可爱的民警，他的倾力相助让我们看到了希望的曙光，我们很幸运地找到了另一个有故事的潭门女人——王维菊婆婆。她与我们策划里“幻想”的主线人物有着惊人的相似之处，这让我们重新攥紧了那一纸策划，但她又有着专属于自己的闪光点，给策划“动大手术”成了最迫切的事。我们真正地接触到了一个鲜活的人物，真正了解了她的故事，所以在原有的基础上做改动，便变得不是那么困难了。终于，一份新鲜的策划又问世了……

虽然在后面的采访、拍摄和剪辑当中，我们依然没有完全按照策划来进行，但是策划对我们来说，仍旧是不可或缺的。可以这么说，如果我们没有准备策划，那么我们到了潭门后，可能连寻找人要去派出所联系这一点都不知道，可能连住的地方也没有，可能不会遇上最可爱的民警，可能遇上王维菊婆婆也不知道要做什么。策划在某些情况下是相通的，我们不应该单纯地认为写策划是为了让我们的工作按部就班，策划的过程其实是对资料的收集整合，给予我们一个工作的大方向。在工作的时候，我们要根据现实情况，对策划里面的内容进行调整与完善，随机应变。我们站在镜头的后面，不是为了拍摄策划里面的条条框框，而是为了拍摄我们从起点到策划指定地点的整个过程中所有有价值的画面，因为计划是死的，懂得“应变”才能收获所需的信息，实现“策划”中所要达成的目的。

"潭门行"心得

2011级广播电视新闻学专业　张　芮

细细回想，这次暑假去潭门的活动真让我受益匪浅。我觉得它对我的启发主要概括为以下三点：

一、做好准备

在刚开始这项工作时，我所在的小组并不明确到底要拍摄什么，花了很多工夫构想在军营中拍摄的方案。后来，老师说，选择在三亚拍摄的组比较多，建议我们将拍摄地点改在潭门。到了这个时候，我发现，我们对潭门的了解几乎为零。

从网络上搜集了一些资料以后，我们小组对于潭门也只有一点初步认识。跟老师沟通与探讨后，我们从众多的选题中挑选了"潭门女人"这一选题作为我们的主题。之后，我们进入了漫长的策划修改阶段。王玉玮老师曾这样教导我们，策划写得越详细越好，最好连最终片子的文稿也能写出来，哪个部分要用哪个镜头也都想好。这样到那里就不会不知道要拍什么，目的性就会很强。同时，我们要提前联系采访对象，做好一切准备。

这些要求很多看上去都很难实现，至少对于我们来说是这样的。我们的资料只有从网络上搜索到的屈指可数的几篇报道，对于采访对象，我们并不了解，对于潭门，也是如此。我们要选择谁作为我们的采访对象？从哪里得到采访对象的联系方式？要怎么说服他（她）接受采访？这些问题都很迫切地摆在我们面前，而我们只有做好更充分的准备，对片子的拍摄才能更有把握。虽然片子还有很多的未知数，但是我们硬是把分栏纸写了出来。当然，这一切都是很理想化的。

二、Plan B 和随机应变都很重要

到了潭门后，一切都改变了。

我们原本设定好的采访对象不能接受采访，我们被迫将之前的方案全部修改，寻找新的采访对象，制订新的策划和方案。一瞬间，我们觉得之前那么长时间的准备都没有用了。我突然间明白了"凡事都要有 Plan B"这一道理。事情的变化太多了，做好相应的准备非常重要。当然，临时的应变能力也很关键。虽然我们突然间面临这样大的困难，但是小组的成员并没有气馁，大家都很积极地想办法解决当前的问题。

幸好潭门边防派出所的干警带着我们四处走访，让我们找到了新的采访对象。在刚到潭门的几天里，我们总是白天在外面跑，拍摄可能需要的各种镜头，晚上聚在一起讨论接下来的拍摄方案，常常谈论到深夜。

幸好之前做了很多的调查，搜集了不少资料，虽然临时换了采访对象，故事脉络也发生了改变，但还是有很多东西可以利用。到了潭门以后，因为网络不通，我们想要在网上查资料也变成了一件相当麻烦的事情。

三、素材越多越好

在潭门拍摄的那几天，其实拍摄的镜头画面也不少，但在后期剪辑的时候我们仍会觉得素材不足。归根到底，这是因为我们有时候拍摄意识不够强，在拍摄的时候也没有充分考虑最后成片时需要哪些素材，不同的素材需要的量又有多少，从而造成素材不足的状况。

总的来说，这次活动给我的经验和教训都不少。很多事情，如拍摄、制作等，都贵在“用心”二字，只要用心去做，总会得出一个比较满意的结果。就算有时会事与愿违，但用心去做了，也就没有什么遗憾了。

“揭梦三沙”南海深度采访行心得

2011级广播电视新闻学专业　康群群

在此次南海深度采访行当中，我的收获如同我们采访行一样，是很有“深度”的。满满的经历，让我收获良多，成长了许多。最为深刻的经历，便是在海南省琼海市潭门镇那忙碌充实的五天。

记得在前往潭门的路上，天气终于由阴转晴，结束了海南那几天阴雨绵绵、不见晴空的苦状。我心中的紧张大于兴奋，一路上还在不停地联系潭门的相关部门，希望他们能够对我们的采访任务给予支持。但是，除了顺利联系上潭门边防派出所和潭门派出所之外，琼海市宣传委、潭门镇政府还是没能联系上。当我们向相关政府人员提及我们原本的采访对象邢惠琼以及我们的选题的时候，从他们的语气当中，多多少少让我感觉到，我们在获得原定的采访对象的支持上将会遇到一定的阻碍。最后，通过黄国孝上尉，我成功联系上了潭门边防派出所。在小组里，我充当宣传员一职，负责对外宣传与联系。在联系各相关部门的过程中，我遇到了一些阻碍，但所幸潭门政府十分亲和，使得我的联系工作较为顺利。从这点出发，我明白了，并不是每次采访前都能如此顺利地接洽到政府，特别是电视记者，由于设备的干扰性，对外联系沟通工作的难度又添加一层。我们应当事先调查好相关部门，并预想可能会出现的情况，据此调整相关方案，获得更多的联系渠道，同时也应当对自身采访方案有一定的诠释能力。

到达潭门后，我们立即前往潭门边防派出所寻找教导员询问有关潭门女人的问题。教导员一见到我们，便是直接一句“你们的报道会登在哪里”，然后便问我们“想要得到什么帮助”。我们吞吞吐吐地表达自己的意图后，最终获得教导员的帮助。在这次沟通过程中，我对自己的表现感到很沮丧，深感自己处事的幼稚与生硬。我清楚地认识到，记者如果不能在最短的时间内清晰而简短地陈述自己的想法和回应问题的话，那么沟通的低时效性将会让自身在高压的新闻工作中流失机会和增加阻碍。我也意识到，记者的工作是在与时间赛跑，分分秒秒都应该抓紧，时刻提起精神。

在干警的帮助下，我们无意间走访了一位有弱势儿童和老人的人家，也就是后来我们的片子的主角——王维菊的家。王维菊婆婆不太会说普通话，我们在干警的翻译下，在与王维菊婆婆一个多小时的交流中，逐步了解她家的过往经历。在那时的走访中，我和组长只带了 DV（数码摄像机），在这宝贵的一个多小时中，我们用 DV 拍下了采访的全过程。而这段采访因为有王维菊婆婆的真情流露而成了后来片子很重要的部分。当时由于难以联系上原定采访对象，而王婆婆家中特殊的经历与片子构想相符，我们小组在长久的思想斗争后，放弃了原先的计划，改做王婆婆的采访。当时讨论十分激烈，针对王维菊和邢惠琼，我们不断进行对比与梳理，最后选择了王维菊。那一刻十分奇妙。要不是原先那份策划的假设构想，我们不可能对临时改变采访对象抱有足够的把握。由此可见，灵活应变、善于思考、抓住机会等能力的发挥离不开前期充分的策划准备。

虽然在干警的帮助下，王婆婆同意了采访，但是采访过程并不顺利。一是婆婆家中设有小卖部，有许多人来来往往，特别是小孩进进出出，使采访环境受到影响，当时我们不得不派出一个人维护场地的秩序以保证采访顺利进行。二是采访中所涉及的问题对于王维菊一家来说十分敏感，一旦问题询问方式不恰当、不得体，就容易引起王维菊及其家人的不良情绪，从而有可能使王维菊婆婆拒绝日后的采访。当时我们想采访王维菊婆婆的儿媳，也考虑让其作为主要采访对象，但经过多番劝说后，儿媳最终还是拒绝了我们。王维菊婆婆看到儿媳伤心的神情，当场说了一句——“别拍了”，那一刻我们的心凉到了底。随后我们很沮丧，以为王维菊婆婆会暂时终止采访。但是随着沟通方式和相处方式更加成熟，加上派出所的帮助，我们获得了继续采访王维菊婆婆的机会。我们更加用心地与他们相处、沟通，与小孩玩游戏，与王维菊一家人一同进餐。我们不仅顺利完成采访，还收获了不一样的情谊！

在那次儿媳拒绝我们采访之后，我们在路上遇到了一位老船长，并在与热情的老船长的交流中，了解了很多潭门的历史、潭门人的故事、潭门与三沙的渊源等。也正是这位老船长让我们登上渔船进行参观，并通过他了解了潭门的历史。我们认识到，只有深入了解某样需要了解的东西，只有把握其“深度”，才能最大限度地展现其本质和核心价值，才能最本真地诠释这些事物，才能真正做到客观、公正。

在这几天的采访拍摄中，拍摄、构图并不是难事，难的事情就在于“人”这个字。如何与人打交道，如何以记者的身份与人接触，是我这五天修炼的课程。如何学会团队合作去完成拍摄，如何细致地做好一份人物专题策划，都是我在这一个月当中努力探究的命题。消息采集能力、表达能力、思考能力、反应能力对于一名记者十分重要，但这一切都基于视野与思维。如何让思维更加活跃与开阔，将会是我日后继续探究的问题。我希望自己在这条道路上能越走越远。

谢谢海南，谢谢潭门，谢谢给予我们前行机会和帮助的老师们。同时，谢谢我的同伴们的陪伴。一路同行，一起加油！

三、“爱是深蓝”三亚潜艇部队采访组

“深蓝日记”分栏纸

画　面	解说词
海面，灯火	【画外音】船缓缓驶过海口，咸咸的海风吹来，一切都是新鲜的，对岸华灯初上，等待我们的是未知的期待和一段特殊的经历。 【字幕】2013 年 7 月 26 日，海口，《深蓝日记》——微电影《爱是深蓝》拍摄记录
海军军区的清晨（空镜头）	【画外音】在海南的第三天，我们与海军宣传科的第一次合作便展开了。
人物上楼	【画外音】此次合作是拍摄一个爱情题材的微电影。
大厅，学生与宣传科干事交流讨论	【画外音】第一次的碰头会，我们在大堂里听潜艇兵回忆他在潜艇里的生活，听他讲这些年来他见过的或动人或悲戚的真实故事。
剪辑室，学生观看微电影	【画外音】微电影的故事情节基本敲定，接下来就是讨论细节了。
宣传科演播厅，讨论剧本细节	【画外音】整整讨论了四个小时，拍摄计划安排得满满的，我们仔细地翻看着剧本，脑海中已有某些场景浮现。与此同时，牛若曦同学正在部队广播室准备第二天的广播。 【字幕】与此同时，广播室内……
部队广播室，牛若曦与部队播音员准备广播	【画外音】《蓝鲸播报》是部队唯一的广播节目，几十年来日复一日都是男播音员浑厚的声音，播音员希望我们的到来能给他们带来全新的改变。从开始的磨合，到进一步的熟悉，再到最后的默契，反复的修改、争论，意见的交锋在小小的录音室里碰撞。

（续上表）

画面	解说词
天未亮的部队营区 拍摄部队出操	【画外音】天还没亮，我们一行人就扛着摄像机出发了，本想拍摄士兵们出操，但由于特殊原因，出操临时取消了。 【字幕】2013 年 7 月 29 日
打扫卫生的战士们的脚步	【现场音响】
瘫坐在路边的拍摄者	【画外音】这意味着我们明天又得早起。
海水，天空镜头	【画外音】今天的任务是拍摄男、女主角往日相处的画面，因为受到条件限制，我们只能在部队招待所前的海滩和部队里的草坪上拍摄。
沙滩上拍摄微电影	【现场同期声及音响】
草坪上，导演给演员说戏及现场拍摄 驱蚊露等物品（空镜头）	【现场同期声及音响】
室内拍摄场景	【现场同期声及音响】今天我们是抱着杀青的愿望进行拍摄的。
下雨天，室外，提着摄像机走	【现场同期声及雨声等音响】但由于种种因素，我们最终还是没有达成愿望。 【字幕】2013 年 7 月 31 日，三亚
导演给演员说戏，拍摄士兵宿舍外场景	【现场同期声及音响】
宿舍内的拍摄场景，导演讲戏、拍摄者去除摄像机潮气等	【现场同期声及音响】

（续上表）

画　面	解说词
室外拍摄场景，导演说戏	【现场同期声及音响】 【字幕】2013 年 7 月 31 日，三亚
大海（空镜头）	【音响】暨南大学校歌 【画外音】五天的时间，每天从清晨 5 点半开拍，一个个场景的转换，一次次的 NG，讨论剧本到深夜一两点，有一种筋疲力尽的痛快感觉。 【字幕】2013 年 8 月 1 日 ，三亚
剧照轮播	【抒情音乐出】 【画外音】杀青的时候，我们一群人在海边拍了一组剧照，黑眼圈暴露出每个人这些天积累的疲倦，但是笑容依旧灿烂，欢快的心情感染了整片海滩。
部队宣传科剪辑室剪片及看片	【现场同期声及音响】 【画外音】今天是最后一天剪片的日子了，从素材编排、特效制作到配音配乐，我们一点一点地修改，晚上 11 点，我们终于导出了最后的版本，大家屏住呼吸一起看片子，心底有无名的感动在涌动着。 【字幕】2013 年 8 月 2 日
拍摄花絮、剧中小片段	【全程慢节奏抒情配乐】 【画外音】我们是幸运的，得以走进这些鲜活故事和人生，更幸运的是，我们是记录者。
主创人员及单位滚动字幕	【抒情配乐】

【全组采访心得】

深蓝记录

——"爱是深蓝"三亚潜艇部队采访组心得体会

不知不觉中，距离赴海南部队采访之行已有数月，但是那短短十天带给我们的收获和感悟深深地烙印在我们心底。这一路，不仅充满了欢声笑语，更教会我们如何成为优秀的记者，如何在各种未知的情况下保证采访任务顺利完成。"天将降大任于斯人也，必先苦其心志，劳其筋骨，饿其体肤。"一件好的作品必然是千锤百炼的结晶。这次采访之行让我们在思考、提炼、总结中不断提高自己的采访能力，成为真正的"有心人"。

一、策划之重

这次采访活动从表面上看是为期十天的当地采访，但是我组认为前期在学校长达半个多月的讨论和策划也是整个活动必不可少的环节。主题是什么？采访谁？怎么进行？这一系列的问题不能只是做出假设性的回答，而必须想别人所不想，才能做到在现场面对突发情况时处变不惊。我们小组因为有两个大三的学生，所以在小组人员编排上较慢于其他小组。当最后确定了小组人选后，我们便开始有条不紊地讨论选题。"海防行"，即我们要去祖国的最南端，深入边防部队进行采访。

"部队"这两个字对于我们来说既陌生又神秘，但正是这种感觉让我们小组有了一探究竟的决心。在初步讨论后，我们决定把选题定为采访部队的士兵。在讨论的过程中，各种困难摆在我们面前。我们既想出其不意，但又怕不被认可；想要保守，但又频频与其他小组"撞车"。正是这个时候，我们才深刻地认识到，得人心的策划才是好的策划，这不在于你的点子有多么新奇，只要能抓得住受众的心，就算成功了。所以我们最后选择了采访女兵。

这个策划一出炉，我们首先要明确主题，一定要抓住这个主题的本质特征，由点及面才能快速展开我们的框架；其次就是确定采访对象，这也是整个采访开展的最重要前提。邱老师在这个问题上一再提醒我们要谨慎选择，切不可掉以轻心。为了保证选题顺利开展，我们第一时间联系了本次南海深度采访行的联络员李志同学。得到李志同学肯定的答复后，我们总算是松了一口气。

"有女兵，可以采访。但有两个要求，一是不能采访有关工作和部队机密的问题，二是现在无法确定人选，要到了海南后再临时安排。”这个答复让我们有些开心，但同时也有些担心。其实在确定女兵选题后，我们就害怕没有采访对象，还特地上网搜索了海南女兵的情况。在网络上我们找到了一些具有典型代表意义的女兵，想到了部队后再联系。但往往事与愿违，我们不一定能采访到我们已经找好背景资料的女兵。关于受访者的背景了解这一方面，看来我们要到了部队再快速了解并紧急制订采访提纲了。

“万事俱备，只欠东风。”这“东风”就是每一次成功采访的关键所在。就在我们准备出发去海南的前一天晚上，我们接到联络员的通知：采访女兵的计划十有八九要落空了。对于部队的隐蔽性和机密性，我们是略有所知的，但是这个选题成立的风险度已经远远超出了我们的想象。如何才能顺利地进行我们的采访？再三讨论之后，我们最后决定：保留我们原先的女兵计划，到时候见机行事。为了以防万一，我们一定要留有后路，重新确定一到两个新的选题。

确定新的选题，这是一个看似简单却极其艰难的任务，但是其重要性不言而喻。我们重新参考了其他小组的选题之后，选择了两个比较满意的方向：一个是继续采访部队生活，但对象不局限于女兵，而是转变成采访即将退伍的老兵；二是在三亚市的一个原始文化村采访一名古物收集者，旨在弘扬我国的传统区域文化。怀揣着希望与不安，我们踏上了前往三亚的路途。

二、把握机遇

女兵对于部队来说实在是“稀罕物”，尤其是在我们采访的部队。当得知我们这个部队没有女兵之后，上级与老师高度重视，积极为我们争取可以采访的女兵。就在我们全体师生准备去参观驱逐舰的时候，我们组接到通知，我们参观的这个单位里有女兵！由于条件限制，我们只有一个小时的采访时间。一个小时！这完全超出了我们的预想。但是有女兵就是万幸，因此我们小组紧急集合召开会议，首先分配了每位组员的任务，其次确定了采访提纲和问题设置，并制订了相应的应急预案。就在我们满怀期待准备大干一场之际，又一个晴天霹雳接踵而至：这个单位的女兵当天外出放假。这个结果一出，我们小组的“采访女兵梦”彻底破碎。紧张和不安的氛围在小组里愈来愈浓。

第二天下午，小组组长牛若曦接到一个来自我们所驻部队宣传科干事的电话，电话内容大致是部队近期要参加一个全军范围内的微电影大赛，希望我们暨南大学新闻学子可以提供帮助，双方交流经验，共同完成这个任务。机遇来了！得到老师的认可和肯定后，我们一致认为这将会产生一个新的选题。多好的机遇！我们将记录下我们的采访对象在离开海军前参加的最后一项重要活动，这是多么鲜活的素材！在别的小组还在天涯海角欣赏美丽风景的时候，我们小组确定了采访提纲、问题设置等内容后，就拎着摄像机出发了，开始这一段奇妙的旅程。当上帝给你关上一扇门的时候，必定会为你打开一扇窗，采访也不例外。只要用心体会、细心发现，你就能找到很多闪闪发光的选题！

三、触类旁通

见到张东良的时候，他正在新闻中心大厅跟战友高阳讨论剧本，这个剧本是他告别海军生活的一个纪念，这也是他如此在乎这个微电影比赛的原因。他写的是一个潜水兵曲折的爱情故事，其实情节很简单，但是其中的浓厚感情打动了在场的每一个人。在新闻中心的大厅里，我们静静地听他回忆过往潜水艇里的生活，听他讲这些年来见过的或动人或悲戚的真实故事。他平时演惯了相声小品，说话带着喜感，没想到认真地讲述往事时竟是这样严肃冷静。跟他一起搭档的高阳，是新闻中心的主要负责人，常常一个人扛着摄像机拍下部队各种重要场面，回来制作成新闻，在他们自己的《蓝鲸播报》栏目上播放。他说，有时候重要的画面也会传给中央电视台在《新闻联播》中播出。高阳想让我们出谋划策，一起把剧本拍成微电影。

在看剧本的时候，我们已经按捺不住内心的激动。与平时在学校拍摄的小清新的浪漫校园爱情故事不同，这是我第一次这么真实地听一个军人讲述他们的爱情，令人动容。

我们仔细地翻看着剧本，脑海中已有某些场景浮现。我们几个人又聚在演播厅内讨论了一晚上，讨论如何修改剧本、确定场地和主角。小小的“深蓝剧组”低成本运作，一人要同时承担多个角色。敲定剧本后，微电影隔天就开拍了。由于部队里面的拍摄场地需要提前申请，我们就按场地来安排拍摄行程。高阳负责联系场地和群众演员。海南的天气阴雨不定，恰逢台风来袭，我们都担心不能在离开三亚前完成这部微电影的拍摄。

拍摄计划安排得满满的，白天拍摄时，若刮风下雨了就拍室内场景，等到天气晴好、光线柔和的时候就到海边拍外景。晚上我们一起讨论剧本，同时开始剪辑现有的素材。男主角要工作的时候我们就抓紧时间整理资料，分秒必争，片刻时间都不敢浪费。每天晚上回到招待所时，我们已经非常累了，但仍坚持整理素材到深夜一两点。虽然我们的体力消耗极大，但每个人都处于极其兴奋的工作状态，对第二天的挑战和收获充满了期待。在五天的时间里，我们每天从清晨 5 点半开拍，晚上讨论剧本到深夜一两点，终于一点一点地把微电影剪出来了。虽然因为海军基地保密的原因，我们的这部片子不能上传到网络，但我们可以骄傲地说，这是国内第一部由我们暨南大学新闻传播学院广电系三个“女汉子”联合海军潜水兵共同执导的微电影。

四、画龙点睛

7月31日，在狂风暴雨的洗礼之后，太阳从海岸线处缓缓西落。这是我们的微电影杀青的日子，我们一群人在海边拍了几组剧照，黑眼圈暴露出每个人这些天积累的疲倦，但是我们的笑容依旧灿烂，欢快的心情感染了整片海滩。8月2日这天，我们带着一大堆的零食、饮料、泡面等早早就到了剪辑室，今天是最后一天剪片了。从素材编排、特效制作到配音配乐，我们认真地一点一点地修改。围绕一个小小的手部动作，我们拍的素材就有好几段，我们一遍一遍地挑选、讨论，直到大家都满意为止。由于机密保护等原因，片中关于潜水艇的部分删去了很多，我们都有些心疼。晚上11点多，我们终于导出了最后的版本。大家屏住呼吸，一起从头到尾仔细地看了一遍，心底有无名的感动在涌动着。

这部片子最让人感动的是最后男主角张东良写信时的那段独白。潜水兵在不见天日的海底执行任务的时候，长达一个月生活在黑暗中，只有一盏小小的红灯将他们从昏沉的幻想中拉回现实，在那样的环境下高度集中精神执行任务。由于他们的任务需要保密，连家人都不可以透露，只能跟家人说自己要离开一段时间。一旦进了潜艇，便与亲人、朋友断了一切联系，很多人因此与女友分手，更多人因此错过了见亲人最后一面的机会。这种爱情带着家国两难的纠结，大局当前只能牺牲个人情感，以国家任务为重。悲伤要跟不舍一样深深潜藏在心底。就像片中的独白说的那样：“身为一名海军潜艇兵，我有我的神圣职责，既然穿上了这身白军装，我就已经把自己整个人都献给了它……而我，也把我对你全部的爱，埋藏在这朵浪花里。从我们相恋开始，我早已把我的爱献给了这深蓝色的事业和深蓝色的海洋……”

张东良就要转业离开军队回家结婚了，这么多年来爱情能够延续，与女方的理解与坚持是分不开的。这部片子是他根据亲眼所见的真人真事改编而成的，借此片留一个纪念给舰队、给自己的爱情。现在回头看看我们当时拍的这个片子，虽有很多不成熟的地方，故事也很简单，但情感真挚；场景不多，演员不多，但大家都十分卖力。这是我们在新题材上的一次尝试，相比以往的片子有了小小的进步。

短短几天的海南行里，我们过得无比充实，收获了独特的经历和友谊。临走的时候，我们竟有点不舍，毕竟这样的拍摄经历，很可能这辈子只有这么一次。但我们是幸运的，得以走近这些鲜活的故事和人生，更幸运的是，我们能成为记录者。

四、My Way 2013·行走三亚组

“My Way 2013·三亚”分栏纸

画　面	解说词
预告（片头）	【画外音】穷游，不是为游而游，而是一种不同于以往的行走方式。背上行囊，清清爽爽地上路，简朴行走，心灵自由，和“有钱”、“没钱”无关。大学生就是一群花样百出的穷游儿，他们穷游的目的就是要实现他们的梦想：穷尽想游之地。累了吗？与美丽的三亚一起放松吧。
高处俯瞰（摇镜头，由上往下） 出镜记者在“鹿回头”雕塑下从左往右走，对镜头说话（远景切近景） 出镜记者相片（定格）	【字幕】Sanya City·三亚 【出镜记者】Hello，大家好。 【字幕】暨南大学大三学生范敏超 【出镜记者】我现在的位置是在海南省最南端的旅游城市——三亚。每一段旅程都有不同的经历与回忆，背起行囊，穷尽想游之地，现在就跟着我一起出发吧。
地图（由虚转实）在前（后边为三亚景色），三亚各景点镜头	【画外音】三亚市别称“鹿城”，南临南海，有“东方夏威夷”之称。陆地总面积1 919.58平方公里，海域总面积6 000平方公里，人口68.5万，是一个黎、苗、回、汉多民族聚居的地区。三亚是海南省南部的中心城市和交通通信枢纽、中国东南沿海对外开放黄金海岸线上最南端的对外贸易重要口岸，是中国通向世界的门户之一、中国主要旅游城市之一。

（续上表）

画　面	解说词
黑屏 崖州古城城门外，外景记者现场解说 崖州古城墙（推镜头，特写）	【字幕】Day 1 【出镜记者】现在我所在的位置就是崖州古城了。这里是海南岛南部文明的发祥地。不过今天很可惜，他们正在施工维修，所以我们不能进入古城内部参观，那么现在就跟着我一起去看一看崖州学宫吧。
崖城学宫牌匾（特写） 崖城学宫内部景观（远景，中景）	【出镜记者】现在在我们面前的就是大名鼎鼎的崖州学宫了。崖州学宫又名“崖州孔庙”，是古代崖州的最高学府，也是我到过的最南部的孔庙了。在古代，许多祭祀孔子的活动都在这里举行，几千年过去了，里面现在究竟是什么样的情况呢？跟着我一起进去看一看。
出镜记者跨门槛，进入崖州学宫 跟随出镜记者的脚步，以她的视角拍摄她的所见所闻	【画外音】崖城学宫是目前海南省保存下来的级别最高、规模最大的古代官办学校。它始创于宋庆历年间，历史上屡经迁建，至清同治十一年（1872 年）最后一次修建，形成了完整壮观的建筑群。至今，大成殿、大成门、东庑、西庑、天子台、昆明池等重要建筑保存完好，建筑构件和细部也完好无损。
出镜记者进行介绍 跟拍出镜记者	【出镜记者】站在孔老夫子面前，感觉内心还是有点忐忑，我想我还是赶紧拜一拜他，让他保佑我下学期每门课都能拿高分吧。希望孔夫子能听到我的心愿，保佑我美梦成真。

（续上表）

画　面	解说词
崖州历代谪宦、名贤简介（中景移镜头） 冼夫人头像（摇镜头，向上）	【画外音】古崖州曾是中国历史上贬谪流放朝臣之地。从唐朝起，有不少官僚名仁被奸臣陷害后流放至此。单是副宰相以上的大官重臣就有十四人之多，因此崖城又有“幽人处士家”之称。
出镜记者问路，乘车前往郎典村 去郎典村途中的景色 郎典村的风光	【出镜记者】游览完崖州古城，我们将要去一个古老的村落——郎典村。郎典村是三亚市目前唯一保留原始打柴舞的村庄。早在2006年，三亚打柴舞就被正式列入“国家级非物质文化遗产名录”。郎典村距离崖城镇有十多公里，地理位置十分偏僻。经过了一路的颠簸，我们终于来到了位于大山深处的郎典村。
与村民们握手 记者采访黄家近老人 黄老儿子展示老人家的奖状、证书 村民们布置打柴舞现场，准备表演舞蹈 村民集体表演打柴舞	【出镜记者】老人家您今年多大了？ 【画外音】在我们身边的这位老人就是黎族打柴舞唯一代表性传人黄家近。老人家今年已经78岁了，他从8岁起就跟着同村人学习打柴舞，在打柴舞的传承上做出了巨大贡献。 【画外音】知道了我们的来意后，黄老的儿子立即召集了村里的男女老少，为我们展现打柴舞的风采。 【画外音】打柴舞是黎族最具代表性的民间舞种，它起源于黎族的丧葬活动。在古代，三亚地区的黎族村落如果有人去世，则要停棺十二天、二十四天或一个月，然后才下葬，叫“早赛”。在“早赛”期间，每天晚上，全村人都要到死者家门前为死者跳打柴舞，直到下葬为止。

（续上表）

画　面	解说词
村民展现不同式样的打柴舞 （保留现场同期声）	【画外音】打柴舞的跳法由九个相对独立的舞步组成，分别有不同的名称，节奏强烈有力，动作古朴粗犷，艺术感染力强。打柴舞有一整套完整的舞具和跳法，舞具由两条垫木和数对小木棍组成，垫木长约3.5米，直径约12厘米，小木棍长约2.5米，直径约2.5厘米。跳舞时，将两条垫木相对两米平行摆放于地面上。垫木上架数对小木棍，木棍两端分别由数人执着，两两相对，作上下、左右、分合、交叉击拍，发出强烈而有力的节奏。舞者跳入木棍中，来往跳跃、蹲伏，模仿人类劳动和各种动物的动作及声音。
出镜记者跟随村民学习打柴舞	【画外音】村民们跳得如此热情，我也忍不住来试一试，可惜在第一式就败下阵来，后来在村民的带领下终于勉强学会了最简单的第四式。看来打柴舞并非能一日速成，而是需要长期的练习和经验的积累。
郎典村画面，从大山到天空（摇镜头）	【画外音】老人家表示，他已经78岁了，他现在最担心的就是打柴舞的传承问题。他希望这项独特的艺术能和这座古老的村庄一样，永远长青。
黑屏 阿婆织布（淡入），一排排黎族船型屋 家禽在屋前觅食 黎族建筑大门 黎族女孩欢歌曼舞 阿婆织布 黎族手工特产 具有黎族风情的雕塑 “槟榔谷”牌匾	【字幕】Day 2 【现场音】（黎族人民悠远的歌声） 【画外音】在海南省中南部，有一个浪漫而神秘的地方，这里的人们与自然和谐相生，祭拜鬼神，种棉织棉，欢歌曼舞，他们坚守着古朴的文化与生活，数代人的传承和磨砺，将他们的文明孕育成海南岛一颗璀璨的明珠。 【现场音】（黎族人民悠远的歌声）

（续上表）

画　面	解说词
槟榔谷园区内环境 出镜记者现场解说	【出镜记者】今天我们来到了具有“黎族风情活化石”之称的槟榔谷。在学校的时候，我们很少有机会接触到黎族，也少有机会去感受黎族的风情与文化，那么今天，就跟着我的脚步，一起来探寻这个古老而神秘的民族吧！
绿叶（虚转实） 出镜记者漫步在槟榔谷内，走进原甘什黎村 黎族船形屋和谷仓 出镜记者在黎族谷仓前现场解说	【音乐】（黎族民谣） 【出镜记者】你知道这是什么吗？其实，这是一口棺材。你一定会觉得很奇怪，为什么黎族人会把棺材放在自家门口。因为在黎族的文化中，棺材是身份和地位的象征，当家中的女人到了60岁的时候，他们就会砍下一整棵树桩，把它做成棺材放在家门口，以显示她的身份和地位。
出镜记者走进甘什黎村 木楼梯 出镜记者随旅客走到船形屋外 阿婆正在纺纱	【画外音】黎族妇女从六七岁起就开始学习纺纱、染纱、织布、刺绣四大工艺。黎族原始的纺纱方法，是先把棉花或木棉花一丝丝地捻接成线，然后用一根小竹条捆卷着，要卷纱时，放在腿上一搓，卷纱竹枝在空中旋转，逐渐把纱卷成绽，黎族妇女就这样一分、一寸、一米地纺。
出镜记者与正在纺纱的阿婆聊天	【现场音】出镜记者：阿婆，“您好”用黎族语怎么说？ 阿婆：…… 出镜记者：您在织什么？ 阿婆：…… 出镜记者：您今年多大年纪了？ 阿婆：八十多啦。

（续上表）

画　面	解说词
介绍船形屋的牌匾 船形屋横梁 船形屋外观 船形屋屋檐 出镜记者掀开锅盖 出镜记者现场解说	【画外音】船形屋是黎族古老的民居形式，是他们祖先智慧的结晶，被称为黎族精神家园的“守望者”。相传，黎族同胞为纪念渡海而来的黎族祖先，故以船的形状建造住屋，称为“船形屋”。 【出镜记者】我们已经走进了黎族传统的船形屋，我现在坐的这个地方呢，就是阿婆晚上睡觉的床。 【出镜记者】逛了这么久，发现肚子好饿呀，现在我要去品尝一下黎族风情的美味小吃，走吧。 【画外音】黎族既有历史悠久的风土人情，也有源远流长而风味独特的美食，像诱人的三色饭、飘香的煎鱼、香喷喷的椰子饭、香脆酥口的菜饼、名声在外的竹筒饭等。
出镜记者与阿姨对话	【现场音】出镜记者：阿姨，这是什么饭啊？ 阿姨：这是椰子饭。 出镜记者：要多少钱一个？ 阿姨：30 块钱一个。 出镜记者：这是用什么东西做的？ 阿姨：这个是山栏米，一年才收一季的，里面有野菜，还有当地的猪肉丝。味道不错，是咸的。 出镜记者：这样，那个椰肉可不可以吃呢？ 阿姨：这椰子肉可以吃的。 出镜记者：谢谢。 阿姨：不客气。

（续上表）

画　面	解说词
出镜记者现场说感受	【出镜记者】有一点咸咸的感觉，还不错。跟那个糯米的口感挺像的，有点黏黏的。 【画外音】黎族是一个能歌善舞的民族，其舞蹈内容丰富、形式多样，竹竿舞、舂米舞、招魂舞等舞蹈散发着浓郁的乡土气息。黎族舞蹈主要起源于黎族人民的生活、生产活动以及特有的自然崇拜和宗教文化观念，反映了黎族人们淳朴、乐观、耿直和刚毅的性格。
出镜记者邀请阿公唱歌	【现场音】出镜记者：阿公，您好。听说黎族人都非常会唱歌，您能现场给我们唱一段吗？ 阿公：可以可以。 出镜记者：好，太好啦。 阿公：那就现场唱黎族的歌。 出镜记者：好，谢谢。 （阿公的歌声）
黑屏 三亚港渔业码头，包括工人们工作的镜头、渔船停靠岸边的镜头、工厂的镜头（固定镜头，特写） 记者出镜（码头边）	【字幕】Day 3 【画外音】工人们不停地挥舞着手中的铁钩，传送带不停地上升和下降，这就是三亚港渔业工厂的工作。港口的渔船每天都需要大量的冰块，因此就出现了许多这样的工厂。 【出镜记者】这里是我们行程的第三站——三亚港。轰鸣的机器、辛勤劳作的渔民，今天我会努力地探索和发现这里的乐趣，跟上我的步伐出发吧。

（续上表）

画　面	解说词
从三亚港向外望出的海景 三亚港渔船来来往往 岸边船坞（特写） 岸边小渔船（摇镜头） 渔船停靠在岸边 几个渔民在往岸上卸货物 一个渔民在船上四处观察 渔民准备停船	【画外音】三亚港位于海南省南部著名的旅游胜地——“天涯海角”东侧25公里的海岸线上，它是古代崖州的临川港，南宋以前是临川镇的主要驻地，并开始形成港口。清光绪年间有盐商来此经营盐田，后逐渐兴旺。而现在，它依然在发挥着它的作用。海面上各式船只来来往往，勤劳的渔民还在烈日下不停地工作，看起来一点也不简单的工作，在他们的分工合作下只是小菜一碟。出海捕鱼一直是我非常好奇的事情，来到三亚港希望能有机会登上渔船，体验渔民的生活。
印着“一帆风顺”四字的旗帜随风飘扬 记者出镜（渔船上） 船上的物品（特写） 出镜记者与渔民一起在吃西瓜 盆中西瓜（特写） 船长在驾驶舱中开船 船长用手扭动控制杆（特写） 从船向外看的景色 凤凰岛（摇镜头） 从船上拍向岸边、蓝天 船身（固定镜头） 在船头拍向大海 出镜记者坐在船头看海 蓝天（摇镜头） 海水的流动 出镜记者与船长交谈 船上的蓝布随风飘扬	【出镜记者】热情的船长邀请我们一起出海航游一圈，现在我们要上这艘船，走吧 【画外音】一上船，各式各样新奇的东西就不停地闪现于眼前，吸引着我的眼球。登船后，船长做的第一件事就是送上一大盘鲜红多汁的西瓜，我们大快朵颐后，西瓜瞬间就只剩下寥寥几块了。 最期待的时刻终于要来了，船长坐上了驾驶舱，开始灵活地转动着方向盘，船缓缓地驶出了港口。我的视线跟随着渔船在摇摇晃晃，就这样停留在凤凰岛，停留在海港，停留在蓝天。船渐行渐远，一望无际的大海，清新舒畅的海风，以及时不时在面前飞过的海鸥，竟让我忘记了晕船的烦恼。亲切的船长在开船之余，还耐心地跟我闲聊，甚至还允许我到船舱里去参观。

（续上表）

画　面	解说词
船舱里的黑板（固定镜头） 船舱里的捕鱼用具 厨房（摇镜头） 几张木架床（摇镜头） 出镜记者与船员在交谈 船舱里的鞋子（特写） 船上的绳子（固定镜头） 出镜记者背身看海 从船上向海面拍 出镜记者倚靠在船上 出镜记者在船上唱歌 出镜记者准备回到岸边 船员准备停靠渔船	【画外音】在船舱里，我多多少少被震撼了。简单的几样厨具配上一个煤气罐就是厨房，几张木架床拥挤地摆放在船舱两边，而这一狭窄的空间却要住上一船的渔民。在船舱里，只有简陋的设备，就连通风条件也很差，他们背后的辛酸或许是我们永远都体会不到的。回到甲板上，海风吹拂着我的脸，更让我觉得一切都来之不易。我要把这段美好的回忆牢牢地存在脑海中，现在就尽情享受吧。 【出镜记者】下一句是什么，我不记得了。我觉得非常开心，在海上。第一次能够进入中国的深海，看到那么蓝的海水，吹着海风，唱着歌，心情真的特别愉快。
行人拉着货物 汽车在路上行驶 出镜记者走过涂鸦墙 涂鸦墙（摇镜头）	【画外音】从海上回来，我回到了码头继续这段奇妙的旅程。有这样一个地方，但凡去过的人都对它赞不绝口。它，就是在三亚港的仓库涂鸦墙。来吧，跟上我的步伐！
众多涂鸦墙（拉镜头，特写）	【画外音】面对涂鸦墙，我想起了小时候的启蒙画，一幅幅纯真的涂鸦见证着自己的成长。我想涂鸦应该是灵性的随意释放与张扬个性的记录。
出镜记者在涂鸦墙前讲述，从右走到左	【出镜记者】在渔港码头，这里有各式各样的涂鸦，据说这是由三亚高校的一群涂鸦艺术爱好者共同完成的。这些涂鸦颜色鲜艳、形式各异，给整个渔港带来了青春的气息。

（续上表）

画　面	解说词
众多涂鸦墙（特写） 出镜记者在一副涂鸦前摆上拍照的姿势	【画外音】感谢年轻的三亚港，让我们见识了这一片涂鸦的小天地。这个缺乏街头文化的城市，因为这些涂鸦墙而具有了某些前沿、开放的味道。 【出镜记者】快来给我拍个照！
黑屏 出镜记者现场解说 “第一市场”大门口 市场的总体情况 出镜记者逛市场 摊档上的海鲜 出镜记者挑选海鲜 出镜记者在市场附近寻觅	【字幕】Day 4 【出镜记者】吃货出门旅行怎么能少得了美食呢？其实不用去高档酒店，我们也能够品尝到特色美食。现在，我来到三亚第一集贸市场，我将要到街头巷尾网罗各色小吃，既能吃得满意，又能照顾到自己的钱包。 【画外音】三亚，素以海鲜出名，“第一市场”是三亚最大的、性价比最高的海鲜市场。海鲜品种丰富，在这里买上一些海鲜，拿到附近餐厅加工，就可以享用啦。
各色水果 水果炒冰店铺伙计和出镜记者交流 水果炒冰的制作过程 水果炒冰成品 出镜记者介绍水果炒冰 出镜记者采访购买者	【画外音】海南是我国的热带水果天堂，水果种类丰富多样，在这里不仅可以买水果吃，还可以换种方式。水果炒冰和椰奶清补凉就非常受欢迎。 【现场音】店铺伙计：菠萝芒果，很好吃的，很有特色。 出镜记者：那我要一份菠萝芒果吧。 店铺伙计：好的，菠萝芒果一份。 出镜记者：这个造型看起来很独特啊！ （尝一口）很冰，很爽口，芒果的味道特别浓，很好吃喔！ 出镜记者：你觉得好不好吃？ 被访者：当然好吃！ 出镜记者：你这个是哪种口味的？ 被访者：这个是香蕉火龙果口味的。

（续上表）

画 面	解说词
清补凉配料 制作清补凉的过程 清补凉成品	【现场音】店铺伙计：十种配料，然后用椰子丝榨成椰子汁，变成纯纯的椰奶，然后加冰块、少许的糖，再加上西瓜和哈密瓜等水果丁，这样就可以配成一份美味可口的椰奶清补凉了。
出镜记者现场解说	【出镜记者】到了，就是这里！听朋友说，来海南一定要来吃最正宗的抱罗粉，据说最好吃、最正宗的就是这一家，我们赶紧进去试一试吧。
出镜记者与店铺老板交流 抱罗粉 出镜记者与店铺老板交流 抱罗粉制作用料 滚烫的水煲里的水 店铺老板制作抱罗粉 店铺老板介绍时候的手部动作 出镜记者与店铺老板交流 出镜记者吃抱罗粉 出镜记者搅拌抱罗粉（特写镜头） 出镜记者吃抱罗粉（固定镜头）	【现场音】出镜记者：现在我面前的这一碗呢，就是海南的特色小吃，正宗的抱罗粉。然后，我身边的这一位呢，就是这碗抱罗粉的制作者，也是这家店的老板，杨先生。 店铺老板：你好。 出镜记者：老板，你能不能先跟我们介绍一下抱罗粉的制作过程呢？ 店铺老板：抱罗粉的制作过程呢，前一天，就拿大米、高粱、地瓜粉，弄成面团，做好粉团。到了第二天呢，要把粉团煮熟，然后用工具压成粉条。尝一下味道怎么样。 店铺老板：搅拌一下。 出镜记者：要搅拌一下吗？ 店铺老板：对。 出镜记者：感觉特别的滑，软软的感觉，味道非常特别，很好吃。

（续上表）

画　面	解说词
海浪、小女孩在海边玩耍 遮阳伞，出镜记者在卧椅上休息 摄像记者摇醒出镜记者 出镜记者现场解说	【现场音】摄像记者：喂，快醒醒。 出镜记者：哇，这里实在是太美、太梦幻了。暖暖的阳光、清新的空气，我感觉像在做梦一样。
海平面 人骑快艇冲浪 海岸线（摇镜头） 沙滩上，游客享受着夏日阳光 小女孩、小男孩在海边玩耍 出镜记者戏水	【画外音】亚龙湾位于三亚市东南 28 公里处，是海南最南端的一个半月形海湾，全长约 7．5 公里。7 公里长的海岸线上椰影婆娑，生长着众多奇花异草和原始热带植被，各具特色的度假酒店错落有致地分布于此，恰似一颗颗璀璨的明珠，把亚龙湾装扮得风情万种、光彩照人。民间有“三亚归来不看海，除却亚龙不是湾”一说。
出镜记者走在沙滩上现场解说 出镜记者三连拍 海浪冲岸等亚龙湾风光 其他游客的海边娱乐活动 出镜记者玩沙、唱歌，海边夕阳剪影 海边风云变化	【出镜记者】你看，亚龙湾的蓝天白云，就像画中的一样啊。这里有湛蓝的天空，柔软、洁净的沙滩，真是一个适合居住的地方。 【音乐】
黑屏 出镜记者收拾行李 出镜记者拉行李，离开宾馆	【字幕】Day 5 【字幕】再完美的旅程，都会有结束的时候。在三亚的这几天里，我以大学生的视角，感受了三亚的历史变迁、风土人情，无论正确与否，那都是我心中专属于一座城市的印记。 【出镜记者】我要走啦，三亚，再见！ 【字幕】演职人员表

【组员采访心得】

用心积累点点滴滴的经验

2011 级新闻学专业　张　妙

这次海南行是一次成功的采访之旅，我不仅收获了满满一箩筐的回忆以及和小伙伴们的“革命”情谊，还有了一些深刻的采访拍摄心得。

片子的成功得益于团队前期策划比较详尽，包括时间安排、拍摄进程、路线、器材清单以及整个片子的构想，我们的策划书写满了将近 20 页纸。在实际拍摄的时候，虽然细节上存在一定的差异，但拍摄总体上是跟着计划走的。因此，拍摄的过程总体来说比较顺利。也就是说，媒体工作总是存在变化的，这也是媒体工作的精华所在。媒体人要以不变应万变，在遇到新的采访对象的时候，要懂得抓住机会，不能让采访问题只浮于表层而使机会白白流走。

在三亚港的时候，有好几艘渔船停泊在岸边，扛着器材的我们一直在犹豫要不要开口询问，因为我们害怕遭到拒绝。没想到当我们询问船长时，船长立马就答应接受采访，还请我们吃西瓜，并带我们出海，给我们说了他几十年的航海经历。原来，很多时候，障碍是自己给自己设的一道坎。作为媒体人，要储蓄满满的勇气和正能量，即便遭到拒绝，我们也要微笑着道谢，转身接着寻找下一个采访对象，抓住下一个采访机会。

由于郎典村位置太过偏僻，在寻找的路上，同行的人都默默地捏了一把汗。车子在人烟稀少的小路上颠簸了很久，但仍没有找到郎典村。因为害怕，我产生了放弃的念头，但身边有同伴陪伴，我还是坚持了下来。其实每个人心中都害怕，但无言的陪伴给大家带来了勇气，发挥了团队正能量。事实证明，坚持是正确的。后来，我们找到了郎典村，找到了国家级非物质文化遗产黎族打柴舞唯一的代表性传承人——黄家近老人，并得到了关于打柴舞的珍贵的视频资料。

我们从海南带回了容量为几百个 GB（千兆）的素材，但在后期剪辑中发现镜头仍不够用。例如在亚龙湾的时候，我们只在两个地方取景，距离不出 500 米，所取素材重复率高，但为了配合解说词长度，我们被迫重复使用镜头。细心的观众就可以看出这一点。同时，有的画面因为没有拍摄到解说词内容而配不了解说词，而跟解说词相关的画面细节在拍摄时却被无情地忽略掉了。现场同期声也是令人头痛的事情，音质和音量的不稳定使得片子的质量大大下降了。另外一点，我们在拍摄的时候，有的细节没有注意到，总把自己随身带的东西无意地摄入画面（穿帮镜头），例如片尾拍摄出镜记者收拾行李准备离开三亚，我们却不小心把自己的行李摄入画面，于是出现“行李还留在宾馆”的画面。

此次海南行中，My Way 小分队的成果是一条关于大学生行走并解读三亚的片子、记者日记以及关于三亚专题的摄影图集。这次经历让我学会了很多，思考了很多，也成长了许多。

未雨绸缪方能有备无患

2011 级广播电视新闻学专业　林镜有

出发前往海南三亚之前，我的心中曾有很多很多的构想，迫不及待地准备去实施，至少在没有到达目的地之前我都是这样想的。我总以为，这个世界是美好的，自己的采访行动总会得到大多数人的理解和支持，甚至有一种高高在上并且别人都会为你让路的自我满足感。我曾天真地认为，一切都会按照自己事先的设想走下去。

但是，采访的第一天早上，第一个给我们出难题的就是老大爷。昏暗的下雨天，把我们浇了个透心凉，也让我们逐渐清醒了。设备没有带齐，在下雨天肯定是不能够拍外景了，这种情况是在我们出门之前根本就没有考虑到的。我们本应该先查清楚天气预报，带齐所需要的所有设备。可是，我们已经来到了目的地，也没办法了，只能够求天气能够早点晴朗起来。这是一种处于极度被动的无奈之举。万一连续几天都这样，就只能干着急了。还好，接下来的一段时间，天公作美。

在接下来的拍摄中，有些地方我们没能够去成，有些地方没能够按照策划方案写的那样来拍摄。在拍摄过程中，本来策划上是要拍摄三亚旧渔港的那种被城市包围的变迁过程，但是事实上，由于设备的局限性，拍出来的片子根本就无法把这一点表现出来，因为没那个条件。最基本的，反映一个全貌，最好的拍摄方式就是俯拍，俯拍最好的方式是航拍，但是我们尝试过的最好的方式就是去附近的鹿回头山，从那里俯拍下去，但是由于能见度等问题，效果并不理想。

拍摄打柴舞传人，应该算是我们最为成功的一次拍摄了，但还是出现了比较多的问题。先说成功的地方吧。在出发前往这个地方的时候，当地的老百姓都好心告诫我们去这个地方很危险，但是我们还是去了，这份敢想敢做的勇气实在可嘉。最初，我们在收集资料写策划的过程中，偶然在一篇新闻报道中发现了这位打柴舞传人，然后把他记录下来，直到最后能够顺利完成这个采访，整个过程都是一段很不错的经历。但是，我觉得我们小组还是做得不够多，一个这么好的选题，我们如此辛苦才找到这样一个代表性人物，只简单地放进我们的三亚行，占一小部分内容，实在可惜。我们当时应该把这个采访做得更加细致，甚至完全把这个采访独立出来，做成一个人物专访。但是由于采访过程中的疏忽，我们没有拍摄到更多的素材。其次，在整个采访的过程中，我们显得有点不分主次，录像拍少了，照片却拍多了。黄家近老人普通话不好，说的话比较少，几乎全由儿子代替了，最后拍摄完成后，我们才忽然发现有点喧宾夺主的感觉，没有把黄家近老人作为整个采访的重点。

在离开三亚之前，我们还有时间去补拍一些镜头的，但是我们没认真看那些素材，导致最后有些能够补救的地方却再也补救不了了，这值得我们引以为戒，吸取教训。

准备+机变+运气=成功

2011级广播电视新闻学专业　陈宇曦

怀揣着精心准备的方案，提着精良的拍摄机器，我们以一种无比兴奋的心情完成了这次海南深度采访行。在那里，我确实收获很多，一部分是来自自己的成片，另一部分则是在这样的实战中获得的经验。

在出发前几天，我们小组还在不停地修改方案，力求能够考虑到更多的细节。有时候我们甚至出现了厌烦情绪，但是这样不断地完善着实给我们后来的采访拍摄带来了不少便利。因此，我认为，不断完善自己的策划，多给自己几个备用方案，是进行采访拍摄前必不可少的步骤。这个步骤让我们在遇到第一方案不可行时，能快速反应，而不至于很慌张。

在部队的那几天，我们不停地听到其他小组的方案行不通，受到了这样或那样的限制，我们的心情也开始变得有些忐忑。这时候，我们意识到必须寻求一些帮助，尤其是我们的方案对环境的要求很高。在不熟悉的情况下，我们容易做无用功。在询问了几位那里的士兵后，我们才发现方案确实要进行很大的修改。

我们乘坐大巴离开了部队，回到了市区。我们深感必须抓紧时间，因为当时的时间很不确定，还要配合三沙组的时间。在酒店放下自己的行李后，我们一组四人就马上奔赴第一站——槟榔谷。在此之前，我们对槟榔谷的设想是比较原生态、人烟较少、特色明显。但实际上，它已经开发成了旅游景点，这是我们始料未及的。

在这样的情况下，我们只能现场调整出镜记者的台词，根据这里的实际情况随机应变。我们小组当时的想法是虽然这里已经变成了旅游景点，但是我们可以通过镜头来集中表现它的自然之美以及这里的民族风貌。

晚上回到酒店后，我们发现当天的拍摄并没有多少深度，这是需要注意及反思的。在接下来的几天里，我们必须加入更丰富的内容。另外，在当晚的讨论中，我们一直认为崖州古城以及郎典村将是我们整个片子的闪光点，必须对这两处地方进行深入挖掘。

但是郎典村这个地方十分偏僻，它藏在大山之中，即使是三亚的本地人也未必知道。对将去之地的不熟悉让我们一行人更加忐忑不安。

我们一早便坐车赶往崖城镇，但是很不幸的是，崖州古城正在复修，我们一行人无法进入崖州古城拍摄。这无疑是一大打击！最后，我们只能退而求其次，转而去拍摄崖州学宫。来到崖州学宫，我觉得最好的方法不过是将所有景色都拍摄下来，到了后期剪辑的时候就不会出现素材缺乏的情况。随后，在询问了这里的村民该怎么去郎典村之后，我们乘坐三轮车赶往郎典村。但是郎典村分为一队、二队、三队，我们不知道黄家近老人在哪一队，只能靠运气猜了。我们最终决定去郎典村二队。

三轮车坐起来很颠簸，但是也不能因为这样而停止拍摄。我们只能尽量地保持平稳。从车里向外拍大山、田园的镜头确实能够让人耳目一新。当然，一切行动的前提是要先注意好自己的安全以及机器的安全。

三轮车的司机不断地向我们强调不要露出自己的财物，要小心，这让我们更加茫然了，尤其是这一路上只有我们四个人，身边也没有老师。下车后，我们向司机要了他的电话号码，以便采访过后他能接我们回去。我认为这一步是很重要的，一旦有什么情况，还可以找到人帮忙。

运气真的很重要。我们完全没想到下车的地方竟然就是我们要找的地方。黄家近老人就住在旁边的屋子里。不但如此，老人家还相当热情，召集了村里很多人过来，这是我们始料未及的。我们马上一甩之前的阴郁情绪，立刻进入拍摄状态，集中拍摄了采访老人家的对话以及十分有名的打柴舞。那里的拍摄进行得十分顺利，但还是有些不足之处。在拍摄工作临近结束之时，电池却快要用完了，我们只能抓紧最后的时间快速地拍了几个空镜头，为方便后期编辑，连单反相机也在不停地工作。

以上就是我在这次海南深度采访行中最深刻的体会，其他几天的拍摄也和这两次差不多。我认为要完成一次好的采访拍摄的关键是前期准备要十分完善；要有随机应变的能力，准备随时修改方案；必须注意好人身安全以及财产安全；要利用好身边的资源。

难忘海南

2011级新闻学专业　范敏超

虽然十二天的海南之行已经结束多时，但我还是会时常想起那段日子，想起那一段难忘的经历。

7月27日凌晨两点，经过了十八个小时的长途跋涉，我们终于到达了三亚海军基地，开始了我们的第一站行程。对于我们来说，部队的一切都是新奇的，早晨起床的号角、穿着白色军服的兵哥哥……在部队短短两天的时间里，我们体验了独特的军队文化，也和一些兵哥哥成了好朋友，对部队特别是海军部队有了更深的认识。

离开了部队之后，我们小组完全处于“放养”状态，没有老师的带领，一切都要我们四个人一起去闯。尽管我们事先做了详细的策划，可是计划永远赶不上变化，很多事情只有到了现场才知道下一步该往哪里走。尽管我们遇到了不少困难，但最终都一一克服了。

最让人欣慰的是，我们成功到达了郎典村，并找到了打柴舞唯一代表性传人——黄家近老人。网络上关于郎典村的信息特别少，我们只知道它是崖城镇下的一个古老的村落，黄家近老人是这个村子的村民，仅此而已。当天上午，在镇上拍完崖州古城的镜头后，我们乘坐三轮摩托车颠簸地驶向郎典村。事实上郎典村很大，开车的阿姨问我们要去郎典几分队，我们四人面面相觑，全然不知。我们当时是抱着碰运气的想法去郎典村的，如果能采访到黄家近老人，那就是运气好，如果采访不成功，就拍一些郎典村的素材，然后采访一些附近的村民。幸运的是，在离我们下车不远的地方，就是黄家近老人的家，而且当时他正准备上山干活。知道我们的来意后，黄老先生和他的儿子都非常热情，也十分配合。他表示我们大老远来一趟不能让我们空手而归，于是他立刻召集了村里的男女老少，为我们表演打柴舞。他同时也希望，我们回去后能对这种舞蹈做一些宣传，让更多的人知道它、了解它，让它更好地传承下去。这是我们之前完全没有料想到的结果。

紧接着，第二天，我们去三亚港码头拍摄，再次收获了意外的惊喜。我们在采访渔民时，热情的船长主动提出带我们出海航游一圈。船长熟练地操纵着方向盘，船缓缓地驶出了港口。一切都令人兴奋不已，我们从来没有想过能进入中国的深海，与大海有如此亲密的接触。船长从十几岁开始就出海捕鱼，至今已经有二十多年了。常年的风吹日晒，使他的皮肤变得黝黑，他有着深邃的眼神、挺拔的身躯、高超的技术，雄风毕现。与船长的相处，也让我这个一直在内陆生活的孩子第一次真正了解了渔民的生活。这是一项十分艰苦且具有高风险的职业，渔民们肩负着一家人的期望，是家庭的顶梁柱。

这次南海深度采访之行中，我第一次担当外景主持的重任，小组四人共同进退、互相包容，团队成员通力合作……能成为优秀团队中的一员，我很自豪。

五、“揭梦三沙”采访组

“揭梦三沙”分栏纸

<table>
<tr><th>画　面</th><th>解说词</th></tr>
<tr><td>画面由模糊到清晰的移焦镜头，画面变清晰后呈现出《中国国家地理》杂志封面，画面内文字：纪念三沙市成立一周年</td><td rowspan="4">【配乐】Canceling the apocalypse</td></tr>
<tr><td>三本《中国国家地理》杂志的侧边由模糊变清晰（移焦镜头）</td></tr>
<tr><td>一双手翻开《中国国家地理》杂志（多角度镜头组接）</td></tr>
<tr><td>《中国国家地理》某页中蔚蓝色的大海以及文字“谁也不能阻止我们对海洋的向往”（摇镜头，从左到右）</td></tr>
<tr><td>画面定格在杂志上的一片蓝色的大海上，画面叠化到真实的深蓝色海浪</td><td>配乐渐弱，海浪声起</td></tr>
<tr><td>采访队队员在出发前的相互激励（仰拍）</td><td>【现场音】全体采访队员：三沙，走起！</td></tr>
<tr><td>“琼沙 3 号”即将驶入永兴岛港口（俯拍，快放 4 倍）</td><td rowspan="5">【配乐】Pacific Rim（feat. Tom Morello）</td></tr>
<tr><td>采访队员拉起“‘揭梦三沙’南海深度采访行”队旗（快放 4 倍）</td></tr>
<tr><td>船上工作人员准备抛锚（快放 4 倍）</td></tr>
<tr><td>船上其他乘客排队准备下船（快放 4 倍）</td></tr>
<tr><td>各个采访队员分别拿着各种拍摄器材和物资下船镜头组接（快放 4 倍）</td></tr>
</table>

（续上表）

画　面	解说词
全体采访队员在永兴岛界碑处拉开采访队旗，启动采访活动	【现场音】全体采访队员：揭梦三沙，我们来啦！耶！
黑屏，文字以打字的方式呈现	2013 年 7 月 31 日，暨南大学“揭梦三沙”南海深度采访团的十名师生登上永兴岛，成为国内首支进入三沙进行深度采访的大学生队伍。
青蓝色的海水上浮现出“揭梦三沙”的标题	海浪声和海鸥的叫声
采访队员从大巴上下来，走在海口的街道上（全景）	【画外音】从广州到海口 【配乐】Mastro 渐起
采访队员扛着各种物资准备登上“琼沙 3 号”（全景）	【画外音】从海口到文昌
在“琼沙 3 号”拥挤的船舱内，采访队员正在一起吃方便面（全景）	【画外音】再从文昌经过十五个小时的颠簸
“琼沙 3 号”即将靠岸时，几个孩子趴在栏杆上向往地看着海岸，叠化到收复西沙群岛界碑全景（全景）	【画外音】我们终于如愿以偿，登上了永兴岛。
采访队员周冬敏、杨帆（正对镜头）访问一个正在补渔网的老渔民（背对镜头）（中景） 采访队员冉杰、黄伊莉（背对镜头）访问永兴岛图书馆员工（正对镜头） 叠化到采访队员张怡、梁诗敏（正对镜头）采访永兴岛上的一个小女孩符雯蝶（背对镜头）（全景）	【画外音】九个人，三支小队，我们将探索这两千平方米上的平凡故事、简单梦想。 【配乐】配乐淡出
采访队员王云帆在三沙市人民政府前进行出镜报道	【出镜记者】我身后的这栋建筑就是三沙市人民政府，三沙市人民政府于去年 7 月 24 日正式成立。所以说，这栋建筑承载着中国最年轻却最伟大的梦想。

（续上表）

画　面	解说词
三沙市人民政府正面大全景，叠化到北京路的路牌，再从右向左摇到北京路街景：空旷的街道，只有几辆运货的卡车	【画外音】三沙市人民政府，坐落在三沙市的主干道——北京路上。也许，很多人会把北京路和“繁华”挂钩。
一辆卡车行驶在北京路（摇镜头，从左到右）	【画外音】但是，三沙市的北京路却和繁华没有关系，除了几辆运货的卡车之外，北京路上很安静。
三沙市图书馆（推镜头，正面全景到特写）	【画外音】新建的三沙市人民医院和三沙市图书馆，就在这条安静的北京路上。
图书馆正面外景，叠化到图书馆内藏书（多角度镜头组接）	【画外音】图书馆看似不起眼，实际上内有乾坤，馆里有各类藏书一万多册。
图书馆内人们使用崭新的电脑观看视频（全景）	【画外音】馆内还有崭新的电脑和读报机。
镜头叠化到医院内全景：两名护士正在药架前收拾药品	【画外音】简陋的医院里只有八名医护人员在忙碌着。
药架上陈列的药品（近景）	【画外音】药架上陈列的是一些生活常用药品。
一名医生将一个药箱收好，放置到病床下面（跟镜头）	【画外音】这里只能诊治伤风感冒之类的小病。
镜头叠化至从左侧向右拍摄三沙市人民政府全景画面：白色的政府大楼掩映在两颗棕榈树中 再叠化到三沙市邮局正面全景，镜头前推	【画外音】那，三沙市和外界的通信又是怎样的呢？带着这个疑问，还有在“琼沙3号”上的约定，我们来到了邮局。

（续上表）

画　面	解说词
采访队员王云帆事后在学校内接受采访	【现场音】我们在“琼沙 3 号”上的时候，就已经认识了在邮局工作的陈大哥，他邀请我们一定要去邮局看一下。我们到了邮局以后，算是体验了一下邮局工人的生活，一起把要寄的信搬到“琼沙 3 号”上面，然后再把“琼沙 3 号”上寄过来的东西搬回到邮局。
叠化至当时在“琼沙 3 号”的情景： 采访队员王云帆将邮件包递给船上的工作人员 船上的工人将邮件包放进甲板下的邮件仓 邮件仓内的工人将在船舱里寄过来的邮件从下往上扔 在甲板上的工人接住邮件包 采访队员王云帆将邮件包搬下“琼沙 3 号”	【画外音】码头上烈日炎炎，搬运工人在暴晒中将信件来回地运送。
采访队员王云帆将肩上的邮件包放上卡车，进行现场出镜报道	【出镜记者】这个地方真的是非常热，你看这太阳！我穿着防晒衣都觉得胳膊快要晒伤了。那边那个是王大哥，我们在船上认识他的时候还是白白嫩嫩的，现在已经红得像龙虾一样了。
镜头摇向王大哥，王大哥向镜头挥手，微笑示意	【现场音】记者、摄像：辛苦了！ 王大哥：没关系！
一个个邮件包被放上甲板（中景）	【画外音】这一批邮件会随着“琼沙 3 号”的返航，带回海南岛。而下一批信件，就要等到 20 天后随船寄发了。
三沙市邮局（全景，推镜头）	【画外音】三沙市邮局成立于 1961 年 10 月 10 号。

（续上表）

画面	解说词
叠化到邮局内一名游客正在填写明信片（中景） 挂号信寄件单（特写）	【画外音】到目前为止，邮局只能寄出平信和挂号信。
邮局工人及记者将卡车上的邮件包搬下来（全景）	【画外音】岛外的居民常常给岛上的亲人寄来生活用品。
邮政局柜台后的空地塞满了邮件（中景，多角度镜头组接）	【画外音】这些寄来的用品，常常把邮政局柜台后的空地塞得满满当当。
邮政局大厅内，三个工人将物品向外搬运（全景）	【画外音】三沙市邮政局实行工作轮值制，驻守永兴岛的邮政员工，只要待满一年，就能回到海南岛。
邮政员工陈大哥在餐桌上对着镜头说话（中景）	【画外音】但是，陈大哥却在这里待了四年。
陈大哥熟练地盖邮戳（特写）	【画外音】今年，是他在岛上的第五年了。
叠化至采访队员王云帆在返回校内后接受采访	【现场音】王云帆：我们上了岛以后都有一个感触就是，那里物资真的很匮乏，生活条件比较艰苦。我就不是很明白陈大哥怎么可以在那里一待就待五年，然后我就问他。陈大哥说，因为他很喜欢钓鱼，在永兴岛上面可以自由自在地钓鱼。不过呢，陈大哥都已经三十出头了还没有谈过恋爱。我觉得吧可能比起钓鱼，他最舍不得的是永兴岛。
采访队员和邮局员工一起用餐（近景）	【画外音】搬完邮件，邮局员工热情地邀请我们吃午餐。

（续上表）

画　面	解说词
饭桌上的菜肴全景，各类菜品很丰盛（拉镜头，由远到近）	【画外音】饭桌上的菜肴很丰盛，其实只有“琼沙 3 号”来了，他们才能吃上一顿好的。
一锅柠檬鸡汤（特写）	【画外音】平时邮局的员工们就只是用火锅煮一点干货吃。
邮局员工举着两只螃蟹让采访队员拿，采访队员接过其中一只	【画外音】邮局大哥们的热情招待，让我们看到永兴岛的另一种美——人情美。
采访队员和邮局员工喝啤酒，碰杯（特写）	【现场音】全体员工：干杯！ 邮局局长：欢迎来到岛上啊！
陈大哥举杯（近景）	【现场音】陈大哥：西沙欢迎你！三沙欢迎你！
黑场过渡，老龙头海岸（远景） 在车上拍摄海岸线（运动镜头） 岸边的渔船上有两个渔民在整理纤绳（全景） 一个蹲在小船上的渔民在整理纤绳（远景） 镜头推向该渔民的全景	【画外音】在这片 2．13 平方米的土地上，除了辛勤工作的工人，还有另一群人，没有他们，就没有三沙今天的建设。他们，是靠着祖传下来的手艺养活一家人的三沙渔民。
一位渔民骑着摩托车进入渔村（全景） 渔村内几个小孩子和一个大人正在玩耍嬉戏（全景）	【现场音】摩托车的声音（声音转场）
与村内小木屋多角度镜头组接，景别由大到小，展现小木屋的材质和结构：细薄的木板，面积狭小，下层镂空	【画外音】他们居住的地方是简陋的木屋，由细薄的木板搭建而成，面积很狭小，下层镂空。
采访队员周冬敏、杨帆在村内拍摄空镜头、大全景	【现场音】当我没有走进渔村的时候……（声音转场）

（续上表）

画 面	解说词
采访队员周冬敏在学校接受采访 渔村内一座破烂的小房子（摇镜头，从右到左）	【现场音】周冬敏：我想象的渔村是那种面朝大海感觉，像度假村一样。结果我一走进渔村，我就惊呆了。这些破烂的小木屋和美丽的永兴岛真是形成鲜明的对比呀！
渔村内的一棵大树下停着一辆摩托车（空镜头，全景）	【现场音】渔村里的鸡叫声渐起（声音转场）
在村口的老伯正在清理渔网（远景切全景） 老伯将自行车停放好，同一动作两个机位系列镜头	【现场音】在村口，一位老伯正在清理渔网。老伯已经在三沙住了12年，是第一批领身份证的三沙居民。老人说，三沙就是他的第二个家。
老伯一边整理渔网，一边接受采访 处理网上的小鱼（手部特写） 整理渔网 赤脚，脚上有创可贴（脚步特写） 处理渔网上的小鱼（手部特写）	【现场音】老伯：国家的政策变化挺大的啊，与以前不同咯。交通、信号、尾声变化得挺大的，以前的生活比不上现在好，以前没有西沙这个建设，现在就有建设嘛。政府很支持西沙这边的工作啊！
符少正在抽烟（中景） 符少强给记者介绍他的海产品（跟镜头）	【画外音】与老伯一样，符少强也在永兴岛生活了多年。这个小小的永兴岛上，从打鱼到收购海鲜，他完成了从渔民到商人的蜕变。
符少强点燃一根烟，接受记者周冬敏的采访（中景）	【现场音】周冬敏：西沙比东沙、南沙好吗？ 符少强：没那么辛苦。
周冬敏在学校内接受采访	【现场音】周冬敏：符大哥是那种话不多而且比较内敛的人，你如果不问他，你根本不知道原来他被菲律宾抓过。而且他对八个月的牢狱生活就那么云淡风轻地地讲出来。

（续上表）

画　面	解说词
符少强接受采访画面（左侧面，近景） 符少强左手上的刺青（特写）	【现场音】符少强：八个月，我被抓了八个月。家乡有钱寄过去就没事，没钱你就有事了。
另一组采访对在谭门市符少强家中进行采访	【画外音】与此同时，另一组采访队，也来到了谭门符少强的家中。
符少强的母亲举着手机从家中走出来，接通电话	【现场音】符少强：（电话里）妈？ 母亲：什么？ 【配乐】Iris and Jasper 渐起
符少强给母亲打电话（右侧面，近景）	【现场音】符少强：身体好吗？
符少强母亲讲电话（近景） 切到符少强讲电话的画面	【现场音】母亲：这里都好， （电话里）你在那边要注意身体知道吗？
符少强一边打电话，一边眼圈红了	【画外音】这位见惯风雨不畏牢狱之灾的男子汉，他心底的柔软，永远是电话那头的母亲。
符少强接受采访（左侧面，近景）	【现场音】符少强：我母亲在家里，今年也82岁了。她现在，还可以，一个人做饭，一个人上街买菜，我也祝她身体健康。 【配乐】配乐淡出
黑幕过渡 采访队员张怡与永兴岛上的小女孩符雯蝶拉钩（中景）	【现场音】符雯蝶：拉钩，上吊，一百年，不许变！谁变谁是大笨猪！
采访队员张怡、梁诗敏与岛上的三个孩子交流（全景）	【画外音】这个岛上还有很多可爱青春的面孔。
符雯蝶在吊床上荡来荡去（中景）	【画外音】这个女孩叫符雯蝶，今年七岁，在文昌读小学一年级，由爷爷奶奶照看。

（续上表）

画　面	解说词
屋顶上的绿叶（空镜头） 符雯蝶与其他五个孩子一起做游戏（全景） 符雯蝶拉着在她前面的一个男孩子的衣服，嘟着嘴笑（中景） 符雯蝶和其他五个孩子玩“老鹰捉小鸡”游戏（全景）	【画外音】岛上没有游乐设施，捉迷藏等游戏成了他们最大的乐趣。 【现场音】孩子们的笑声。
沙地上孩子们的脚（特写） 孩子们在路上蹦蹦跳跳	【画外音】这座常年倍受炙烤的小岛，因为他们的加入而多了点生机。
几个孩子坐在一辆小卡车的后座上，其中一个孩子的母亲替女儿整理头发（中景）	【画外音】对于这些孩子来说，能在岛上和爸妈过暑假，是最快乐的事。
符雯蝶指挥孩子们玩游戏（中景）	【现场音】符雯蝶：来，我们两个来！ 【画外音】和小伙伴在一起，小蝶更像一个孩子王，活泼好动。
小蝶和对着妈妈的耳朵说悄悄话（近景）	【画外音】但在妈妈身边，她又变得很乖巧。
孩子们（背对镜头）在公路上向前走，镜头从左到右，从孩子们摇向公路另一侧的一栋白色建筑（不是学校）	【画外音】三沙市成立已经一年多了，但当地的学校，还没有建成。
孩子们在路上蹦蹦跳跳向前跑（远景）	【画外音】这里的学龄儿童，就像小候鸟一样，永远在家乡和学校来回迁徙。
小蝶妈妈接受采访，眼里闪着泪光（近景）	【画外音】说到孩子的成长与教育问题，小蝶妈妈既无奈，又愧疚。
小蝶妈妈接受采访	【现场音】小蝶妈妈：她奶奶爷爷也抱怨啊，就是我们不在身边，成绩肯定差一点的，不比人家嘛。她（小蝶）每次都说，妈妈，要是西沙有学校该多好啊！

（续上表）

画 面	解说词
码头上一艘小渔船被吊车吊起，上面站着一个人维持平衡（空镜头） 大全景 叠化 小蝶妈妈和小蝶一起玩耍，抚摸着小蝶的头发（近景）	【画外音】为了生计，他们来到三沙捕鱼，忍受风吹日晒。但是和孩子长期分离的痛苦，却更让人难以承受。妈妈告诉我们，她每天都要算准小蝶回家的时间，打电话问过小蝶的生活学习，才能够安心睡下。
小蝶妈妈接受采访（近景）	【现场音】小蝶妈妈：着急啊！就是让她读多一年，等她上二年级、三年级的时候我们就回去，在她身边教她嘛。
永兴岛上一个待建的工地（摇镜头，从左到右） 叠化到大海全景	【画外音】现在，三沙市小学的选址已经确定，不久的将来，在永兴岛上，将建起一所面朝大海的小学，让小候鸟们能够在父母身边成长。
小蝶和另外两个孩子一起唱歌，小蝶妈妈摸着小蝶的脑袋笑 随着背景配乐地想起，镜头速度变慢	【现场音】孩子们唱的是《今天是你的生日，我的中国》。伴随着孩子们的歌声，由黑鸭子组合演唱的同一首歌曲的声音渐起，慢慢盖过孩子们的歌声。
叠化，由孩子们唱歌，叠化到大海上夕阳西下的大全景	【画外音】黄昏降临，我们离开了这座美丽的岛屿。
由向永兴岛挥手告别的全体采访队员，摇到在蔚蓝大海中的永兴岛（摇镜头，远景）	【画外音】在“琼沙 3 号”上，永兴岛就像蓝色花海上盛开的白色花蕊，在队员的回忆中，独特明亮。
采访队员王云帆在学校内接受采访	【现场音】王云帆：我们临走的时候，我跟陈大哥说，我很舍不得这里，能不能让我带一小瓶这里的沙子走，但是陈大哥没有同意，他说因为岛上还要搞建设，沙子也是很珍贵的。 大概是不想让我们留下遗憾，最后，他用三沙市成立一周年的纪念邮戳给我们盖了明信片。

（续上表）

画 面	解说词
采访队员趴在“琼沙3号”的栏杆上期待着船驶入永兴岛（中景） 采访队员带着永兴岛上的孩子们去超市（全景） 一个采访队员在车上面带微笑地看着车窗外（特写） 全体采访队员在“琼沙3号”上，闭着眼睛，迎着海风陶醉的样子（近景）	【画外音】一百三十五个小时的等待，九个小时的相随，虽然没能在这里长久驻足，但仅仅是匆匆一瞥，就足以让我们魂牵梦萦一辈子！ 【配乐】Mastro 渐起
透明的蓝色海水（特写） 三个孩子快乐地大笑（近景，慢放） 一个渔民在餐桌双爽朗地微笑（中景，慢放） 码头上一群渔民站在渔船边，一个渔民拎着一根木棍跑向渔船（全景，慢放）	【画外音】在这片透明的蓝色里 有孩子们快乐的歌声 有渔民们淳朴的微笑 还有全体三沙人最执着的坚守
棕榈叶中掩映的北京路上的标语“主权三沙，幸福三沙，美丽三沙”（近景） 三沙市人民政府正面全景（慢放，叠化） 永兴岛（远景）	【画外音】在这里 在三沙永兴岛上 有着中国人的三沙梦 三沙人的中国梦
“琼沙3号”及夕阳下的大海（空镜头组接） 全体采访队员敬军礼 从“琼沙3号”的栏杆摇到落霞漫天的大海上的天空（摇镜头，从左到右）	【配乐】配乐在旁白结束后延续30秒渐弱并消失
黑底滚屏：演职员表	【配乐】Kayak

【组员采访心得】

“揭梦三沙”采访手记

2011 级广播电视新闻学专业　王云帆

在登上“琼沙 3 号”之前，我们组已经制订好了采访方案，我和紫琦将会深入渔民村去了解渔民的生活，呈现他们最真实的生存状态。同行的《南方日报》记者赖竞超跟我们说，如果我们能在船上认识岛上的居民，直接跟着他们去渔民的家中进行采访，那么一定能事半功倍。所以，我一上船就立即进入搭讪状态。来到餐厅，我打算一边吃泡面，一边和里面的人聊天，找线索。

在去打开水的时候，我发现有两个人也在排队：其中一个皮肤黝黑，看上去像广东人，另一个皮肤白得让我觉得他应该不是三沙人。正是这种强烈的反差引起了我的兴趣，于是我厚着脸皮上前问：“你们……是岛上的渔民吗?”皮肤黑的那位说：“是啊！我是渔民啊！你们是学生?”于是，我们就聊了起来。接下来，我得知这位皮肤黝黑的渔民姓陈，皮肤白的那位姓王。过了一会儿，紫琦找了过来，她加入谈话以后，陈大哥突然哈哈大笑起来：“你们真的太好骗了！我实在是装不下去了！我不是渔民，我在岛上的邮政局工作。我这一次是“以老带新”，带着这位王大哥上岛工作的。”原来陈大哥在岛上已经工作了五年，因为喜欢钓鱼，所以本来只需要在岛上工作一年的他，在那里一工作就是五年，已经过了而立之年的他却还是单身。

陈大哥知道了我们此行的目的以后，热情地邀请我们到时候直接去邮局，他还打算带着我们体验他的工作，到码头把邮件搬回来。他还答应带我们去渔村，顺便介绍渔民给我们认识。我们两个欣然同意，这还真是个不错的结果，在船上就直接找到了线索。

到了晚上，邱老师把我们都叫到了他的房间里，一起讨论采访方案。我和紫琦当时还想把采访重点放在渔村上，只是顺口提到我们在船上认识的人。而邱老师却表现出极大的兴趣，当即建议我们：“既然这个人这么活泼，这么有表现欲，而且你们已经和他混熟了，为什么不直接顺着他这条线索去发掘他在邮局的故事呢?”我和紫琦顿时有一种醍醐灌顶的感觉！我们果然变通能力略显不足。我们当即改变了方案，渔村的采访人物全部交给其他小组，我和紫琦就顺着邮局这条线索深挖。

上岛之后，我们直奔邮局。走进邮局的后院，发现有十来个人围成一桌正在吃饭。桌上的饭菜还挺丰盛，中间放着一个用电磁炉的火锅，旁边有螃蟹、海虾，还有鸡和炖肉。他们其中一个叫三哥的说，只有补给船来了，他们才能吃得这么丰盛。要是在平时，那就只有中间一个火锅，大家一起煮一点干货吃。

看见我们来了，几位大哥非常热情地邀请我们一起吃。于是我们在饭桌上开始了拍摄，因为之前的经验与教训，我们的记录意识也有所提升。我在吃菜的时候，紫琦把餐桌上其他人以及我吃东西的样子都拍了下来。和饭桌上的人聊开了以后，我和紫琦委婉地提出了采访的愿望，但是邮局的老总却告诉我们，他们是正式员工，出镜都要经过军方允许，即使我们拍摄了他们的状况，也是不能擅自使用的。

吃完了饭以后，陈大哥说邮局该开门了，于是带着我们过去。在前往邮局的路上，我和紫琦商议决定，再次改变方案，让我以出镜记者的身份，体验邮局工人的生活。所以，在邮局工作台背后，我们拍下了陈大哥的工作场景，以及我们自己写明信片、盖邮戳的样子。

后来，我们乘车去码头搬运邮件。但当时我们犯了一个错误，没有开机拍摄搬运邮件的过程，这实在是可惜啊！那些原本可以坐在车厢里面的员工为了给我们让座，宁愿自己顶着火热的阳光坐在小货车后面。这一情景倘若能记录下来，该是多好的素材啊！

到了码头，紫琦举着摄像机，全程记录了我像一名普通的邮政局工人一样搬运邮件，并走进船舱内部给邮件舱贴上封条的全过程。在这一过程中，我们也进行了采访，一边帮忙，一边询问一些他们具体的工作细节。

因为只能在岛上停留九个小时，我在完成了和广州电视台记者的连线之后就不得不离开了。回来以后，我们发现由于采访时间太短，拍到的素材都无法独立成篇。于是我们只能以自述的方式，将我们三个小组的故事串联起来介绍三沙市永兴岛的情况，虽有广度，却缺乏深度。我和紫琦这一部分素材虽然很真实，但只能体现邮局员工的生活，实在是没有“故事”可言。瑕不掩瑜，我们能够做到在极短时间内多次调整方案，同时在毫无准备的情况下，我依靠现场发挥完成了出镜，紫琦稳稳当当地完成了拍摄，这是我们已有能力的体现，同时，我们也在这个过程中极大提升了自己灵活应对各种突发情况的能力。

永远不变的是变化

2011级广播电视新闻学专业　刘紫琦

这一次三沙之行带给我最大的感触和收获就是一个字——“变”。

出发之前，尽管我们已经对即将到来的采访工作做了详尽的计划，但是能否将计划落实，一直是我们最担心的问题。因为我们要去一个不曾踏足的地方采访一些远离我们平常生活的人物，实地经验的缺乏让我们心里多少有些不安和惶恐。天气等其他客观因素的影响更是使我们先前的计划几乎全部作废：拍摄时间由预定的七天改成了一天，又从一天压缩成了半天，最后真正能够自由采访拍摄的时间不过三个小时。

“三个小时”，这意味着我们之前所做的所有计划都要有所压缩和取舍。当我们抵达目标采访人物的工作地点时，又不幸被告知：拍，可以，但是没有上级领导的批示，他们不能擅自接受采访。

时间在一点一滴地流逝，我们没有太多犹豫的时间。我当即拍板决定：拍！没有采访安排，我们也能拍，我们就用最熟悉也最方便的方式拍。

我们随机应变，放弃了不可能成功的对采访人物的劝说，改为出镜主持人体验式报道。我拍的看似是出镜主持人，但实则是在拍当地人真实自然的生活、工作。我们走进了工作人员的队伍，镜头对准了出镜主持人，也对准了工作中的人们，没有人排斥镜头，也没有人阻止拍摄，甚至在主持人和当地人工作间隙的交谈中，我们得到了珍贵的采访片段。在后期剪辑时，我们发现，这样的镜头出来的效果最为自然，虽然缺少足够篇幅的采访，但我认为这是我们在当时能做出的最正确的决定和改变。

但是三个小时的时间实在是太过短暂了。计划的更改，时间的压缩，使得我们很多的拍摄想法都无法实现。在回程的船上，四支小分队碰头时，我沮丧地发现：我们手上的拍摄素材零散而细碎，怎样才能支撑起一个成形的片子呢?

在仔细看过拍摄素材后，我突然萌生了一个想法：其实这一次登上永兴岛，最大的新闻点就在我们自己身上。那么为什么不用我们自己的回忆作为线索，将整个片子串联起来呢?

我认为，记录性质的片子多为两类：一类是小而深；一类是广而美。我们所拍摄的素材确实只是三沙永兴岛的浮光掠影，那我们就做一个浮光掠影式的纪录片，用记忆串联，只要能将我们的所见所闻、所思所感表现出来就可以了，不必强求“高大全”的主题。

因此，我们改变了制作初衷，努力地用仅有的素材搭建我们的“三沙梦”。“巧妇难为无米之炊”，我们算不上是“巧妇”，零碎的素材更是给我们带来了重重困难。我们想：无论成片最终以哪一种方式来展现，最起码要做到流畅自然、思路清晰。后期制作的过程同样充满了艰辛和苦涩，我们会因为没有找到适合的镜头而在屏幕前愁眉不展，也会因为找到一种新的表达方式而欣喜若狂。贯穿拍摄和制作过程始终的这种“变”，让我更深刻地体会到：记者，永远都要随机应变。办法总比困难多，个人的技能也正是在这些无法预料的变化中因适应而不断提高。

“永远不变的东西就是变化。”这句曾经的笑谈将作为宝贵的经验刻在我的职业道路上，它提醒我：时刻准备着，化被动为主动，不要被变化追着跑，要做适应变化、掌控变化的有心人。

“不明就里”，谁来保证采访顺利

——“三沙采访行”问题分析与经验总结

2010级广播电视新闻学专业　张　怡

撼山，易；“不明就里”撼采访对象，难！

距“三沙行”也有一段光景了，如今细细想来竟历历在目。我们出发前个个壮志凌云，“谁也抵挡不了我们对三沙的向往”，可到了三亚军区，几次开会讨论登三沙事宜后，我们的期待被抛到上空，又重重地落下，被摔个粉碎。因为缺乏顽强的探索精神，我们一度以为采访希望渺茫。

终于等来了邱老师的短信，我们一组人于7月31日登上三沙，于是激动地拿起单反相机自拍，满怀的喜悦显露无遗。天真的我竟依旧自顾自地想象，从下船到联系采访对象，在有限的时间里去必踩的几个点，采访提问，拍摄，分工协作，补拍空镜和细节。预设的流程在心里绽开了花，想象的场景像电影镜头般流转，情绪也一度高亢，心想：“雨水班班长，我总算可以来采访你了！”

直到在三沙军区，听到邱老师的暗示时，我心凉了一大截，瞬间变得毫无采访激情，提不起精神。虽然一切也在意料之中，但毕竟在“死刑”判决前，人总会心存侥幸。

在去三沙之前，小组准备了多个选题，每人都有一个自己的采访主题，所以我们在被迫放弃原定的采访主题后，锁定了“小候鸟”主题。但是，我们在有关“小候鸟”之渔民教育问题上的准备不充分，当时对“小候鸟”的理解也局限在留守儿童身上。于是，在接下来的报道实践中，问题层出不穷。

一、采访心理

第一，主题变更，手足无措。

原定选题惨遭“流产”，我们临时决定前往渔村采访，只有3个小时，能否有所发现还不能确定，于是我们来不及思考便匆匆上路。根据以前的采访经验，在新选题诞生后，我们需要首先确定采访对象、核心问题及地点场景，但由于我们毫无准备，缺乏对现象背景及主体人物的了解，讨论一度陷入互相否定的局面。

到了渔村后，只见几株营养不良的椰树生长在村口，闲来无事的渔民家属正躺在吊床上享受午后的惬意时光，四周皆是低矮的自搭房。此前，我们从未去过渔村，好奇心一下子就被激发起来，寻找学龄儿童询问相关读书事宜成了首要任务。

个眼睛明亮的小女孩煞是惹人注意，我们窃喜，很快把她锁定为采访对象（后经了解得知，小女孩名叫小蝶）。小孩子只要不怕生，一般都比较愿意接受拍摄。我们与小蝶的交谈倒也顺利，但除了获知其基本信息外，采访一度偏离主题，陷入僵局。一来，七岁的孩子可能难以理解部分词汇，二来，作为采访者的我们并不是很了解儿童认知规律。多亏同伴提醒，采访话题又折回到教育主题上来。随后，我们匆匆询问了多个相关问题。在此部分的采访中，我们浪费了较多时间。

考虑到需要部分场景镜头，于是我们一路跟拍小蝶去超市买零食、玩游戏，同时也便于熟悉渔村，获取更多环境镜头。后来，我们向小蝶提出了想采访她妈妈的请求，她愉快地答应了。

第二，假设偏差，应对难。

为了进一步探究渔民子女心态和学习情况，我们一组人来了琼海潭门镇，一个世世代代以捕鱼为生的小镇，可以说没有潭门渔民，就没有三沙。

在潭门镇中心小学，我们采访了几位教师。之前在三沙接触渔民时，我们被小蝶妈妈对小蝶的爱感动，为小蝶妈妈的内疚而感叹，为小蝶想每天回家见到爸爸妈妈却不得而深感无奈。怀着这种情绪，在采访教师时，我们总是会不由自主地往学生家长的无奈这种预设的情景里套。

但据该学校教师反映，虽然渔民前往三沙捕鱼是常态，无法监督子女完成作业是事实，但他们普遍觉得班里学生表现都很好，很活泼，性格上也没出现什么问题。

此前，我们看过不少有关留守儿童心理，诸如孤僻、自卑等的报道，所以，在实际的采访过程中，我们总想把各种典型现象套在这些渔民孩子身上，找典型人物做个性报道的想法支配着自己，但获得的信息并非如此，以致采访难以深入。

第三，受当事人影响，片面判断。

由于采访经验和社会阅历不足，个人比较容易受当事人情绪影响，做出片面的判断，从而影响采访深入进行。还记得在三沙渔村采访时遇到的一个妇女，无论我们怎么提问，她都会转到对村长和政府的抱怨上，比如居住证、发福利之类的问题。而遇到表达欲和倾诉欲特别强烈的对象，我也很难掌控局面，在时间有限的情况下，我只能放弃这个采访对象，重新选择另外的采访对象。

另一方面，早前所做的准备都基于媒体对三沙的报道，所获信息来源较为单一，采访报道时也会有意识地想要寻求差异点。听到妇女的各种抱怨后，我发现这与我单方面了解到的三沙现状有所不同，因而也对她的描述比较感兴趣，但同时又很苦恼，既为她描述的内容感到愤懑，又怀疑这只是不得利益者的埋怨。

二、采访技巧初探

经历“三沙行”采访的种种碰壁之后，我们对于自己的拍摄素材十分不满，而这一直影响着成片的进度。现在回头去看，从被迫更换选题，到深入渔村采访，再到决定前往潭门镇深挖背景因素和现实影响，我们一路都在不停地想点子，思考如何突破障碍，这种不放弃的精神是必须发扬的，但暴露出来的我们在采访经验方面的欠缺更值得我们反省与警醒。结合自身所学和采访实践，个人总结出如下采访心得：

第一，平时要多积累。

新闻触觉和明辨事实的能力不是一朝一夕就可以练就的，单凭热血和兴趣无法成事。在平时的生活中，我们需要加深对社会热点事件的理解，拓宽个人思维的深度和广度，提高快速整合现象及资料的能力。同时，我们也要不断积累生活经验，积极参加各类活动，从实践中来，到实践中去，不断加深自己对各类社会现象的理解，加深对不同群体的了解，提高明辨是非的能力。我们还要在平常的采访报道中，不断总结自己的成败得失，了解个人采访的短处和长处，通过与新闻记者等前辈们的共同探讨，提升业务能力。

第二，临前准备要充足。

俗话说，“不打无准备之仗”。平时锻炼的是应变能力和思维能力，临前准备也不容忽视。每个选题和采访对象都各有差异，准备不充分就会让现场采访没有重点。

采访前，我们可以从网上搜集相关话题的报道，分析报道内容，整理出采访重点和提纲，再广泛收集相关事件或人物的背景、现状、成因及影响等视频、音频资料，最后结合之前整理出的重点，思考个人的报道角度，可以是创新型，也可以是深入型，总之要切实可行。

第三，提问要有技巧。

为了弄清楚事实，提问是必不可少的。到当地寻找采访对象，说明采访目的，获取当事人的信赖，这是前提。采访时，提问要具体。经验不足的记者，提的问题往往笼统、含糊不清，越是笼统的问题就越难回答。譬如：“你有什么感想？你当时是怎么想的呢？”如果当事人一头雾水地说，“我没有怎么想啊”，交谈就会瞬间冷场。问题设置最好有语境、有针对性，这样方便当事人思考和组织语言。

把问答变为交谈，一问一答，这种采访方式容易造成气氛紧张。如果设法把问答变为聊天，使采访过程中的人情味和生活气息更浓，往往效果更好。

当然，采访者也要学会刨根问底，随机应变。提问要有逻辑性，适应一般人的谈话思路，事先要明确谈什么题目，然后一个问题接一个问题地依次访谈下去。

第四，现场要多观察。

到达采访现场后，我们可以先环视一圈，观察环境和人物，先近后远，先上后下，尽可能多地寻找不同点。观察时，要有明确的目的，可以试图去探寻与资料中描述的差异，分析差异产生的因素，并在接下来的采访拍摄中求证。

当然，我们还需要及时记录。除了用眼睛看外，用笔写下关键词也是个不错的方式，当然最省事的记录方式还是拍照。

六、“跨·跃”采访组

“跨·跃”分栏纸

画　面	解说词
利用AE模板载入日记 海面夕阳西下 海鸥在海面上翱翔	【画外音】2013年7月26日　出发日 阴雨天 我想，我永远都会记得邱老师在昏黄的车灯下那爽朗地一笑“做记者，刺激吧”。这看似没有来由的一句话如春雷乍响，轰击着，我的耳朵和心灵。感动、恐惧、兴奋，复杂的情感交织着，在心头翻滚，我竟无言以对。
汽车在大道上前进 海鸥跃动，跨越海洋	【画外音】我想，无论以后我踏上哪一条道路，只要想起这句话，我都会热血沸腾。
片名起	【字幕】跨·跃
日记形式	2013年7月30日　晴
“琼沙3号”甲板上的人观看海景 海天相接	【画外音】此时我站在“琼沙3号”的甲板上，举目环视都是让人心醉的美景。
宽广无垠的大海 甲板上被海风吹乱了头发的人们 晚霞染红后的天空	【画外音】宝蓝色的大海上波光粼粼，肆虐的海风挟持着海水的腥甜吹散了所有人的矜持，傍晚时分的太阳更是渲染出色彩斑斓的天空。
三沙组成员甲板上拍摄风光的场景 日记形式 甲板上的风向盘 三沙组成员迎风击掌	【画外音】第一次站在甲板上迎风而立，我终于体会到《泰坦尼克号》中两位主角立在船头时的心情：原来这就是乘风飞翔的感觉啊！海风鼓动起我的衣服，也鼓动起我的信心：三沙，我来啦！ 【现场音】“三沙，走起！”

（续上表）

画　面	解说词
前进的“琼沙3号”	【字幕】我奔赴一场六百海里之约，跨过南海，也越过了心海。
日记形式 船靠近海口码头 海口码头夜景	【画外音】7月26日傍晚6点，我们安全抵达了海安渡口，准备搭乘过渡船前往海南岛。
雷雨天气 手机信息 放下手中手机的动作画面	【画外音】天有不测风云！“收到最新通知，近来几天没有船上三沙，要去，只能明天派三名同学坐直升机去，当日来回。”
小组成员酒店里失落的表情	【现场音】没有船？三名同学？原计划七天的采访要压缩成半天！
黑云压城，暴雨，大风 成员讨论画面	【画外音】这消息像等候厅外的风云骤变，暴雨倾倒般袭来，但是此时伤感是奢侈的，讨论、修改采访策划刻不容缓。
日记形式 阴沉沉的天空	【画外音】2013年7月27日　阴雨天 为了赶清晨6点30分的直升机，我们凌晨3点钟睡下，清晨6点钟起床。天空阴沉沉的，可是没有下雨，没下雨就有希望吧！
小组成员窗边接电话侧景 再次放下手机	【现场音】“今天去不成了？那我们什么时候能去？好，那继续等。”
出发前夜所有成员酒店讨论画面	【画外音】晚上老师召开紧急会议，明天如无意外，两名同学上岛。
夜里电闪雷鸣	【画外音】夜间外面狂风暴雨，坐在床上听着阳台外的风一阵阵呼啸，听得我心里十分担忧，如果明天还是这天气，怎么登岛呢？
海滩上的“三沙似梦，好遥远，追梦此般不易”被海水冲散	【字幕】三沙似梦，好遥远，追梦此般不易。

（续上表）

画面	解说词
在车上看窗外的画面 下雨的车窗 车子行进的道路	【画外音】意料之中，三沙之行再次被搁浅了。邱老师说过："做记者的人，哪怕做了完全的准备，要应对的还是千百万种的不确定。而真正厉害的人，应该是处变不惊，从容迎战。不确定，这也算是做记者的一种挑战和乐趣吧。"
	【字幕】7月29日　三亚　开会 【画外音】"30号下午，上三沙！"希望和机会总会留给有准备的人。
小组开会情景，邱一江老师讲话的画面	【现场音】我们去的呢，按计划是下午5点上船，早上8点左右到，就是明天下午5点上船，第二天就是31号，早上8点到三沙。然后，大概是31号的下午5点离开三沙。我们在三沙的时间就是一个白天，从早上8点到下午5点的这段时间。九个小时，还包括吃饭，时间很紧。但是我们的有利条件是什么呢，我们总共有九个同学上船，加上我是十个人。九个同学分下组，你们这组呢，现在首先要把这个方案尽可能地熟悉，熟悉之后领会这套方案的意思，然后，分工，哪个人干什么？连线的做什么？连线什么内容？拍摄的，拍摄什么内容？一个一个镜头都要弄清楚，都要到位。
"琼沙3号"全景	【字幕】7月30日　文昌清澜港 鸣笛声
船工工作的画面 船上的物资	【画外音】2013年7月30日下午五点，承载着300吨的物资、近两百名乘客和我的满心憧憬，"琼沙3号"缓缓驶向那神秘而年轻的城市。

（续上表）

画　面	解说词
船上的货物 同学拿起摄像机正在拍摄的画面	【画外音】“琼沙 3 号”是永兴岛乃至整个西沙群岛的生命线，肩负着岛上的补给重任。岛上官兵和居民日常所需的饮用水、蔬菜、水果、肉类、卫生纸等生活的必需品随船运输，船头船尾都堆满了物资。蔬菜、水果、肉类、卫生纸等生活的必需品随船运输，船头船尾都堆满了物资。生命之舟满载期盼前行，我们也全副武装上阵，九个人、三台摄像机。
小组成员分器材画面	【字幕】7 月 29 日　三亚　分器材 【现场音】杨帆：600D，18 到 200 的镜头，还有一台三脚架。 张怡：拿出来干嘛？ 杨帆：你有两个镜头啊！ 张怡：那两个镜头也要放在一起啊！ 冉杰：我们这里有个长焦。 梁诗敏：对，我们有个长焦镜头。拍远的地方，给相芹吗？她来不及换吧。 周冬敏：其实纪录片还好啦，纪录片是一个故事。
船行驶的画面 同学在船舱里面 船舱的画面 甲板上的其他人 夜色下的天空 夜色下的海水	【画外音】此刻兴奋、激动充斥了我的大脑，全然不顾船的颠簸，我尝试寻找采访目标。出门是为了遇上美好，主动地去聆听、去观察、去感受，就能邂逅美好。船舱里与同为广东人的陈大哥萍水相逢，大家在狭窄的舱房里分享着自己关于三沙的梦想和故事，听着这点点滴滴的陈述，我觉得自己离三沙，离永兴岛又更近了一些。明天将是一次大挑战，我们都不敢有丝毫的怠慢。

（续上表）

画　面	解说词
船上会议的画面	【现场音】
船景（黑夜和白天的叠化）	海浪声
出镜记者在船舱里的介绍	【出镜记者】现在是7月31号的早上7点12分，我们估计还有20分钟就会登上永兴岛，马上就要到达永兴岛，虽然我们每个人都是蓬头垢面，但是我们每个人精神都非常饱满。
船靠岸（加速），靠近岸边的海水	
在甲板上的小组成员们 海水	【字幕】7月31日　三沙市永兴岛 【画外音】2013年7月31日，十五个小时的乘风破浪，十三颗心的翘首期盼，我们即将抵达那神圣的地带。
永兴岛界碑 团队在岸边集合 岛上的居民	【画外音】永兴岛上7点半的太阳就已经很炎热了。热情的三沙人，火辣的三沙阳，三沙永兴岛用这种特殊的方式迎接我们的到来。
岛上的车 岛上的植物 岸边的海水	【画外音】扎根南海前哨的部队，纪律严明，为了不泄露士兵的信息，我们反复修改完善的雨水兵策划最终被拒绝拍摄，原估计的九个小时也缩短为仅仅的两个半小时。
永兴岛上猛烈的阳光 小伙伴拿着器材在永兴岛路上奔走 三沙永兴岛北京路全景	【画外音】烈日炎炎下，我们奔跑在这块陌生但如此亲切的土地上，汗流浃背成了一种快乐，快乐不浅，但感动至深，深深地为三沙人而动情。
日记形式	【画外音】我始终不能忘记那句话，没有潭门就没有三沙，三沙的众多岛屿是潭门人开拓的，也是他们祖传的《更路簿》将这些岛屿一个个拉回祖国的怀抱。

（续上表）

画　面	解说词
地图（三沙与潭门） 符大哥的母亲以及她的家	【画外音】如今的三沙与潭门间同样承载了太多思念与情怀。经过三沙组和潭门组同学的共同努力，我们见证了一次潭门与三沙的跨时空通话。
在永兴岛的符大哥与远在潭门的母亲（双屏） 通话时的表情（特写）	【现场音】
符大哥打鱼的画面	【画外音】为了养家糊口，符少强不得不长期在永兴岛打鱼，80 岁的老母亲留守在家里。
独守家中的老人家 符大哥的表情（特写） 老人家独自一人在家门口前（慢镜头）	【画外音】这个瘦弱的老人，一辈子经历了多少雨打风吹，晚年早已无欲无求，唯独盼望着在海上闯荡的儿子能够平平安安、一家人能够团圆美满。
渔民捕鱼收鱼 捕回来的鱼 渔民的表情 岛上坐在绳网吊床上的妇女	【画外音】其实，永兴岛上有很多像符少强一样远离家乡长年在外捕捞作业的渔民，思念是相互的，他们牵挂着家人，家人也在守候着他们的归来。
永兴岛北京路 走在岛上的几个小孩子 小女孩和妈妈亲密合唱	【画外音】永兴岛上居民稀少，很少见到小孩，岛上没有学校，他们只能在家乡读书，寒暑假的时候才能上岛与父母团聚。
小组成员采访岛上小候鸟的母亲和小孩子 与岛上小孩子到超市购买饮品 小孩子的笑容（特写） 成群玩耍的小孩子们	【画外音】顾不上为失去雨水兵方案遗憾，我们立即开展了对永兴岛上小候鸟们教育问题的探讨。孩子的眼睛明亮透彻，像三沙的海水一样的碧蓝见底，洗涤着我们的心灵。
大海景色 邮局大哥请吃饭碰杯画面 丰收的渔民 可爱的小孩子和母亲	【画外音】永兴岛上，醉人的是风景，但真正动人的却是淳朴真挚的人情。

（续上表）

画面	解说词
日记形式 快速穿插岛上各种画面	【画外音】这一次三沙“揭梦之旅”，我已经轻轻撩起了三沙永兴岛神秘的面纱，稍稍窥视了她绝美的姿容，但她还有太多地方太多值得我去驻足、去发现。
号角声中成员慌乱收拾器材的画面和奔跑的画面 “琼沙3号”远离海港	【画外音】下午5点，“琼沙3号”再次吹起了离别的号角。永兴岛在我的视线中渐行渐远。永兴岛再见！北京路再见！渔民村再见！
各小组照片快速闪过	【画外音】南海行这一路，我们留下了深深浅浅的足迹。
“孤岛电波”细雨中去寻找采访对象 远在天边近在眼前的东岛	【画外音】命途多舛的“孤岛电波”方案最终没有得以实施，但是我们走出去，尝试了一次又一次，追逐东岛梦的旅程并没有输。
潭门组成员的特写 奔波的潭门组成员 《守·望》的视频 潭门组成员采访时哭了以及一起欢笑	【画外音】潭门小镇居住环境恶劣，我们晒黑了，我们瘦了，但是我们收获了《守·望》，收获了无数的感动和幸福。
三亚组成员参与跳竹竿舞 海边出镜 美食 崖州古镇出镜	【画外音】行走三亚，你们只看到我们的游玩与美食，却没看到我们在烈日下的汗水和疲惫。
“琼沙3号”甲板上成员拍摄 一起吃方便面 车上、酒店里一起讨论 一起出去采访等	【画外音】不管怎样，这十一天的南海深度采访行，有辛酸，有遗憾，有收获，有感动，有我们青春的身影，有太多太多的恋恋不舍。

（续上表）

画　面	解说词
成员拿着摄像机以及单反相机的镜头 站在甲板上迎风看海	【画外音】我用镜头记录了这一切，更用心牢记一辈子！
成员登船前、三沙市政府前等地的出镜练习；图书馆采访、三沙组成员在永兴岛石碑前喊“揭梦三沙”口号等场景	滚屏字幕

注：“跨·跃”的含义：

（1）我们为了寻梦追梦揭梦而来，跨越了时空，来到梦寐以求的三亚，十多个小时的跨洋过海到达永兴岛，开启作战模式，我们跃跃欲试。

（2）三沙行一再地遭到阻挠，几经心理挣扎，我们跨过失落的坎，毅然“武器”，随时候命。

（3）东岛行一波多折，我们心有千千结，尽然跨不过南海海域抵达东瑁洲岛，那就学会遇结解结，享受过程。

（4）没有潭门就没有三沙，而潭门与三沙间又承载了几多思念几多情，跨时空通电话，母子情深。

（5）南海情深，暨南学子不仅领略景美、人情美，更是在此地此景在一次次遇挫后，不断地跨过阻碍，迎难而上，进步的身影跃然纸上。

（6）跃是一种跳动的、积极的状态，南海深度采访行为我们的青春增添了亮丽的一笔，我们为美好的青春，为美丽的梦想雀跃不已，我们也愿意积极面对生活中的每一次挫折，作为一个准记者，用心观，传天下 ，我们勇立潮头，有朝一日跃动在媒体需要的地方。

【组员采访心得】

变化不居的新闻现场该如何把握

2011级广播电视新闻学专业　黄伊莉

提笔间，那十一天里的点点滴滴像放电影似的在我的脑海中浮现。马家辉说过："出门是为了遇上美好。"南海行，我出发在路上，聆听、观察、感受，邂逅永兴岛上的每一张笑脸，享受东岛行的一波多折，体验一名记者的酸甜苦辣。《跨·跃》记录了我们在南海之行中经历的点点滴滴，跨越了时空，跨过了心海，我们收获匪浅。

由最初我们小组的"孤岛电波"策划到"探秘永兴岛"策划，无论是前期准备、采访过程还是后期整理，我都颇有感慨。我将从以下三点来分享我在"南海行"中的心得体会。

一、不打无准备之仗

前期准备越充分，后期的麻烦可能就会越少。我们小组最初拟订的策划书多达39页，分别就海南省沿海的城市，提及了海防官兵篇、海防历史篇、沿海居民篇三个大方面，内容虽丰富，但主题不明确，缺乏可行性分析。策划的主题不应该是追求面面俱到的，而是发现亮点，以点带面，以小见大。经过老师的指导，我们选择从一个典型的人物出发，挖掘人物故事。在前期，我们要善于借助各种媒体，获取与主题有关的线索，我们就是在网络媒体上发现了"孤岛电波"的主人公曾健发的，在了解了他的相关背景后，我们立即想尽办法与之取得联系。我们这一路采访都是在与时间博弈，在永兴岛的两个半小时，在潭门的半天时间，在东岛的两个小时，这些有限时间的考验要求我们每一次采访前都要反复地讨论采访提纲，压缩或者更新问题。

二、挑战具有不确定性，要从容应对

有时候，尽管你事前做好了自认为近乎完美的准备，现实中还是会出现突发状况。有时候，记者采访之路的不确定性很大，我想，随机应变应该是记者很重要的素质吧。我们联系到了采访对象，一而再，再而三地修改策划，完善片子构想，但是我们迟迟未能登上东岛。永兴岛之行也没有我们想象的顺利，医院院长迟迟不愿接受采访，最后批评我们"不请自来"。在前期准备阶段，我们不仅要做好策划，还要做好心理上的准备，我们随时可能被拒绝，随时可能遇到许许多多意想不到的情形。采访路上要放下腼腆和紧张，积极主动、大胆争取是我的一大感悟，也是我之后努力学习的方向。

三、到达现场，角色扮演

在行走三沙的过程中，我们要对永兴岛上的医生、护士进行采访。刚开始罗列采访提纲的时候，我只是想到一些基本的硬性的问题，例如目前岛上的医疗设备怎么样、医疗队伍如何等，这些是我们了解永兴岛上居民的医疗情况时必须提及的问题。白岩松老师说过，采访归根到底也只是一种人与人之间的沟通，如果我们硬生生地用一问一答的模式来进行采访，这样的效果可想而知。怎样才能更好地融入采访的氛围呢？邱老师的建议点醒了我，在采访医生时，假想自己就是前来医院咨询的病人，想要了解什么，希望得到什么，例如永兴岛上渔民常见的一种病——减压病，如果我是患病的渔民或者病患家属，我就会想知道医院目前可以怎样医治减压病，怎样预防患病等。现场才能为我们提供真实的信息。到达现场后，我们观察到永兴岛上的人民医院大楼还在装修，并不像有些媒体报道的那样已投入使用。到达现场后，把自己假想为一个和采访对象更亲近的角色，才能打开对方心门，这些都是只有亲身实践、进入实地采访才能深深体会到的。

南海行这一路上，我们留下了深深浅浅的足迹，有遗憾，有收获，有感动，有我们青春的身影，有太多太多的恋恋不舍。我们用镜头记录了这一切，更是用心牢记一辈子。

电视人：一场永无止境的修行

2011 级广播电视新闻学专业　冉　杰

这两天整理资料的时候，我又回头看了看当初和队友一起完成的策划方案。除去最开始不成形的一些方案，剩下的还有五份之多。很可惜的是，没有一份方案最终付诸实践。就连我们整个小组的成员都被拆分开来，匆忙投入赶赴永兴岛的征程。

以前，老师曾经说过，策划和最后呈现的影片往往有出入，在策划时我们不能够预测到实践过程中将遇到的所有问题，冒险与挑战是电视人充满激情的原动力。这场冒险之旅确实让我们在蜿蜒曲折的道路上，经历了一次又一次的险情。

我们全队最为看重的方案是《孤岛电波——一个人的电视台》，为了保证拍摄进展顺利，我们在出发之前就已经和采访对象取得了联系。

只有在记者的旅途中才能完全无视美景的诱惑，一心赶往拍摄地点成了我们长途驱车最大的动力。七八月的海南岛炎热而多雨，那时海岛与椰林俨然成了无关痛痒的风景，而强势来袭的台风成了我们最大的劲敌。最终，7月28日，我们的东岛梦宣告破产。当时的所有激情就像被狂风暴雨中的响雷击中了一般，使我们久久喘不过气来。

的确，再完美的策划只有在主观条件和客观条件同时具备的时候，才能够真正地从文字变成立体的图像。主观要素是前提条件，是基础、核心，而客观要素是必要条件，是成功的保障。虽然我们这份方案的主观要素已经基本齐全，但是客观方面仍然有欠缺之处。我觉得主要有以下五个方面的不足：

第一，对采访对象的了解不够全面。只是通过网络上现成的报道和电话沟通来了解采访对象还远远不够。但这个部分对我们来说的确很困难，毕竟采访对象远在海南，地域的差距以及生活圈子的不同，导致我们对未来的预见性不够完全。

第二，对采访地点的把握程度不大。我们的《孤岛电波——一个人的电视台》方案，以及围绕这一个策划衍生的众多方案都把地点过于集中地放在了海南东瑁洲岛这个地方。虽然老师之前也曾经提醒过我们，但正是这个独具特色的海岛和岛上发生的一系列故事在不断地吸引着我们，最终我们仍然在没有备选地点的情况下，坚持实施这一方案。这也导致了我们的计划最终全盘破产。

第三，信息不畅通是我们这次行动失败的一个重要导火索。由于我们的采访对象和地点具有一定的封闭性，沟通渠道单一，这在无形之中产生了时间差和心理差，使我们无法迅速地应对，影响后续的采访行程，也对队员的心理造成巨大的压力。

第四，队员心理素质亟待加强。心理素质是一个合格的电视人所必须具备的品质，我们不能一直只用学生的基本要求来要求自己，而应该以专业的记者标准来要求自己。这种职业专业性除了体现在业务能力上，也体现在心理素质上。当工作中遇到阻力，专业记者不能马上想到放弃，也不能让自己的情绪迅速跌落到失望乃至绝望的境地，而是要马上冷静下来，尝试其他的方案，试想补救的措施。以心理上、心态上的不变的沉着冷静，应对外部条件的千变万化。

第五，业务能力有所欠缺。熟练使用机器和有目的、有计划地进行拍摄是保证计划准确执行的两个必不可少的方面。熟练使用机器是对每一个实战中的电视人的硬性要求，而有计划、有目的地进行拍摄则会容易在纷繁的现实情况中被忽略。针对第二个问题，虽然说"拍得越多越好"与"只拍需要的"这两者之间还存在着一定的讨论空间，但是就我们整支采访团队而言，在这方面我们的确存在着问题。多拍不是拍得多、拍得杂，不是遇事就拍，而是应该在开机之前要想好这段画面有什么作用。理性的思考一定要战胜猎奇心理。

从三沙回来，我们还在尝试着踏上那个我们在策划中写了许多遍，在心里默念了许多遍，在脑中浮现了许多遍的东瑁洲岛。虽然我们最终没能去成，但是这次难忘的经历让我们的广电之梦慢慢发酵。反思才能更好地前行，一味走到底的坚持并不是成功的代名词。

在电视工作者的这条道路上，我们还要继续磨炼和探索。把失败当作一场修行，只有经历了漂泊与沉浮，才能在前行的路上大彻大悟。

挫折也是一种收获

2010 级广播电视新闻学专业　李相芹

在去海南之前，我们满心兴奋和激动，一想到会有很大收获，一切艰难险阻就都不在话下了。

一路上，我们欢歌笑语，士气高昂，真正的不顺是从徐闻的海安开始的。在那里，我们没有赶上船点，不得不去另一个港口买票乘船。在等船的时候，天下起了瓢泼大雨，而在我们顺利完成检票之后，离船还很远很远，这一切都是我们始料未及的。我们把包都留在车上了，伞也没拿，所以我们冒着大雨往船所在的地方狂奔过去，但实际上我们都不知道船在哪里，只是跟着人群奔跑。我们冲到一个可遮雨的地点后，继续冒雨往下一个地点冲。过了几个中转点之后，我们终于登上了船。当时，我们浑身都湿透了，满鞋子都是水。那一次真的是印象深刻。让人意外的是，在之后的路程中，我们遇到了更多没有想到的困难。

我们小组策划拍东瑁洲岛上的电视台创办人，但是因为天气原因，我们没办法登上东瑁洲岛。等了两天，我们着急了。后来我们就自己行动去联系其他人，看有没有别的办法可以登岛。我们在网上搜到一个叫"雄哥"的人，或许能为我们提供登岛路径。我们走了很多地方，终于通过当地居委会找到了雄哥的联系方式。我们后来没有见到雄哥，因为他出海了。我们就坐车回去了。第二天又去找他，他请我们吃了一顿，我们聊了很久。后来我们表示想跟他出海上岛，但一直因为天气不好，风浪太大，我们没法出海。后来我们联系上了东岛陆军连队的李连长，他说可以给我们上报，等待军队领导的批示。但是因为所有的小组任务都已经完成，大家都准备返回广州，所以我们最终没有成功登上东瑁洲岛。

我们组四个人一起进了三沙组，登上了永兴岛，完成了临时接到的拍摄任务。但是因为没有充分的准备，我们拍得并不是很好，也不全面。

我们小组在这一次采访活动中遇到了各种各样的难题，虽然结果并不尽如人意，但是我们在变化的现实情况中做出了积极的应对。虽然有少许遗憾，但我们也成长了不少。大家一起为了同一目标而努力，同甘共苦，同心同德，这份团结协作让我一直铭记于心。

再见，南海

2010级广播电视新闻学专业　梁诗敏

人总是那样的健忘，若是无须从记忆中取暖，人们一般不会重温那些渐行渐远的记忆。跟暨大学子南海深度采访行说再见后，三个多月过去了，心中对南海的那股热忱在渐渐消散。关于暨大学子南海深度采访行的心得体会，我该从哪儿说起呢？此刻在电脑前码字（写文章）的自己突然脑海里一片空白。

空白过后，在昏黄的灯光下，有这样一句话涌上心头：“当记者，刺激吧！”隐约记得这样的一句话曾经出现在某小师妹的日记本中，她记录下了当时带队的邱老师对她的鼓励。这句话轻轻唤醒了我对采访行的记忆……

记者，是一个常与未知相联系的名词。计划永远都赶不上变化。由于此次采访行遭遇了台风“飞燕”来袭和各种特殊军事政策限制，我们小组原本定下的选题《孤岛电波——一个人的电视台》难以实行。失望之余，一个小组成员在网上搜索孤岛“东瑁洲岛”的新闻时，发现了另外一个亮点人物，人称“雄哥”，是开往东瑁洲岛的补给船的船长。凭借着网上搜到的信息，我们一行人开始当起小小侦探，迅速赶到雄哥的工作单位，几经波折后终于拿到了他的联系方式。

为了探寻雄哥的传奇故事，取得他的信任并约见他是必不可少的环节。第一次致电雄哥时，我先对自己的冒昧来电表示抱歉，接着表明自己的学生身份向其示弱，引起其兴趣后再表明我们一行人对了解他的故事的渴望。一番交谈后，雄哥终于答应了与我们一行人相见。记者在约见采访对象之前，先对其进行充分调查是必不可少的。由于网上关于雄哥的信息极少，为了在约见雄哥之前进一步了解他本人，我们一行人来到了雄哥补给船的出发港口——鸿港码头。我们询问了多位鸿港码头的相关工作人员，终于找到了一位认识雄哥的年轻小伙子。从那位小伙子口中，我们了解到雄哥的个人性格、爱好以及处事方式等相关信息。信息搜集完毕后，我们初步定下对雄哥的采访提纲。

次日，我们在饭局中见到了众人口中的雄哥。作为补给船船长，有着军人背景的雄哥，自然会有较强的防备心理。初次见面，他对我们所采访的问题总是没能说到点子上。为了能顺利采用“GOSS 采访法”，我们必然要先打破雄哥的心理防线。对于他这样的硬汉，单纯的奉承之言应该起不了多大的作用。我深知 70 后对 90 后有着很强的优势心理，因而向雄哥表明了我们一行人作为 90 后所存在的不足，希望能像雄哥这样沉稳而执着的 70 后学习，以消除我们 90 后对生活的浮躁心态。这一说，果然奏效。雄哥受到触动，因而开始愿意与我们交心，答应接受我们的采访并愿意送我们上东瑁洲岛进行拍摄。奈何“飞燕”尚未消停，我们最终无缘登上东瑁洲岛。

无法登上东瑁洲岛的我们随着邱老师登上了三沙市永兴岛。军事题材确实是敏感性较强的题材，因而在这次暨大学子南海深度采访行中，我们注定要与挫折为伍了。登上永兴岛后，我们重新定下的拍摄“雨水兵”故事的策划临时被否决，因而我和搭档需要在短短两个小时内重新确定拍摄采访选题并切实实施。这确实是一大考验，在这次考验中我们只能即时应变，将我们的选题改为拍摄岛上的“小候鸟”们——渔民幼小子女的故事。“小候鸟”们的父母是这座永兴岛上的渔民，需常年驻守或往返永兴岛进行捕捞作业。永兴岛还没有学校，这些孩子们只能留在其他地方上学，由爷爷奶奶们帮忙照顾。

采访孩子们不是一件容易的事情，我们需要先与他们玩耍，取得他们的信任和喜欢后才能顺利进行采访。由于采访提纲没定好，我们的现场控制能力还很欠缺，因而在短时间内及紧急情况下，我们耗费在“小候鸟们”身上的采访时间过长了。采访了几名“小候鸟”后，我们开始对他们的家长进行采访。

张阿姨于 2007 年从文昌市搬到永兴岛定居，如今已经成为永兴村村委会正式登记的成员之一。据张阿姨所言，当地政府对岛民的承诺少有兑现。她埋怨当地政府未能给他们发三沙市的身份证，更是怨恨其未能在三沙市建校，使得她的孩子成了他乡的“留守儿童”，未能在其身边上学。人们总是出于恻隐之心，自然而然地同情弱者。离开永兴岛后，我们通过搜集资料和了解情况，开始明白三沙市市政府为何不向全岛岛民发放三沙市身份证以及尚未开始在三沙市建校的合理考虑。所以说，一名合格的记者需要时刻保持冷静和理性且时刻做好充分的资料调查准备，才能使其现场报道不失偏颇。

记者，不仅仅是一个冒险而刺激的名词，其深刻蕴含之意，更需要用漫长的一生去感悟。

使人成熟的并不只是岁月，还有经历。我对此次暨大学子南海深度采访行心怀感激，它使我朝“成为一个很有意思的人”的方向又迈近了一步。

跨·跃

2011级广播电视新闻学专业　冉　杰　黄伊莉
2010级广播电视新闻学专业　李相芹

2013年7月26日　出发日　阴雨天

我想，我永远都会记得邱老师在昏黄的车灯下那爽朗的一笑“做记者，刺激吧”。这看似没有来由的一句话如春雷乍响，震撼着我的心灵。感动、恐惧、兴奋，复杂的情感交织着在心头翻滚，我竟无言以对。

我想，无论以后我踏上哪一条道路，只要想起这句话，我都会热血沸腾。

2013年7月30日　晴

此时我站在“琼沙三号”的甲板上，举目环视都是让人心醉的美景。宝蓝色的大海上波光粼粼，海风挟着海水的腥甜吹散了所有人的矜持，傍晚时分的太阳更是渲染出色天空的彩斑斓。站在甲板上迎风而立，我终于体会到《泰坦尼克号》中两位主角立在船头时的心情：原来这就是乘风飞翔的感觉啊！海风鼓动着我的衣服，也鼓动起我的信心：三沙，我来啦！

我奔赴一场600海里之约，跨过南海，也越过了心海

7月26日傍晚6点，我们安全抵达了海安渡口，准备搭乘过渡船前往海南岛。天有不测风云，“最新收到通知，近来几天没有船上三沙，要去，只能明天派三名同学坐直升飞机去，当日来回”。没有船？三名同学？原计划七天的采访要压缩成半天！这消息像等候厅外的风云骤变，此时伤感是多余的，讨论、修改采访策划刻不容缓。

为了赶7月27日凌晨6点30分的直升飞机，我们早早起了床。天空阴沉沉的，可是没有下雨，没下雨就有希望吧。

老师来电：“今天去不成了。”

“那我们什么时候能去？”

“天知道。”

晚上老师召开紧急会议，明天如无意外，两名同学上岛！

夜间，房外狂风暴雨，坐在床上听着风一阵阵呼啸，心里十分担忧，如果明天还是这天气怎么登岛？

三沙似梦　好遥远　追梦此般不易

意料之中，三沙之行再次被搁浅了。

邱老师说过，做记者的人，哪怕做了完全的准备，要应对的还是千百万种的不确定。而真正厉害的人，应该是处变不惊，从容迎战。不确定，这也算是做记者的一种挑战和乐趣吧。是的，我一直认为，人生的乐趣都要归功于人生道路上的各种意想不到。

“30 号下午，上三沙！”希望和机会总会留给有准备的人，we are ready！

2013 年 7 月 30 日下午五点，承载着 300 吨的物资、近两百名乘客和我的满心憧憬，“琼沙三号”缓缓驶向那神秘而年轻的城市。“琼沙三号”是永兴岛乃至整个西沙群岛的生命线，肩负着岛上的补给重任。岛上官兵和居民日常所需的饮用水、蔬菜、水果、肉类等生活的必需品随船运输，船头船尾都堆满了物资。生命之舟满载期盼前行，我们也全副武装上阵，九个人、三台摄像机奔赴永兴岛。

此刻兴奋、激动充斥着我的大脑，全然不顾船的颠簸，我尝试寻找采访目标。出门是为了遇上美好，主动地去聆听、去观察、去感受，就能邂逅美好。船舱里和同为广东人的陈大哥萍水相逢，偶遇长期居住在永兴岛的渔民符大哥，大家在狭窄的舱房里分享着自己关于三沙的梦想和故事，听着这点点滴滴，我觉得自己离三沙、离永兴岛又近了一些。

明天将是一次大挑战，我们都不敢有丝毫的懈怠

2013 年 7 月 31 日 十五个小时的乘风破浪，十三颗心的翘首期盼，我们即将抵达那神圣的地带。

永兴岛上七点半的太阳就已经炙烤得我的皮肤火辣辣的。热情的三沙人，火辣的三沙太阳，三沙永兴岛用这种特殊的方式迎接我们的到来。

扎根南海前哨的部队，纪律严明，为了不泄露士兵的信息，我们反复修改完善的雨水兵采访策划最终因被拒绝拍摄而搁浅，原估计的九小时也缩短为两个半小时。

探秘永兴岛是一场时间的战役，我们不能影响时针的快慢，但是我们欣

然接受挑战。

烈日炎炎下，我们奔跑在这块陌生但亲切的土地上，汗流浃背成了一种快乐，尤其感动至深，深深地为三沙人而动情。我始终不能忘记那句话，没有潭门就没有三沙，三沙的众多岛屿是潭门人开拓的，也是他们祖传的《更路簿》将这些岛屿一个个地拉回祖国的怀抱。如今的三沙与潭门间同样承载了太多的思念与情怀。经过三沙组和潭门组同学的共同努力，我们见证了一次潭门与三沙的跨时空通话。

为了养家糊口，符少强不得不长期在永兴岛打鱼，80 岁的老母亲留守在家里。这个瘦弱的老人，一辈子经历了多少雨打风吹，晚年早已无欲无求，唯独盼望着在海上闯荡的儿子能够平平安安、一家人能够团圆美满！

其实，永兴岛上有很多像符少强一样远离家乡长年在外捕捞作业的渔民，思念是相互的，他们牵挂着家人，家人也在守候着他们的归来。永兴岛上居民稀少，很少见到小孩，岛上没有学校，他们只能在家乡读书，寒暑假的时候才能上岛与父母团聚。

顾不上为未能实施雨水兵采访方案遗憾，我们立即开展了对永兴岛上“小候鸟们”教育问题的探讨。

孩子的眼睛明亮透澈，像三沙的海水一样碧蓝见底，洗涤着我们的心灵。永兴岛上，醉人的是风景，但真正动人的却是淳朴真挚的人。这一次三沙“揭梦之旅”，我已经轻轻撩起了三沙永兴岛神秘的面纱，稍稍窥视了她绝美的姿容，但她还有太多太多值得我去驻足、去发现。

下午五点，“琼沙三号”吹起了离别的号角。永兴岛在我的视线中渐行渐远。

永兴岛再见！北京路再见！渔民村再见！

南海行这一路，我们留下了深深浅浅的足迹，命途多舛的“孤岛电波”方案最终没有得以实施，但是我们走出去，尝试了一次又一次，追逐东岛梦的旅程并没有输；潭门小镇居住环境恶劣，我们晒黑了，我们瘦了，但是我们收获了《守望》，收获了无数的感动和幸福；行走三亚，你们只看到我们的游玩与美食，却没看到我们在烈日下的汗水和疲惫。不管怎样，这 11 天的南海深度采访行有辛酸，有遗憾，有收获，有感动，有我们青春的身影，有太多太多的留恋，我用镜头记录这一切，用心牢记一辈子。

“揭梦三沙”
南海深度采访行采访日记集锦

一、“揭梦三沙”采访组

路太长　情深更依旧

2010级广播电视新闻学专业　张　怡

瞥了一眼电脑屏幕的右下角，时间不偏不倚正好零点。我已补了一天的觉，这准是要失眠的前奏。我今天凌晨两点多到的学校。当时夜色正浓，一群人顶着晕乎乎的脑袋，费力地把行李从车上卸下来，匆匆和老师、同学们作别后，我和冬敏拖着笨重的行李箱回到了宿舍，然后就开始了一整天的酣眠。

精神依旧疲惫的我，还有一种坐在车上的感觉，脑海里涌现的仍是一幅幅海天相接、浪花溅起的图景，这十几天的经历也像一幅卷轴渐次展开。

撇开采访经历，最让我留恋的当属与海、船的亲密接触。爬上甲板，只见甲板外海天一色，苍茫而空寂、深邃而悠远，置身其间的我很快就沉浸在这幅无边无垠的画卷中，不经意间有一种很微妙的情愫、说不出来的思绪和情怀。那种清透的感觉犹在心间，让人思绪邈远，放怀过去。只有海天相接，只有船我相拥，这份自由、这份深邃的宁静实在让人珍惜。

爱海之深，惜人更切。初到三亚，接待我们的是一群意气风发的海军。喜欢拿着长枪短剑为我们耐心介绍的士兵，喜欢在舞台上唱歌表演、飒爽英姿的海军，敬重为我们登上三沙岛而一直劳心劳力的李将军，敬重那些忙碌在后台、翻炒出各式美味的炊事班的年轻士兵。他们都是可爱的人，这一路让我欣慰、感动。

想到三亚海军基地，就不得不提起那片三面环山、一面接海的港湾。每个清晨，我从梦里醒来，推开沾满露气的落地窗，一种面朝大海、我心安然的感觉油然而生。于是我急切地带上单反相机奔向前方临海的露台。透过镜头，望见的全是一片迷蒙之景。总算见识了什么是“海边无燥气”，整个世界就像是浸泡在温泉池里，湿漉漉的，还飘散着雾气。

黎明时分，我们很难邂逅一段日出，但在落暮之时，我们竟遇见了一场日落。都说海边的夕阳最美，清澈见底的大海翻卷出朵朵温柔的浪花，把脚泡在水里，细滑的沙粒钻进脚缝之中，让人有种刺刺的感觉，那是未被磨平的石子的尖刺给脚带来的感觉。不过霞光漫天，谁又在乎这点刺痛呢？天边一隅是晕染过的云霞，透着纯度极高的像被调和过的暖色，夕阳透过云层给沙滩镶上了一层金边。随着夜幕降临，我们又目睹了瞬息万变的余晖波光图景。沙滩边上瞬间出现了一群自拍和互拍的青春小鬼蛋。

如此一来，身在羊城的我，隔着漫漫长途，伏案桌前，优哉游哉地思念起三沙和潭门镇纯朴的渔民和他们的子女们，不由得嘴角上扬，因为想到他们，心是甜的。

刚进渔民村，目之所及尽是高低不一的自搭木屋小棚，我们穿梭在椰林，急切地盼望采访对象可以直接跳到“碗里”。果不其然，一双明亮的大眼睛吸引了我的注意。那是个刚上一年级的小女孩，名叫“小蝶”。小蝶来自文昌，因为放假，她才有机会上岛和父母团聚。三沙没有小学，渔民和驻军将士总是隔着汪洋思念着自己尚且年幼的子女。只有暑假，孩子们才有机会搭上“琼沙3号”，从清澜港奔向永兴岛的港湾，奔向父母的怀抱。而寒假，大多数将士仍需驻岛，渔民偶尔还要忙碌，一部分回海南过年，一部分仍要像往常一样待在岛上，和榆林做伴，听海风呼啸。

看着小蝶和玩伴们一起玩老鹰捉小鸡，我竟兀自笑出了声。面前这个一直用镜头对准他们的姐姐，对于这群玩得正欢的孩子而言，顿时成了隐形人。孩子的世界总是那么单纯，那里随处都可以拾起纯真的扇贝，真希望可以像他们一样，保存一颗童真的赤子之心。

小蝶呼朋引伴，俨然就是个孩子王，爱说“我不知道”，爱展露刚掉门牙的笑脸，爱沿着木杆攀爬扮丑，爱在椰树下荡秋千。小蝶妈妈温柔而纯朴，提到小蝶，像天下所有的母亲那样，小蝶妈妈会唠叨孩子成绩不好，但绝不会说孩子不聪明。这位善良的母亲提到孩子不太理想的期末成绩，眼里竟噙满泪花。没有陪在小蝶身边、没有监督她、没有尽到母亲的责任等原因让她觉得很内疚。但生活的艰辛，让这个年轻的家庭毅然踏上了三沙之路。她说至少在这里，丈夫出海捕鱼，一家还能维持生计，好过在文昌务工。但日子并不安稳，每当台风将至，每当夜幕来临，她的心就悬了起来。她只是岛上无数渔妇的缩影，她们大多住在低矮的小木屋里，忙于家务，心里时刻关心着丈夫的安危。岛上的兄弟庙里插满了香蜡红烛，渔民的安全返航成了所有人的期待。

像《更路簿》所指示的那样，没有潭门，就没有三沙。颇具冒险精神的潭门人，足迹遍布南海的每个角落，把南疆的开拓归功于他们，绝不会错。潭门男人出海捕鱼，潭门女人驻守后方，辛劳勇敢地撑起了家的半边天。潭门镇只是琼海的一个小镇，这里历史悠久，人们几乎都从事着和海有关的事工作。男人出海捕鱼，女人或打磨加工海贝砗磲，或以开三轮车为生，或打理店铺，或忙于家务。那是一个相对传统的小镇，纯朴善良是他们共有的特质。潭门镇几乎没有工业，空气好极了。夜晚，刚采访完的我很是疲惫。但只要坐在海边，听着涛声，仰望无边无际的星空和那似有似无的银河，我的疲惫就立即消散了。

思绪在这一刻戛然而止，正值深夜，像电影般闪过的片段，曲终人散，也该收场了，是时候关上记忆的匣子了。这漫长的一路，情深依旧，我心依然。

永不停歇的风帆

2011级广播电视新闻学专业　刘紫琦

7月30日，当我攥着那张专属于我的船票走上“琼沙3号”时，迎接我的除了海风，还有一个又一个的未知数：我们是否能经受住长达十五个小时的乘风破浪？筹备了一个多月的拍摄方案是否能如期实施？三沙永兴岛上真实的情况是否如同资料所述，如果不是，我们又该怎么办？

这一切的未知数都等待着我们去面对和解答。在最美丽的年华登上祖国最美丽的疆土，我们将用心和眼来体察这片神秘的土地，寻找属于我们自己的答案。

登船初体验

7月30日5点整，我们“揭梦三沙”暨大学子南海深度采访一行人（包括老师、学生、记者）在文昌清澜港搭乘“琼沙3号”补给船前往三沙永兴岛。一登上“琼沙3号”，我就闻到了船舱中禽畜、柴油和香烟混杂的味道。虽然不好闻，却让我感到亲切。因为“琼沙3号”是三沙的“生命之舟”，担负着运送三沙驻岛的干部职工、渔民和部队官兵上下岛及补给生活物资的重要任务。这种充满着生活气息的气味实则承载着三沙军民在封航接近半个月以来的期盼。

由于太久没有出航，这一次登船的人非常多，以至于有一部分渔民兄弟没能分到舱房和床铺。听同船的姐姐讲，一位兵哥哥将自己的床铺让给了一对母女。他没有留下姓名，只知道他是永兴岛驻军中“雷锋班”的士兵。同船的还有赶在“八一”建军节前夕前来慰问的人员。大家在狭窄的舱房里分享着各种关于三沙的梦想和故事，听着那些简单但动人的故事，我觉得自己离三沙、离永兴岛更近了一些。

“琼沙3号”航行起来十分平稳。站在甲板上，举目环视都是让人心醉的美景。宝蓝色的大海上波光粼粼，肆虐的海风夹杂着海水的腥甜，吹散了所有人的矜持，傍晚时分的太阳更是把天空渲染得色彩斑斓。第一次站在甲板上迎风而立，我终于体会到《泰坦尼克号》中两位主角立在船头时的心情：原来这就是乘风飞翔的感觉啊！海风鼓动起我的衣服，也鼓动起我的信心：三沙，我来啦！

他乡遇“故知”

甲板上的风景虽好，但是船只的摇晃感也非常明显。我不希望我的“三沙之旅”以潇洒开始却以晕船结束，于是我开始沿旋梯往下走，寻找我的目标对象。说来也巧，我们在船舷上吃个泡面的工夫就找到了一位永兴岛的居民——陈大哥。

陈大哥是海南人，曾经在广东佛山当兵多年，现在在永兴岛邮政局工作，已经在岛上连续工作五年了。

我在广东长大，又在广东念书，从来没有体会过“老乡见老乡，两眼泪汪汪”的感觉。但见到陈大哥，我立即觉得亲密了许多。萍水相逢亦是缘，陈大哥见到我们两个广东女孩也非常高兴，三个人就这样靠着栏杆聊了起来。

原来永兴岛上的邮电局早在1959年就建立起来了，由于永兴岛上的工作环境非常艰苦，所以上岛的工作人员都是男性，实行轮换制，基本上工作人员工作满一年就可以调离永兴岛。

那为什么陈大哥在永兴岛上一待就是五年呢？

陈大哥爽朗地笑着，说道："这很简单啊。我喜欢钓鱼，在永兴岛上可以尽情地钓鱼，多好!"

我看着陈大哥晒得黑红黑红的脸庞，默默感动：不管陈大哥是因为什么原因留在岛上，但就是因为有这么一群可爱可敬的人驻扎在永兴岛，守护着我们的永兴岛，我们的南海疆土才得以稳固!

临别的时候，陈大哥千叮万嘱，要我们上岛后一定去一去邮政局。他要请我们吃一顿正宗的三沙饭，还要让我们见识一下三沙市成立一周年的纪念邮戳。

虽然只是短短一个小时的相处，但我却有了一种"他乡遇故知"的感觉。也许南海就是这么一个美丽而神奇的地方，淳朴美好的情感和友谊总能由心而发，自然而成。

登　岛

7 月 31 日 7 点半，"琼沙 3 号"经过十五个小时的航行终于抵达了永兴岛，我们一行人也踏上了梦寐已久的地方。

踏上永兴岛第一个感觉就是"真实"。不仅因为岸边聚集了一群迎接补给船的士兵和居民，他们脸上都洋溢着难以言表的喜悦和快乐，还因为永兴岛上 7 点半的太阳就已经把我们的皮肤炙烤得微微发烫。热情的三沙人，火辣的三沙阳，三沙永兴岛用这种特殊的方式迎接我们的到来。

在此之前，我从资料上得知：永兴岛是西沙群岛乃至整个南海诸岛中最大的岛屿，陆地面积约 2.13 平方公里。在我的概念里，永兴岛就是一个珊瑚小岛。可没想到环岛一周，我的感觉是：永兴岛原来还挺大呀!

其实"大"这个概念源于永兴岛越来越完善的基础设施。其主干道北京路上，超市、图书馆、医院、保险公司、邮政局等一应俱全。这些在普通城市街道上常见的铺面在永兴岛也可以看见，其背后凝聚了好几十年的进步和发展。

除了现代化的城市设施，永兴岛还有自己的人文遗产。岛上有"二战"时日军留下的炮楼、中华民国政府设立的"海军收复西沙群岛纪念碑"和中华人民共和国政府设立的"南海诸岛纪念碑"。岛西部还有一片被称为"西沙将军林"的椰林，是中国共产党和中华人民共和国国家领导人以及 100 多位将军先后栽种的，每一棵树上都刻着栽种者的名字。岛上还有"守岛部队军史馆"及"海洋博物馆"两间博物馆。

全岛风景最美处莫过于石岛上的"老龙头"了。石岛位于中国西沙群岛宣德群岛，与永兴岛在同一个礁盘上，通过 800 米的人工石堤与永兴岛相连。由于它是西沙群岛中唯一的一座岩石岛，岛上大部岩石裸露在外，所以被命名为“石岛”。而“老龙头”就是石岛上一处往海上突出的悬崖。

悬崖下，清澈见底的海水在阳光下闪烁着不同的色彩，似翡翠琥珀，又似小猫的眼睛；大浪乘风而来，拍打在石岸上，激起一朵朵怒放的白花，震撼着我们的心灵。下车的瞬间，我们都只是安静而讶然地欣赏着这一方美景，片刻之后，我们才清醒过来，兴奋地奔向“老龙头”。

我站在“西沙老龙头”的石碑旁，远眺海天交接之处，耳边回荡着浪拍海岸的声音，由心而发的一股骄傲和豪气融贯四肢：这蓝天，这碧海，这壮丽的风景和辽阔的海域，是我们的，是中国的！我们应该为之自豪、骄傲，我们更应该拼尽全力来守护这一片纯洁美丽的祖宗地！在那一刻，我才发现，再多的言语和文字都无法表达这一份爱的情怀，站在这里，你的心自然会有所归属，归属南海，归属祖国。

人情美

在环岛一周后，我们依约来到了北京路上的邮政局，找热情的陈大哥。

其实每月“琼沙3号”到达永兴岛的时候，永兴岛居民都会放假到码头协助卸下运补物资，这天就是永兴岛的节日。我们绕过锁着的正门，拐到邮政局的后院，才发现十多位大哥正围着圆桌吃着丰盛的午饭。

陈大哥一见到我们，就立马放下碗筷将我们迎进去。不问不知道，围桌的十多位大哥大叔中，竟然有四五个广东人。来自广东花都的三哥一高兴就跟我们讲起了粤语：“太久没听到家乡话啦，真亲切啊！”

这一大桌子的人，除了有邮政局的职工外，还有医院、运输公司的朋友。一顿普通的午饭之所以会有如此大的阵势，全都因为今天是“补给日”，是三沙人的节日。桌上摆着大盘的海鲜、鸡鸭、红烧肉和蔬菜，好一桌丰盛的大餐！

陈大哥笑眯眯地说：“今天算你们走运啦，我们可是补给船来了才有大餐吃的，平常就只有中间这个菜。”陈大哥用手指了指餐桌上的大铁盆，里面漂浮着酸菜叶子和白色鱼块，和周围一圈鲜亮可口的佳肴形成了强烈的对比。

陈大哥说，岛上的一切其实都要依赖补给。有时候遇到风暴天气，补给船来不了，渔船也无法出海，岛上的日子就更难过了。最困难的时候，大家只能靠吃椰子、野菜，或自己钓鱼来填饱肚子。“所以你们今天来了，一定要趁着机会好好吃一顿，别浪费啊！”陈大哥乐呵呵地给我们端碗拿筷。

盛情难却，在三哥和陈大哥的热情邀请下，我们也上席尝了几道三沙的特色菜。

其中，三哥力荐大螃蟹：“这个只有在三沙才能吃得到，一定要吃。”鲜红的大螃蟹一掀开就香气扑鼻，橘黄色的蟹膏吃起来竟然有鱼子的爽脆感，也只有三沙清澈干净的海水才能养出这样肥美新鲜的螃蟹。

杯酒下肚，大哥们开始和我们拉起家常来。

我和陈大哥开玩笑：“大哥，为什么这里的邮局没有女职员啊？要是添一两个女职员也能给邮政局撑撑门面嘛。”

陈大哥摇摇头：“你以为我们不希望能有女职员吗？这里条件太苦啦。这里的水，女孩子喝了，脸色就会变黄，会长斑。这里的医疗又不好，连妇科都没有，女人怀孕了就不能待在岛上了。”陈大哥和同席的几位大哥都是单身，他们开玩笑说：“要解决个人问题，留在三沙就没指望啦！”

三哥逗我们：“别的不说，三沙小学马上要建起来了，如果需要支教老师的话，你们这些女大学生愿意过来教书吗？”

“当然愿意！”我和同伴异口同声地回答。

其实，这个答案不是一时冲动的回答，而是因为我们真的喜欢这个地方。虽然只是短短一天的逗留，但是这里的人和景已经扎根在我的心里了。美丽的风景自然不需要多说，更让我不舍的是这里的人，那么真，那么美，那么淳朴，那么动人。这小小的永兴岛像是世外桃源，而我们就像是那误入的渔人，受到最热情的款待。他们的真诚和热情自然是不求回报的，但如果可以，我们该用什么来回赠他们呢？

“到祖国需要的地方去。”这句话虽然是老调重弹，但是里面包含的那份精神和感情却是薪火相传、永不褪色的。所以，三沙，只要你需要，我们义不容辞！

临别前，三哥和陈大哥问我们有没有什么心愿。

我说：“我特别希望能够带走永兴岛的沙子和邮戳。”

三哥很严肃地跟我说：“妹妹，永兴岛的沙子是珊瑚沙，很珍贵。更何况永兴岛现在建设所要用的沙子都是用补给船运送过来的，沙子珍贵，永兴岛需要它们，所以我不建议你带走沙子。”

陈大哥看见我低头恍惚，就笑着安慰我：“没关系，第二个心愿我帮你完成。”

陈大哥掌管着邮政局的大小邮戳。他拉开抽屉，我一眼就瞄到了曾经的“海南省西沙群岛、南沙群岛、中沙群岛办事处”邮戳和三沙市成立一周年的纪念邮戳。

陈大哥知道我的心思，很认真地跟我说：“历史是不能倒退的。”他伸手拿起一张小卡片，盖下了那两个“历史邮戳”，外加当天三沙邮政局的邮戳，递给我：“给你留个纪念，当作我送给你的礼物吧。”

我双手接过这张小卡片，卡片的正面是永兴岛夜空的漫天繁星，我真想把这张卡片贴在胸口大声地喊："陈大哥，谢谢你！"但既然这是我们两个人之间的秘密，我们就继续默契下去吧。

离别

7月31日下午4点半，我们要搭乘返航的"琼州3号"回到海南文昌。离别时，我们都登上了甲板，对着渐行渐远的永兴岛挥手告别，直至小岛的轮廓消失在我们视野当中。三沙，我们来了又走了，虽然只是短短的一天，但我已经将你深深地铭记在心中了。

在三沙永兴岛上，不仅有着美丽而让人陶醉的风景，还有着淳朴真挚的人与情。这一次三沙"揭梦之旅"，我已经轻轻撩起了三沙永兴岛神秘的面纱，稍稍窥视了她绝美的姿容。但这还远远不够。她的美让人不由自主地想要驻足，想要了解多一点，再多一点。我知道，只要有机会，我还会回到岛上，无论是以学生的身份、记者的身份还是以志愿者的身份。对于三沙的这份热情已经在我的胸口点燃，对于三沙的追求和探索，我们仅仅是迈出了一小步。然而这个过程不会停止，只要有机会，我们会带着此次的惊艳与心愿，让我们的足迹分布得更广、更远！

采访路上且行且体会

2011级广播电视新闻学专业　王云帆

7月27日　星期六　　阴转雨

刚躺下不到三个小时，我就直接从被窝里爬了出来。我睡眼惺忪地把行李箱寄存到张怡姐的房间，然后和紫琦各自背上背包，同时，我还抱着很重的摄像机包，一路踉踉跄跄地走到了招待所大厅。把东西放下后，我还想趁机打个盹，紫琦的电话就响了。她接电话时，声音透出掩不住的失望，我心里一紧，难道真的去不成了？

我说不出心里是什么感觉，有点可惜，有点无奈，还有些生气，因为我们牺牲了不少休息时间，还做了不少准备工作，居然又去不成了。也许是因为太疲惫了，我的脑子逐渐被一种声音占满了：我要睡觉……然后我钻回被窝，蒙头入睡。

早上去吃早餐时，冬敏姐一脸怨气地看着张怡姐，说：“你怎么还在这里？”然后又看看我和紫琦，更加抱怨起来：“你们怎么也在这里，我都不想看到你们了！”更让我头晕的还在后面——若曦姐看见我还在这里，说：“唉！你还在啊！那今天晚上你要上了啊！”哦！我的天哪，还有我的舞蹈《咏春》啊！

晚上和海军联欢，我一个人表演舞蹈《咏春》，当然，这个表演于我而言不算什么难事。不过我再一次被伴奏乐耍了，站在台上好半天，伴奏乐出现了各种问题。不过在音乐重新响起之后，我居然淡定地完成了整支舞蹈，真是万幸啊！

联欢会结束后，我们回到房间没多久，就再次被邱老师召唤去了，这一次是去邱老师的房间。之前关于上三沙的计划是：今天是我们三个同学和一位老师一起上岛，明天是宝龙师兄、记者上岛，可以多带一个同学上岛。我猜，明天我们怎么也会有一个同学上岛，那样子的话肯定又没有我什么事了吧。可是一进房间，我就看见邱老师、王老师、宝龙师兄和他的摄像大哥几个人神色凝重的样子。邱老师告诉我们，明天应该有两个同学和宝龙师兄以及摄像大哥上岛。邱老师决定，由我和紫琦上岛，还问我们组里意见如何。这一次真的又是一股无形的压力啊！

王玉玮老师听我和紫琦重新描述了一下我们的拍摄方案。他的意见是，我和紫琦还不如按照“行走三沙”的方案来拍摄，因为如果我和紫琦在永兴岛的时间只有八个小时的话，只要向各大媒体证明我们曾登上永兴岛就行了。

我和紫琦回到了房间，我感觉紫琦有些烦躁不安，她不停地说此次任务很有压力。我倒是管不了那么多了，因为邱老师说我们两个还有可能在那里待上三四天，等到有补给船的时候再把我们接回去。其实能在那里待三四天是我再奢求不过的了！我最害怕的情况是，我们背着三四天的东西上岛，却只能在那里待八个小时，这样我们的载重量和拍摄量太不成正比了。我一边收拾东西，一边思考着我出镜的时候应该做的事情。虽说出镜对于我来说并不是什么难事，但是我们在永兴岛上的拍摄机会只有一次，我绝对不能 NG！奇怪的是，这一次我心里没有一丝一毫的紧张，只有难以言表的亢奋。也许我就是那种压力越大反而越能够反弹的人吧。

嗅着外面的空气，有一种暴风雨即将来袭的闷热，天空泛着一种诡异的红色。明天是要下雨吗？算了，管不了那么多了，立刻睡觉，为明天养精蓄锐！

7 月 28 日　星期日　　雨

早上 6 点半，我又从被窝里钻了出来。前一天邱老师说，让我和紫琦在房间里面等命令。结果我一醒过来就发现外面天色不太对。没过多久，暴雨倾盆，看样子是台风来了！一波一波的雨点，直接击打在靠近阳台的玻璃门上。紫琦一看到这个架势，直接躺回被窝里睡着了。我却还一直坚持着，说不定三沙那边不下雨，飞机还是可以起飞呢。

时间一分一秒地过去，7 点了，天几乎都亮了。我也直接往床上一倒，立刻睡着了。

天完全亮了之后，我和紫琦爬起来去吃早餐，冬敏姐看着睡眼惺忪的我和紫琦，欲语还休。紫琦和我一样，反而如释重负。飞机上不去，我们只能坐“琼沙 3 号”了。

下午，其他同学去了“天涯海角”。但是我们小组决定要找些事情做。他们四个在出发之前申请了一个“三下乡”的项目，是关于南海渔业调查的。于是，我们组里决定出去踩踩点。如果三沙去不成了，我们组不能连一个片子都出不来吧。

从我们的所在地安游到目的地水产码头，只有一趟公交车——19 路公交车。我们上车以后，问司机大叔末班车大概什么时候开，我们必须赶上车回来。安游地方偏僻，一旦我们错过末班车，在市中心打的士，恐怕的士司机也不会愿意把我们送到这么远的地方来。在确定了时间之后，我们又请司机提醒我们在哪一站下车。

到了渔港以后，我们发现岸边停靠的渔船都不大，上面都安着吊床，有几个渔民躺在各自的吊床上，很是悠闲。在岸边，有一艘满载着虾蟹的小船正在往岸上卸货。那一筐又一筐的螃蟹，颜色都不一样。有些是绿色的斑纹，有些是蓝色的，还有些竟然微微泛红。紫琦的吃货本色显露无遗，她举着单反相机立刻冲了上去，询问螃蟹的种类，然后问题就怎么也离不开“吃”了，如哪一种最好吃啊？哪一种要怎么做才好吃啊？张怡姐则发现在岸边有很多人把一个装着诱饵的铁笼子直接往海里面扔，然后过了一段时间再拉上来，里面就会有很多小鱼。有一个看上去很可爱的小男孩正在那里捡那些鱼。天然呆、自然萌的张怡姐立刻上去采访那个小朋友。原来他是跟着自己的外公来这里捉鱼的。小男孩的外公就在旁边，他告诉我们抓上来的这种鱼会咬人。我仔细上前一看，这种鱼果然长着十分锋利的牙齿。他们一般用这种鱼来做汤喝。

后来，我们赶上了最后一班回安游的车。我们在感叹这位“中国好司机”之余，还拍照发微博。果真如作家马家辉所言：“出门是为了遇上美好！”我们几个还坐在车厢里，兴奋地聊着刚才的所见所闻，没想到杨帆看了一眼刚收到的短信后，带给我们一个更大的惊喜！我们组内的所有人将搭乘 7 月 30 日的“琼沙 3 号”补给船，一起前往永兴岛。就在那个时候，我们也顾不得我们是坐在公共汽车上了，一起欢呼雀跃起来！

就在这个瞬间，我突然意识到一个严重问题，我没有对此行进行记录，太缺乏记录意识了！而且当时在轮船上，在公共汽车上，杨帆举起单反相机自拍的时候，我还觉得他怎么那么喜欢在镜头面前表现。其实这应该是一种自我记录的习惯，一个广电人都应该具备的基本素质啊！如果将来要剪辑一个关于我们此行的纪录片，我们丧失了多么珍贵的素材啊！

7 月 30 日　星期二　　晴

今天，我们从三亚出发前往文昌，准备搭乘下午 5 点半出发的“琼沙 3 号”前往三沙。

在抵达了文昌清澜港以后，我们把各自的行李放置好。杨帆突然提议要拍一段在港口的出镜镜头，可是不知道为什么，他自己不愿意出镜，非要让我来出镜。可是我才刚从车上下来，今天又没吃中午饭，我还搬了很多行李，完全没在状态呢！我录第一遍的时候就不停地笑场。录第二遍的时候，我好不容易一本正经地说着台词，眼看就要大功告成了，杨帆突然“扑哧”一声笑起来了。紫琦气得直接骂他：“你为什么要笑啊？算了，我来！”对着扛着摄像机的紫琦——我最熟悉的搭档，我终于在第四遍的时候把这一段出镜给录完了。

凭借身份证，我们拿到了船票。我们九个人里就杨帆一个男生，结果我这个平时扛桶装水都没问题的“女汉子”基本上就成了另一个男生，摄像机包，饮用水，还有干粮，通通扛着，还不喘大气呢！

我一上船就立即进入搭讪状态。先是找到了几个上岛钓鱼的“同行”，然后又在甲板上认识了来这里建设电网的陈先生，还认识了一群来自清华大学的进行暑期社会实践的学生。不过这些都不算是重点，渔民才是我们的重点！

原本我和紫琦打算去餐厅吃泡面，顺便和坐在那里吃饭的人聊聊天，找线索。不过，在我排队等着接开水的时候，我和一起排队的两位大哥搭上话了。其中一个皮肤黝黑，看上去是广东人的长相，他说自己是渔民，姓陈。和他一起的另一个人皮肤白皙，姓王，看上去不像是三沙人。我们把方便面泡上以后，就趴在围栏上吃了起来。我们天南地北地聊起天来，过了一会儿紫琦找了过来，加入我们的谈话，陈大哥却突然哈哈大笑，对我说：“你真的太好骗了！但我实在是装不下去了！我不是渔民，我是在岛上的邮政局工作的。我这一次是以老带新，带着这位王大哥上岛工作的。”随后我们得知，陈大哥在岛上已经工作五年了，因为喜欢钓鱼，所以本来只需要在岛上工作一年的他，在那里一干就是五年。已经过了而立之年的他还是单身。

聊着聊着，我们惊奇地发现陈大哥和紫琦竟然是老乡。原来陈大哥竟然在佛山当过兵，他甚至还拨通了自己老战友的电话，让紫琦接了。真是“他乡遇故知”啊！

陈大哥知道了我们此行的目的以后，热情地邀请我们到时候直接去邮局，他还打算带着我们“体验生活”，到码头把邮件搬回来。我们两个欣然同意，这还真是最好的结果，在船上就直接找到了线索。

7月31日　星期三　　晴

今天上午7点半，我终于登上了传说中的永兴岛！才刚上岛没多久，我发现真的是印证了《中国国家地理》的那句话：“三沙归来不看海啊！”海水那个清！那个蓝！浅滩是一种几乎发光的青蓝色，而深海地区则有着蓝宝石一样的颜色。

我们按照安排，在岛上参观，先去了一个叫“老龙头”的地方。那个地方其实就是一段延伸进海里的悬崖。我突然想到，跟三沙有关的纪录片怎么能没有海浪声呢？在听了我的想法之后，杨帆先用他的手机到海边上录了一段。但是后来我觉得不够，就让杨帆扛着摄像机，我举着话筒，再次到海边去录了一段。我那个时候真的差点把话筒伸到海里去了，录了大概有四五分钟吧。随后，我们回去和大伙儿拍照。

在完成了集体的参观任务之后，我们分小组行动。由于我和紫琦的新发现，我们两个直奔邮局。我们刚到的时候，发现邮局竟然是关着的，可把我们两个给吓坏了。难道邮局今天不开门？紫琦立刻打电话给陈大哥，陈大哥让我们往里走，他们正在吃午饭呢。

我们一走进去，发现有十来个人围成一桌正在吃饭。桌上的饭菜还挺丰盛，中间是一个用电磁炉的火锅，我往旁边扫了一眼，看到有螃蟹、海虾，还有鸡和炖肉。不过他们其中一个叫三哥的说，也就只有补给船来了，他们才能吃得这么丰盛，要是在平时，那就只有中间一个火锅，大家一起煮一点干货吃，就当充饥了。

看见我们来了，一个姐姐还特意拿来两副碗筷，几位大哥邀请我们一起吃。不过说来也可惜，我们是刚刚吃完午饭才过来的。但盛情难却，我就抓了一个传说中的“药蟹”来尝尝。吃第一个的时候我还没品出什么特别的味道来。结果几位大哥说：“没吃出来？那再吃一个就品出来了！”我只好恭敬不如从命，又吃了一个。这一次终于品出点区别来了：我在广州吃的大闸蟹的蟹膏都有股咸蛋黄味道，而这种“药蟹”的蟹膏吃起来则有一股淡淡的奶香味，味道挺不错的。在他们的建议下，我还品尝了当地的土猪肉。这种土猪肉，连肥肉都是爽口弹牙的，不会让人感到一丝油腻！

吃完了饭以后，陈大哥说邮局该开门了，于是带着我们过去。一路上，我和紫琦手里都有器材，没法儿撑伞，所以我们就挑有树荫的地方走。但是陈大哥却提醒我们不要在树下走，因为那些椰子随时有可能掉下来！哈哈！这也太有趣了吧！在邮局里面，我先把所有已经写好的明信片贴上邮票，而紫琦则去拍摄陈大哥盖邮戳的“神奇功力”了。陈大哥还特意拿出了三沙市政府成立的纪念章来盖我们要寄的明信片，实在是太感动了！

完成了我们寄明信片的“工程”之后，我们跟随麦总、王大哥还有一群来自广东的邮局工作人员去“琼沙3号”那里搬运邮件，以“体验生活”。这一次，我的出镜可没有让紫琦失望，而且，我扛邮件的样子还是挺卖力的。王大哥都说看样子我是个能吃苦的人啊！麦总还邀请我们两个到船舱里面去看他是怎样把邮件舱门给封起来的。

回到了邮局之后，我一看表，突然想起下午3点还有一个重要的任务。我要负责和广州电台连线啊！我立即打电话给各小组，让他们汇报自己的所见所闻。然后在15分钟的时间内写好了我要回答的问题的提纲，包括我们的行程、岛上的基础设施建设情况、渔民的生活情况等。当电台的电话打过来的时候，我淡定而流畅地回答了所有的问题。

在准备返航的时候，我们按照原计划，在三沙界碑处拍摄“揭梦三沙启动仪式”。可是，冬敏姐和杨帆却迟迟没有出现。邱老师本来打算让紫琦把杨帆的词儿给说了。但是就在我们喊完第一句“揭梦三沙，我们来啦”的时候，我们的背后却响起了杨帆的声音——他和冬敏姐居然坐着机动三轮车赶过来了！我们继续拍摄，开着三轮车过来的渔民还提醒我们说：“你们快一点，船要开了！”我们基本上可以说是在极其慌乱的情况下完成了启动仪式的拍摄，然后大家抱着器材就赶紧登船了。

最后，我们在甲板上还没消停。迎着风，我们手握营旗拍了很多有趣的画面。我们真是还没疯够啊！八个小时实在太短了！如果能给我八天时间，我一定要把我想拍的东西拍好啊！三沙，我相信我和你的缘分不止这样，我一定会回来的！

多云转晴

2012 级播音与主持艺术专业　　杨　帆

如果要形容出发去三沙前的心态变化，我觉得有一个词恰到好处——多云转晴。

7 月 29 日，来到海南的第三天，我坐在三亚市中心的酒店里等待着。

以前，我一定会用“无奈”这个词来形容“等待”，而现在，当经历了这次事件后，“等待”这个词带给我的还有惊心动魄的感受。

“揭梦三沙”暨大学子南海深度采访行，原定乘坐“琼海 3 号”补给船登岛的计划因诸多原因取消。7 月 26 日晚，接到邱一江老师的通知，在军方的大力协助下，我们乘飞机登岛，但选择飞机的弊端是每次只能搭载三至四个人且须当日往返，所以我们五人组中只能派出两至三个人。由于人数限制，且只有半天的采访拍摄时间，我们组最后决定派出“揭梦三沙”选题的两名队员登岛。

五人团队只能有两个人登岛，每个人的心中都充满了复杂的情感：选上的队员并没有太多的兴奋，经过一个多月的选题策划，每个队员都将其他人视为自己的朋友、战友甚至亲人。看得出来，在知道我们不能全部上岛的时候，她们的眼神和表情满是替队友伤心的沮丧，以及承担了全队希望的压力；没被选上的队员的心情不言自明，就我来说，一个多月的辛勤，在复习考试周挤出时间来完成的策划，就这样无情地付之东流，内心感到既失落又无奈。

只有经历过的人才会有这种体会，会议室的空气真的就在那一刻凝结起来，重重地压在老师和每一位队员心中，连呼吸都变得沉重，让人透不过气来。虽然有负面的情绪，但我真的认为我们五个人是一个团队，我们最重要的事是完成任务。从这个角度来想，短时间之内她们的方案完成的可能性是最高的，无奈之余也充分理解老师做出的决定，只是觉得老天对自己不垂怜，付出没有得到回报。

7 月 27 日早饭时间时，看见还没出发的两名队友，我无比惊讶。原来永兴岛的天气状况不允许飞机降落，所以这次登岛计划被迫取消。7 月 27 日晚，我们再次接到邱一江老师的通知，28 日早上将再次派出一架飞机载我们登岛，可又是因为同样的原因，计划再次取消。

经过这两次的打击，我们五名队员觉得自己就像被黑纱一层一层地包裹着，没有一丝光亮照进心里，郁闷惆怅，每个人的表情都很严肃、凝重。

我们五个人参加“南海深度采访行”的目的都是希望能够通过这次活动在实践中锻炼自己，强化自己的业务知识和实际操作的能力。也许是因为初出茅庐，我们总希望能够到一线去，这些“白吃白喝”的日子对我们充满热血的心无疑是一种可怕的折磨。经过我和队友张怡的协商后，我们计划出了第二方案，决定去三亚渔港碰碰运气，希望能找些灵感，找点事情做。

五人的渔港之行收获颇多，我觉得作为一名媒体人就应该多出去行走，在与他人的交谈中让思绪飞舞。我们五个人深信渔港这条线可以做，这几天心中的阴霾被一扫而空。好事成双，在公交车上，我收到了邱一江老师发来的短信：“7月30日下午5点全队乘船登岛”。

出发，无谓先后；等待，好事多磨。我们终于能全队登岛，每个人在兴奋之余又都心有余悸，害怕空欢喜一场。

7月30日，被阴雨笼罩了四天的三亚终于放晴了，在三亚待命了四天的我们终于在今天启程前往三沙。

早上11点，在准备好饮用水、泡面等物资以及拍摄装备后，我们的“揭梦三沙”行动组乘坐大巴车由三亚赶往文昌港，准备乘“琼沙3号”补给船登岛。我们悬着的一颗心终于落地。

经历了一波三折，总算踏上前往三沙的路，心中的激动和喜悦跃于每个人的脸上。在大巴车上，每位队员反复修改着原定的策划方案，讨论分镜头脚本，设计采访提纲，力求将能够想到的每个细节做到最好，毕竟登上三沙的机会来之不易，每个人都想抓住这次机会。

下午3点30分，我们比预定时间提前一个半小时抵达文昌港口，“琼沙3号”补给船停靠在岸边，好像一位绅士静静地欢迎着我们的到来。此时文昌的太阳正投下毒辣的火种，炙热无比，让人明显感觉到小腿像被什么东西咬住一样，烤得生疼。但这些丝毫没有影响每位队员的心情，架机器拍摄空镜头，拿起单反相机拍摄港口和“琼沙3号”，在排队等候上船的时候时不时问一问同行旅客的情况，看是否能对上岛采访有所帮助，每个人都忙得不亦乐乎。下午5点整，全员登船。

队伍里大部分人都没有坐船出行的经历，登船后每个人都很兴奋，跑上跑下，从甲板到船舱，每一个地方对大家来说都充满了神秘感。当然，在满足自己好奇心的同时，每位队员也不忘自己的选题，主动出击，看能否在船上寻觅到感人的故事或者收获意外的帮助……

坐在甲板上，迎着海风，看着因船体前行而溅起的海浪朵朵盛开、扩散，向远方荡漾。海水从绿色逐渐变为深蓝色，最后变为黑色，天也完全黑了下来。夜空下的远海航行是一件美妙的事情，抬头仰望，一闪一闪的星星是如此繁多，从未见过如此漂亮的星空，真是一种叫人难以置信的美丽。那明亮的玉带是银河吗？那最亮的星星是北极星吗？那团状的亮光是星云团吗？如此美丽的星空让人陶醉。人生当中一定要找机会感受这大自然的美丽孕育、这大自然的奇迹。

巴金说过：“海上日出是大自然的奇迹。”我们站在“琼沙 3 号”的甲板上第一次看海上日出。初阳在云层后面化作光斑，不断上升，由红色变成金色，最后发出耀眼的白光，海鸥在海面低空飞行，寻找着自己的早餐。而远处朦朦胧胧的一片建筑就是永兴岛。7 月 31 日 6 点半，“琼沙 3 号”慢慢驶入港湾，那期盼已久的陆地终于出现在眼前。

下岛后，经过一段时间的休息调整，我们出发前往渔民村。一到渔民村的村口，我们就感受到那里闲适的气氛，映入眼帘的是两张吊床，有两位渔民正在午休聊天，旁边有一群六七岁大的孩子嬉闹着，充满了生活的气息。

在永兴岛渔民村，我们采访了四个小时。这里民风淳朴，在采访中，村民会拿出难得的水果分给我们来解暑。虽然也有渔民有被采访过的经历，但大多数渔民在看到镜头或看到我们拿本子记录东西的时候都会露出羞涩的表情，也有的人直接避开。

因台风即将登陆南海海域的原因，“琼沙 3 号”离岗时间被定在当天的下午 4 点 30 分，虽然在岛上只有短短的八个小时，但这座小岛的风土人情已经深深地吸引了我。碧蓝的海水，在靠岸处依旧清澈见底，远远望去，海天相连，浅蓝、深蓝、天蓝三色分明。岛上更是被植物包围环绕，虽然叫不出名字，但这碧海、蓝天、绿树三者构成了精妙的画卷。热情淳朴的民风更是让我感动不已。

虽然我们在三沙市只停留了短短八个小时，但我已经深深爱上了这座处于中国最南端、最年轻的城市。

此时，我的心情早已没有了之前的阴霾，而是多云转晴，收获了满满的阳光。

二、“跨·跃”采访组

亦悲亦喜三亚三沙行

2011级广播电视新闻学专业 冉 杰

今天是我们来到军队的第一天，想到能够看到威武英勇的特种兵，就抑制不住内心的激动与兴奋，尽管我们之前已经是长途奔波，深夜两点左右才到达军队。

三亚的雨仍然是淅淅沥沥地下着，满载着海南这南国的每丝空气里所蕴藏着的热气。

兵哥哥们早就做好了准备，让我们一睹“蛟龙”突击队的风采。虽然我并不是一个军事迷，但是宣传片上所展示的特种兵们确实是骁勇善战，无论是擒拿敌人还是穿越火线，都体现出他们不仅有着骄人的体力与能力，更有着顽强的毅力与强劲的战斗力。这不是一支简单的队伍，而是一支肩负着保家卫国远大志向的钢铁之师。

在随后的海防知识普及课堂上，军队的老师们针对我国海防的现状进行了认真细致的分析。祖国的海防事业不仅需要“蛟龙”突击队这样的钢铁之师，更需要我们每一个人都拥有海防的意识和精神。7月31日的清晨，“琼沙3号”的一声长鸣把我们从千里之外带到了永兴岛。

由于封航，补给船已经将近半个月没有到岛上来了，岛上的居民像欢庆节日一样迎接这个特殊的日子。伴随着涌动的人群，伴随着忙碌运送物资的摩托车、三轮车、面包车，伴随着亲人相见的喜悦，我们踏上了这块神圣的土地。艰巨的采访拍摄任务，像一块大石压在我们的肩上，我恨不得马上就扛起机器到北京路上进行采访。

上午的行程完全可以用“走马观花”四个字来形容。虽然我们看到了北京路，看到了博物馆，看到了蔬菜大棚，但是深度的采访工作完全不能开展，在拍摄博物馆时也被催促着匆匆忙忙地赶往下一个景点。

吃完午饭，已经将近下午1点，我们的时间所剩无几。原本补给船是下午5点半开船，但由于台风“飞燕”的来袭，补给船不得不提前一个小时离开，我们只剩下三个小时了！三个小时我们能成功吗？我心里打了一个很大的问号。能成功！我们必须成功！

我和另外一位搭档扛着摄像机、脚架，背着单反相机上了“战场”。我们预定的采访地点是该地的图书馆、人民医院和超市。图书馆在北京路的路口处，拍摄完全景后，准备走进去看一下里面的情况，但一扇关着的铁门和一张开放时间说明生生地横在了我们的面前。这里只有星期一、三、五的上午8点到11点才开放。时间宝贵，我们决定去下一个地方——超市。

岛上的超市并不大，但是“麻雀虽小，五脏俱全”。这里不仅有各种食品、生活日用品，还有一个一人宽的架子摆放着为数不多的几本书。但是超市唯独没有大米卖，这是因为岛上的大米都是由粮站提供，遗憾的是，我们并没有亲眼看看握着永兴岛居民命脉的粮站。

几经周折，我们问到了图书管理员的电话，并成功进入了图书馆。这里本来隶属于国家图书馆的管理范畴，但是由于种种原因并没有派工作人员上岛，只能由政府的工作人员来代管，而其又因为身兼他职，故不能全天都开放图书馆。图书馆藏书一万册左右，除了有书籍外还有期刊，当然这些期刊都是乘坐“琼沙3号”过来的，经常不能按时更新。另外，这里还有几台电脑和两部读报机。

三沙人民医院是这三个地点中最为重要的，如果能够采访好，就会成为最为精彩的部分。

在北京路上，最引人注目的建筑物莫过于三沙市新建的医院大楼。这个医院目前并没有投入使用，可以看出三沙市人民医院未来将具有一定的规模，除了门口停靠的救护车外，这里还设有众多的科室。值得一提的是，高压氧舱也将投入使用，对于经常在水下作业的渔民来说，这是一个很重要的医疗设施。因为他们在深海捕捞时，一旦操作不当，就很容易患上减压病（又称潜水病）。以前岛上无法完全医治这种病，只能靠飞机运到海南，而且还要承担巨大的风险。采访到的这些画面对我们来说远远不够，我们还必须找到医院现在的就医地点和正在上班的医生、护士。

毫无云层遮挡的太阳赤裸裸地炙烤着永兴岛，时间也在一分一秒地流逝。

三沙市人民医院目前只是一个小小的诊所，距离其新址只有二三十米左右。它由两个门面组成，面积不大的地方却容纳了诊室、药房、医护人员工作室等众多的功能分区。棘手的是，现在的这几位医护人员也是和我们一起乘坐“琼沙3号”刚刚来到医院的，对于医院以前的情况并不了解，而上一班的医生、护士则正在收拾行李准备离开。没办法，我们只能先找到最了解医院情况的院长。由于之前已经约定好时间，下午3点，院长准时出现在医院里，然而有着戒备心的他起初并不太愿意接受我们的采访。最后经过新闻中心的同意和在我们的各种软磨硬泡下，我们终于克服了难关，拿到了岛上医院最新的资料。

乘船时间越来越迫近，我们不得不提前被催促着赶往码头，院长的话还没有说完，摄像机就被关掉了。我们用一系列极其简单的动作与话语结束了在永兴岛上的一天，也圆了我们的梦想。

越来越远，越来越小，永兴岛在这片蓝色的海洋上静静地伫立着，缓缓地呼吸着。它与海鸥相伴，与海风相拥，始终闪烁在祖国的蓝色国土上。前往文昌清澜港的路并不好走，而登上这艘我们幻想了很多次的“琼沙 3 号”的路途更是崎岖险阻。从之前的封航到由于天气问题而导致的航班延误，我们的登岛人数由五个人减少到两个人，又从两个人准备登岛变成整个的登岛计划搁浅，最后又柳暗花明，九人全数登岛。很幸运地，我成功登上了永兴岛，“琼沙 3 号”让我们看到了曙光。

这艘总吨位 2 500 吨，可载客 200 人、载货 750 吨的庞然大物此时就停靠在我们的眼前。白色的船体上鲜明地喷上了“琼沙 3 号”四个大字，在炙热阳光的照耀下，映衬着头顶的整片蔚蓝的天空。

一走进船舱，一股凉意便喷涌而出，这里比我想象中的条件好多了，不仅有舒适的床位，还配备了电视机、热水等。十五个小时的航程对于初次坐船的我来说，的确是一个很大的挑战。在此之前，我听闻在船上的日子是很难受的，还好我最终挺过来了。不过本来想在船上写下这篇日记的计划只能被搁浅了，因为在无边无际的海面上漂荡的“琼沙 3 号”确实让我有一种强烈的眩晕感。

补给船上的乘客大多数都是驻岛官兵和岛上各个行业的工作人员，如护士、银行职员等，还有在三沙捕鱼的渔民。在我们乘坐“琼沙 3 号”从永兴岛返回的时候，同房间的就有两位三沙市人民医院的护士。她们在岛上待了半年多的时间，这次返航也意味着她们在三沙的任务结束了。在仅有 2.33 平方公里的土地上，街上的每一个人几乎都不陌生，岛上的渔民们更是经常与她们话家常。虽然终于能够回到自己最温暖的家，但是几个月来岛上的生活却让她们恋恋不舍。

“琼沙 3 号”上搭载的正是这样的一批人，他们步履匆匆地来，又感慨万千地走。这些为永兴岛的建设而坚守的人，用最为质朴的情感温暖着这里的每一寸土地、每一丝空气。

从文昌清澜港到三沙市永兴岛，距离 180 余海里，从“琼沙 1 号”到“琼沙 3 号”，则用了三十几年的时间。虽然这段距离不会缩短，虽然这段时间不能改变，但是“琼沙 3 号”这艘搭载着众多寄托的船必将撑起整个三沙明天的希望。

东瑁洲岛坐落于美丽的旅游城市三亚的近海海域，面积仅有0.83平方公里，这里驻守着我国最南端的陆军连队。在这块面积十分狭小的土地上，驻岛官兵用他们几十年如一日的坚守，使得东瑁洲岛焕发出无限的魅力，也吸引着我们去挖掘这里的动人之处。“孤岛电波”——我们小组最初的方案便决定了我们将与这块散落在三亚近海的宝地结下缘分。

7月26日，我们出发，决心要记录下东瑁洲岛上美丽的景色和动人的故事；7月26日下午，我们过海，一场暴雨突如其来，三沙计划搁浅，我们小组四人相信肯定能登岛；7月27日，我们修改方案，等待消息，全队的人都将登上东瑁洲岛，但时间只有半天；7月28日，台风来袭，我们被通知不能如期登上东岛参观拍摄；7月28日下午，我们小组努力设想着登岛方案，仍然没有放弃；7月29日，我们的计划彻底泡汤。

从开始的兴奋与迫不及待，到后来的紧张与祈祷，再到绝望，我们的东岛梦经历着过山车一般的奇遇，最后被重重摔在了地上。虽然在来之前我们也考虑过，如果把所有的赌注都压在东瑁洲岛一个地方会不会风险太大，如果不能登岛的话我们又该做什么选题？但是，毕竟那里对于我们的采访拍摄来说的确太有意义了。“只要能登岛，我们就能够拿出作品”，这样的信念一直支撑着我和队友完成一系列的策划方案，直到把这个梦做得越来越大。

我们的设想虽然美好，之前的准备工作也足够完善，但是终究抵不住恶劣天气的狂轰滥炸。海南的夏天是一个多台风的季节，出师不利的我们一开始就遇到了台风天气，空气中氤氲的湿气仿佛要消减掉所有器材和人的精神。我们的东岛梦，渐行渐远。

7月29日，我们得到了去三沙永兴岛的通知。

7月30日，我们小组四人联同之前原定的三沙组成员共同登上了永兴岛。在茫茫的大海上，我们与外界失去了一切联系，呼吸着海风，眺望着最纯粹的大海，与“琼沙3号”一起漂荡。

7月31日，在信号微弱的永兴岛上，我的手机收到了一条信息，我们能够上东瑁洲岛了，但是，还没有等我缓过神来，电话那头却说，去东岛的补给船已经开走了。我们又失去机会了。拿着电话的我站在三沙的界碑旁，港口边上蓝色的海水安静地接受着阳光的照耀。东瑁洲岛岸边的海水会不会也如这般湛蓝？岛上的创业路上铭刻着怎样激励人心的话语？还有那些曾在我脑海中出现过千百遍的相思树、电视台、曾健发……

还记得在查找东岛的资料、写有关于东岛的策划时，我们熬夜奋战的场景；还记得队友之间电话那端一次次传来或激动或失望的讯息时，我们忽晴忽阴的神情；还记得站在海边，遥望金色的东岛；还记得队友之间一起说过的“永不放弃”。东岛，我的内心深处最向往的一个地方，最终仍然没有让我如愿登岛。

我有一个东岛梦沉睡在三亚的枕畔，只愿它勇敢飞翔。

我的“流水账”

2010级广播电视新闻学专业　李相芹

7月30日　星期三　晴

早上8点左右，我们到达永兴岛。部队专车来接我们，感觉真不错。因为坐了十五个小时的船，我们并不轻松。到达部队安排的宿舍后，我们放好行李，就去吃饭了。部队准备的饭菜很丰盛，部队的物资都要靠每月来的补给船供给，条件那么艰苦，还为我们准备那么多，这让我们感受到了部队的热情。

吃完饭，部长就带我们参观整个永兴岛。我们先看完宣传视频，接着坐车去参观了海边风光。海水蓝得透明，真是大自然的杰作。三亚的海水都没有这里蓝。我们参观了部队的养殖基地、蔬菜基地、猪圈、鱼塘等。天气实在是热啊，在大棚里就感觉像是在蒸笼里，而出来更是暴晒。后来，我们还参观了海洋馆、军史馆等地方。吃完午饭之后，我们给部队送了一幅字画，以表谢意。邱老师向部队政委借了一部车，随我们去采访，政委爽快地答应了。

车子先把两个小组送到北京路，然后载着剩下的同学去了渔村。我们一直在渔村待着，寻找采访对象，时刻准备拍摄。我就跟着几个小组，到处奔走。先拍了冬敏那一组，然后拍张怡那一组。我跟着张怡她们跑到北京路超市，张怡要给她采访的那些小孩子买东西。在那里我们遇到了冉杰那一组，这是第一次两边会合，我记录下了这个"历史性"的一刻。之后，张怡她们跟着小孩子们的大部队回去。我就留在北京路跟拍冉杰这一组，跟着她们到图书馆。当时是下午1点多了，而图书馆只在上午9点到11点开门。面对着关闭的图书馆，我们在隔壁找到一位市委办事人员，请他帮我们联系图书管理员。不久，图书管理员就来开门了，采访得以顺利进行。我记录了一会，就去找云帆那一组而不得，只能找路回渔村。我不想沿原路返回，想看看另一条路会不会有什么新发现。结果那条路快走到头了却走不通，被一道警戒线挡着过不去。我看到警戒线对面就是海，心想前方应该是军事重地，闲人免进。于是我沿原路返回，真是又热又晒又累，汗水不停地流。回去之后，我只看到张怡她们组和广州电视台的记者，找了几圈也没有找到冬敏那一组。我只好拍了一些空镜头，记录下渔村环境。部队通知说船要提前开了，我们就打电话叫所有人都回来，但是都打不通。后来经过多次联系，所有人终于都集合在一起了。在离开永兴岛之前的最后一点点时间里，我们在三沙市那块纪念性的大石头处，拍了两遍"三沙市我来了"的小视频。拍完后，邱老师就催着我们抓紧时间上车，同学们都拿着机器疯跑起来，关键时刻，女汉子本性展露无遗。最后大家都顺利地登上了船。

邱老师提醒我们要拍"再见三沙"的视频，我们就马上跑去甲板，拍摄了不少视频。天上有很多海鸥飞翔，这也是我第一次在现实生活中见到海鸥，着实让我兴奋不已。

这一天就像做梦一样，我们一直都在追赶着时间，都在接触着新事物。

8月1日　星期四　　晴转雨

中午我们就回到三亚了，还是住原来的酒店。我们一直都没有放弃东岛的选题，原本打算下午我们四个一起去鸿港码头，看一下能不能上东岛。主要是看有没有船，船票多少钱等。大概下午5点左右，雨停了，风也停了。伊莉和冉杰还是不放弃，一起去码头。她们很快就回来了，而且拍了很多有感觉的照片。意外的收获是，她们遇到一个人，刚好认识一个给东岛送补给物资的朋友，那个朋友跟部队很熟，给部队运送物资有二十多年了。我们很兴奋，打算明天就去找那个给东岛送补给物资的人。

8月2日　星期五　　雨

早上八点多我们就出发了。一路上，我们走了很久，问了很多人，终于找到了那个人所属的居委会。居委会的工作人员很热情，知道我们的来意之后，很热情地帮助我们查询。我们只知道那个人的名字叫梁小雄，而且是在网络上看到的。居委会的一个姐姐查询了一下资料后，说没有这个人。我们就说他是给东岛送物资的，他们就说是有这么一个人，但不叫这个名字，还给了我们他的名字和电话，这让我们非常感动。我们打电话联系他，他说他在东岛，在忙着，一会儿会回到游艇码头那边。居委会姐姐跟我们说，可以坐三轮车去渡口，然后坐船去游艇码头。我们道谢之后，就坐三轮车直奔渡口了。天一直下着雨，我要拿着相机记录全程，还真不容易啊！从渡口到码头，我们坐了不到五分钟的船就到了。下船之后，我们穿上准备好的一次性雨衣，问了一下路，就继续前进了。到了码头，我们等了很久，一直等到11点左右。期间我们还跟检票口的工作人员聊了一下，了解了那个送物资的人。他们都管他叫“雄哥”，他喜欢收集子弹壳。后来我们打电话给雄哥，他说他不到这个码头，让我们下午再找他。我们就回酒店了。

下午4点，我们打电话联系雄哥。雄哥说让我们到上午去的码头，我们到那里之后，他又说让我们到别处。但是我们不认识路。后来，他让一位大哥来接我们。我们一行人来到了一家海鲜饭店，上了二楼的一间包厢。一进门，哇，好多人呢，一张大圆桌子坐了一大半，刚好给我们留了四个位子。等我们坐好后，他们才上菜吃饭，而且一直让我们多吃菜，让来让去的，感觉好客气。我们了解到，他们的船长开船很厉害，但是年纪很小，只有19岁。我们边吃边聊，其乐融融。可是当我们聊到雄哥喜欢搜集子弹壳时，他就很怀疑我们，很警惕地问我们怎么知道那么详细，是不是间谍。诗敏拿出了自己的学生证，我们也给他看了介绍信。他不再感到怀疑，我们也松了一口气。最后我们和他商定，如果明天天气好、风浪小，可以上岛的话就联系我们。

晚上我们打电话给邱老师汇报了这件事情，对明天采访雄哥一事充满了期待。

8月3日　星期六　　晴

早上7点30分，我们就给船长打电话，问能不能上岛，他说今天风浪大不能上岛，明天再看吧。我们只好放弃今天的采访事宜，继续睡了一会儿。后来冬敏通知大家，今天10点李政委会过来，要我们提前去十楼会议厅。我们和李政委互相赠送了礼物，照了一些照片后，李政委就走了。我们也收拾东西出发去潭门镇跟师兄们会合。到了潭门镇，伊莉她们就留下来，跟张怡一起去拍一个主题，我则跟着大部队去海边玩了。后来我们在海边一家海鲜饭店吃晚饭，坐在那里可以看到海，景色很美。我吃完饭就去海边长廊上坐着玩了。

这是我第一次坐在海边，吹着海风，看着星星。星星慢慢地越来越多，越来越亮。我意外地看到一颗流星，结果没来得及眨眼它就消失了，这是我第一次看到流星，感到很开心。

潭门组还把他们的采访对象也叫上一起吃饭了。等所有人都吃完，我们就在海边唱了几首歌，然后就回文昌了。

好事多磨

2010级广播电视新闻学专业　梁诗敏

今天行程一结束，我动笔记录的第一句就想到了“好事多磨”。

今天是我们“揭梦三沙”暨大学子南海深度采访团出发的日子，奈何一路上困难重重。出发之时，因为一位队员出于苦衷迟到而使得我们的出发时间推迟了一个小时。另外，因我们出车推迟，赶到海南新港口之时我车前方已经排起了长龙，我们等候多时后终于来到了售票口，可当时船票已然售罄，因而只能转战旧港口，途中耗费时间颇多。等我们赶到旧港口后终于如愿买上了票，此时天公不作美，在我们登船时，恰巧海口风云骤变，瞬间大雨滂沱，我们几乎都变成了落汤鸡，可谓“屋漏偏逢连夜雨”啊！最终，我们到达目的地——榆林基地之时已近凌晨两点。

说了这么多的“磨”，确实让人心情有些沉重。其实，一路上还是欢乐多多的，因为我们有一批互助互爱的同行者。首先，要感谢那位中途“入侵”我们包车的执着的卖玉米阿姨，经过了“八院长”邱一江先生的多次逐客，她仍坚持赖在车上不走，继续她那不变的吆喝“卖玉米咯，有谁要玉米啊，甜玉米”。她的执着可爱带给了我们不少欢笑。其次，一路上我们一行人耳福真不浅，“妙音丸子”大师兄深情献唱，大伙儿可谓其乐融融。还有，不得不提一下我们贴心的兵哥哥们，他们早早就在营地准备了新鲜水果迎接我们的到来，让人倍感温馨，一路的劳累好像一下子都值了。

日记最后，我想补充一点，我组成员相芹对此行可谓是万分乐观，今天行程结束后，她说：“出行总会遇到点新鲜事，这是极好的。淋了雨，鞋子更干净了，我们更潮了，日记一点都不苍白了。”为此，我大受其乐观情绪感染，当即回应道：“是啊，想必这是极好的。”

今日之行，我不由想到几句歌词：“遥远的路程昨日的梦/以及远去的笑声/再次的见面/我们又历经了多少的路程/不再是旧日熟悉的我们。”

东岛计划一波四折　我们遗憾却未曾放弃

2011 级广播电视新闻学专业　黄伊莉

2013 年 8 月 1 日下午 6 时，我眼前的雨后晚霞美如画，晚霞映红了海面，海浪摇晃，一片波光粼粼，远眺海天相交处伫立着一座小岛。“那里就是东岛啊！”当在鸿港码头工作的梁大叔告诉我们那看似近在眼前的地方就是东瑁洲岛的时候，这些天的失落一扫而空，心中升起难以抑制的兴奋和激动，我第一次如此深刻地感受到“希望就在眼前”的滋味。

“一折”：两个小时，我甘愿

7 月 26 日，我们带着这段时间反复讨论、修改的拍摄方案和满心憧憬向目的地三亚迈进。汽车在前行，我们的采访计划也在进行，那就是继续联系采访对象。很庆幸，我们的“孤岛电波——一个人的电视台”这个选题的主角曾健发和我们一样怀揣着新闻梦。也正是他一个人创办东岛电视台的勇气和对兴趣的追求感动了我，使我迫切地想知道他的故事，不是作为励志案例，而是希望通过不同的生活轨迹来看待生活态度。更幸运的是，我们的采访对象曾健发毕业于华南师范大学，在出发前，我从华师朋友那里拿到了曾健发的联系方式，并通了一次电话，获得了一些基本信息，最终确定了我们的采访对象仍会上东岛，也知道了方案中计划采访的一名士兵已退伍但电视台运作正常。如果条件允许的话，我们就可以登岛进行采访工作。但是人算不如天算，天有不测风云啊！

7月27日，得知明天可以登岛，老师让我们做好充分准备，小组立马开展讨论、分工，一心一意想把采访做好。夜间，外面狂风暴雨，坐在床上听着阳台外的风一阵阵呼啸，我心里十分担忧，如果明天还是这种天气怎么能登岛？

7月28日上午，风雨依旧，部队安排我们参观了驱九舰队，同时，我们被告知下午的东岛行程。天啊！估计只有两个小时的时间让我们采访，而我们之前的设想是在时间比较充裕的情况下，可以先跟采访对象进行交流，最好是利用一天的时间跟拍他，还原更真实的东岛电视台创办人。况且采访对象自己也提出过要先跟我们彼此了解一下，寻找共鸣。毕竟我们学习的是新闻专业，他从事的也正是新闻事业。所以仅仅两个小时的采访时间，让我们都有点慌了，参观驱九舰队时都有点心不在焉。也许我们没有再次登岛的机会，只有把握这次。那就拼了吧！两个小时也要迎难而上，为此小组成员重新分配了任务。我们打算兵分两路，一路跟拍曾健发，另一路主要负责采访士兵对岛上电视台的看法、拍摄东岛电视台的影响情况和岛上风光等一些镜头，但是据了解，东岛电视台是在每天早上7点和傍晚7点开播，我们的行程完全错过了这两个时间段，设想的士兵们坐在电视机前看东岛自家新闻的镜头泡汤了，只能另找补救办法，例如向东岛电视台申请一些资料画面，可以在士兵闲暇之余邀请他们一起交流，播放一下影像资料，让他们来讲述曾经的故事，当然这个也是理想状态，实际上我们能做到多少，我的心一直悬着。吃午饭的时候，首长说由于天气原因，海上风浪大，为安全起见，下午的东岛行程取消了。这简直是晴天霹雳，我们连两个小时也没有了，那之后还能登岛吗？没有再商量的余地吗？没有！我很着急，给曾健发发了信息，寻找别的方式登岛，观光快艇？补给船？他告诉我急也没有用，海面风浪大很危险，根本上不了岛，只能等天气好了再行动。可是我们的时间不允许等太久，无可奈何，只有等。第一次登岛的希望破灭，早上还埋怨登岛仅有两个小时，下午我们心甘情愿接受这两个小时的采访机会，但是却失去了它。难过的不是错失了这次登岛机会，而是如果我们找不到更经济实惠且安全的方式登岛，我们的采访将可能前功尽弃。7 月 29 日，到了三亚市区，我们原计划与采访对象（他现在三亚市区工作）见面，询问登岛方式，并对采访对象进行基本的了解。计划总是赶不上变化，东岛计划前景渺茫，但老师给我们安排了“新活”，小组很荣幸地有机会参与“三沙行”，前往三沙进行采访。庆幸之余，我明白参与三沙行意味着“东岛计划”很可能再次错失机会。

“二折”：人在三沙，错失第二次登岛机会

7 月 31 日，群群发来信息说罗科长能带我们上岛，可我们谁也没接到电话。人在三沙，心有一半揪在东岛，又错过一次良机，但是美丽的三沙确实有俘获人心的力量，美不胜收的景色和紧凑的采访很快让我无暇为东岛伤心，而是立马开展三沙任务。第二次错失登岛机会，我以为我们得放弃东岛了。

“三折”：“人在江湖，身不由己”

我们在学校进行采访任务的时候，也遭遇过很多拒绝和阻挠，但不走出去，终究不知道在外面的世界你会遇到更大的风雨，遭遇更多的打击。“人在江湖，身不由己”，但实践出真知，我想我们收获的不仅有技术上的一些提升，而且拥有了更强大的内心、接受打击的能力及处事之道。

在车上聊天时，张怡向老师表明她们一直没有放弃东岛。一语惊醒梦中人，我突然很感动，对啊，我们还在坚持，还在寻找希望。我在网上看到一篇关于东岛的最新报道，讲述的是一个二十年如一日地给东岛补给粮食的人，网上化名梁小雄，从他岳父开始就一直在做这项工作。经过小组讨论，我们顿时又看到了希望，这个人物不仅有足够吸引我们的故事，而且他可以利用补给船带我们登上东岛，这样一举两得。

8 月 1 日下午，我和冉杰出发到鸿港码头打听梁小雄的情况，这次打听出奇地顺利，码头的梁大叔认识梁小雄，还告诉我们这里的人都叫他“雄哥”，雄哥就是在这个码头给东岛补给粮食的，还告诉我们雄哥住在渔民村，可以去南海居民委员会找这个雄哥。

8 月 2 日，我们四个人背着“长枪短炮”，带上雨衣，全副武装上阵，前去渔民村寻找雄哥。南海居委会的人都非常友善，帮我们联系上了雄哥，一切看似很顺利，我们也有种苦尽甘来的感觉。因为当时是台风来临前夕，雄哥为了驱赶渔船靠岸一直都很忙碌，让我们在码头等他。我们也因此体验了一下三亚渡口小船，还与码头的一个工作人员聊起雄哥，他告诉我们雄哥的一些信息，譬如雄哥有收藏子弹壳的爱好，这是个亮点。中午我们赶回酒店罗列采访提纲，讨论场景设置和构思画面。下午 5 点左右，雄哥和我们约在鸿港码头见面。外面还下着大雨，可是顾不上那么多，我们立即带上器材出发了。可惜的是，我们只是赴了一场饭局之约，那晚我们聊了很多，但当说到收藏子弹壳时，他突然警惕起来，一定要找出告诉我们这件事情的人，还直称我们像是间谍，什么都知道。虽然后来想想他多半是在跟我们开玩笑或者是在吓唬我们，但是当场我们脑子里只想着要让他相信我们，要让他接受我们采访，于是一个劲地解释我们的身份。回想起来，我们才醒悟，为了完成采访任务，我们欠缺一份理智。理性看待问题，认清对方，运用智慧解决问题才是我们应该做的，而不是一味地乱了脚步。最后他还是答应可以带我们上东岛，当然也要看天气情况。东岛计划再次有了盼头，我们回酒店等待结果。原计划 8 月 4 日离开三亚，结果提前了一天离开。也就是说，8 月 3 日早上如果不能登岛的话，我们就要跟着大部队前往潭门接应潭门组的同学，那不就意味着我们不得不放弃东岛计划吗？我们还是失望了，那天海面风浪仍不稳定，无法登岛，雄哥有工作在身，曾健发也在野外驻训，所有的因素都不利于我们，但是也许东岛真的成了我们心中的结，揪在心里，解不开、放不下，我们决定即使去了潭门，这边有希望的话也要赶回来。

“四折”：“天空不留痕迹，但我已飞过”

这里借用泰戈尔的诗句“天空不留痕迹，但我已飞过”似乎略显矫情，但是我却始终觉得这句话正是我们这一趟东岛之旅最好的总结。

8 月 4 日，我们离开了潭门到了文昌，雄哥给了我们东岛海防连李连长的电话，让我们联系李连长确认上岛采访的事，李连长很爽快地答应我们帮忙向上级汇报并表示应该会有机会登岛。但是这样的话，我们就有只能脱离大部队独自行动。征求老师意见时，老师全面考虑到了各种因素，如雄哥是否可靠、连长上报是否顺利、此行是否安全、我们是否具备了足够的技术支持等。因为连长联系到了曾健发，他也给我打了电话，第一次用严厉的语气告诫我不要用单纯的眼光来看待社会上的事情，部队的规则不是我们所想的这么简单，雄哥也没有权利答应我们登岛的事情……这两次交流让我感到非常的失落，也有所反省。我们所谓的坚持可能真的只是一味地固执，并没有好好地思考事情的可行性，不能理性看待整件事。后来，老师告诉我们学院愿意支持我们这次采访，就等东岛那边的消息了。我的心跟着一起一落，其他小组的采访任务都完成了，如释重负。我们的东岛计划仍有希望，这让我觉得比什么都欣慰。走或者留就等连长这通电话了。这一晚我们没有等到，如果明天我们离开之前连长不告诉我们结果，走或者留真的是一个很难抉择的问题。那晚我们四个人都很纠结、很矛盾，诗敏问：“如果十分是满分，是非常坚决要留下来，那你心里是几分？”我想了想说：“只有七分了。”我动摇了，因为不确定因素太多了。

8 月 5 日早上离开前，我们就接到了连长的电话，宣判了我们东岛计划的失败，我们不得不跟东岛说再见了。带着深深的遗憾，我们离开了海南。但是小组这一路的努力和坚持是不可否认的，东岛仍是结，我们却学会了去解开这个结，拿得起，放得下。东岛计划是失败了，过程却没有输，至少我们会一直记住这次有甜有苦的海防行，说不准以后有机会还能实现这次未实现的愿望。

三、“爱是深蓝”三亚潜艇部队采访组

海南行·边防情

2010级播音与主持艺术专业　牛若曦

三沙市，我国最年轻的城市，承载着许许多多的中国梦。暨南大学新闻与传播学院广播电视新闻学系作为第一个亲身进入三沙市的大学生团体，面对着无数的未知、无法避免的问题，成功地完成了采访任务，满载而归！作为这个集体中的一员，我不仅体会到幸运和机会的来之不易，还在这个大家庭中增强了业务能力，收获了友谊。总而言之，这次“揭梦三沙”采访活动让我们每一位成员受益匪浅。

“揭梦三沙”这四个字看似平凡简单，其实它作为我们此次采访行的标志和主题，来之不易。在活动策划初期，主题一直成为团队讨论的热点。“梦”不仅代表着我们的一个个小小的愿望，也代表着中国梦、世界梦。而“揭”这个字又形象地将我们此次采访活动比喻成一场探索、揭秘的奇幻之旅，更添趣味性和神秘感。虽然我们的主题定位是三沙，但由于条件受限，三沙市还没有对公众开放，来往交通是我们整个采访过程中面临的最严峻的考验，因此不是所有的成员都有机会踏上三沙的海岸。由于各方面因素，我没有成为三沙组的一员，而是留在了三亚。

我是个“兵迷”，所以在小组一开始讨论此次海防行采访任务时，我们组就选定了一个很有趣的主题：了解潜艇部队中女兵的军旅生活和情感经历。其实在选定主题时我们就考虑到了这个主题的可行性，不管是采访对象还是内容主题上，在部队进行访问就意味着要受到很多限制，面临很多不确定因素。在小组确定主题后，我们小组就与负责联系部队的李志进行了沟通，并得到了令人惊喜的回复——可以采访女兵！虽然没有得到确定的对象名单，但是我们小组对于这个选题充满了信心。随着出发时间的日益临近，我们的方案也日趋完善，一切都按着计划如火如荼地进行着。可是就像邱老师教导我们的，任何预定的事实都不是真正可以完成的事实，未知因素依然存在并会发生作用。出发前一晚，我们接到部队方面的通知，由于身份的特殊性和条件的局限性，所有关于士兵的采访都将取消，尤其是女兵。这个消息犹如晴天霹雳，带给我们的除了震惊，还有焦虑。这将意味着我们小组将没有采访主题可以进行！虽然我们也有备选计划，但是也因为选题没有新意、条件受限制而面临许许多多的问题。最后小组成员讨论后决定，还是以采访士兵的主题为主，等到了我们将要采访的部队后随机应变，如果都被否定时，那我们就启用备选方案。

带着许多的焦虑不安，带着许多的担心疑惑，我们踏上了前往海南的采访之旅。这里我要表达我深深的歉意。就在出发的那一天早上，我睡过了头，迟到了一个小时，害得所有的同学在集合地点等了我一个小时，也就此耽搁了大家的行程，害得大家到达海南时业已凌晨。这深刻的一课教会我，守时是一个最基本的原则，尤其是记者进行采访任务、主持人进行播音主持，不管是什么原因，迟到都将面临任务失败、计划取消等后果。因此作为准媒体人的我们，守时是我们入行的基本要求。今后我将更加严于律己，不再犯类似的错误。

历经将近20个小时的车程，我们于深夜到达海南省三亚市某潜艇支队。在潜艇支队的热情款待下，尤其是在李政委的全力支持下，我们参观了海军特种大队、远洋驱逐舰等边防部队，近距离地感受了海军保家卫国的神圣使命感和责任感。当晚，我们还与潜艇支队的官兵举办了军民联欢晚会。虽然晚会筹备时间不长，彩排时间紧张，临场突发状况不断，但是在支队官兵的配合帮助下，在我团全体同学的积极参与下，整场晚会载歌载舞，笑语连连，现场气氛十分热烈，演出圆满完成。

结束了一系列的参观活动之后，我们的采访活动也即将面临选择。在参观驱逐舰时，我们组被告知：刚刚巡航回来的女兵们外出休假，不能接受我们的采访。这一消息彻底浇灭了我们仅存的希望。我们的主题如何继续？接下来如何与部队沟通？采访方案是不是面临破产？这一系列的问题都亟待我们解决。无独有偶，不仅是我们小组的采访面临考验，我们整个采访团的核心力量——准备前往三沙市的小组能否登上永兴岛，也在几起几落后一直悬而未决。

活动第三天，就在全团准备离开潜艇支队在外面等消息的时候，我们小组接到通知：可以和广东电视台的记者同行去采访一名役满16年即将退伍的老兵！时间十分紧迫，在我们刚得到消息的两个小时后就要求全副武装，整装待发。所以我们三个接到这个消息后就立即开始准备，检查好设备，讨论采访提纲，有条不紊地将所需要的工具和资料进行了整理，以应对现场可能出现的突发情况。满怀着激动和紧张的心情，我们见到了何班长。刚开始我们之间还不甚熟悉，何班长面对镜头也略微有些紧张。但是在慢慢的交谈中，何班长渐渐放松，用自己的亲身经历给我们讲述了他当兵以来一个个感人的故事，也表达了他即将退伍的依依不舍。随后，我们受到艇队政委的邀请，与何班长一起在艇队食堂共进了晚餐，还拍摄了何班长一些业余生活的镜头。虽然时间紧张、内容繁多，但我们乱中有序地完成了采访任务。在回招待所的路上，我们三个兴高采烈地讨论着今天采访过程中的优缺点，笑声中充满着对成片的憧憬。

除了这个主题，我们还意外接到了宣传科负责新闻传播的高干事的电话，他希望通过我们的帮助完成今年全军的一个微电影大赛。在得到邱老师的首肯之后，我召集了我们小组和张妙所在小组的同学，一起开始军队微电影的创作之旅。部队的宣传干部和我们这几个同学分工合作、相互帮助，除了修改剧本、参与导演和拍摄，我也有幸成为片中的女主角，与大家共同完成了这一作品。结果固然很重要，但是过程也是创作中必不可少的环节。我们小组正是抓住了这一机会，不仅参与了微电影的拍摄，还记录了暨南大学新闻与传播学院广电的学生和海军宣传部门共同切磋技艺、完成电影的全过程。把经历和友谊永久地记录下来，这是我们小组意外收获的成果。

我们小组作为一个驻守在潜艇支队继续采访的小组，在与支队官兵熟络之后，我还发挥专业特长，为潜艇支队录制了几期广播节目，并录制好广播片头，至今还在支队广播。在这一系列的交流活动中，我们不仅从部队学习到了很多部署统筹的本领，还将我们的专长贡献给支队，在相互交流中共同进步。

为期十天的采访之旅转眼即逝，但是留给我们的经历和财富却是源源不绝。在这十天中，我学会了要遵守诺言，守时、守信、守纪律才能保证行程和工作的顺利进行；我学会了要高瞻远瞩，一定要预先考虑未来的不确定因素，不能死守方案，一成不变；我学会了要把握时机，善于发现变化情况中的新生事物，并将其转换成有效的新闻素材，加以运用；我学会了不能退缩，而要敢于吃苦，如果有需要，即使牺牲休息时间也要保证任务完成，交出满意的答卷。这十天学到的东西太多太多，这些东西虽然在宽敞明亮的教室里也曾提起，但是真正运用到实践，才发现说起来容易做起来难。我们只有在类似这样的一次次的实践中发现、学习、体会这些知识，才能彻底学会这些本领，为成为一名媒体人奠定坚实的基础。

与兵哥哥一起拍微电影

2010级广播电视新闻学专业　蔡晓纯

来海南之前，我们小组一心一意想要采访女兵并拍成纪录片，连名字都想好了，就叫《琼崖女兵》，没想到最终连一个女兵都无缘见上一面。

失落归失落，每天见到的新鲜事物足以让我惊喜不断。抵达三亚的第三天，我们参观完舰艇后得知无缘采访女兵，于是回到住处，小组召开紧急讨论会议，立即做出艰难的决定：改为采访即将退伍的老兵，从记录服役现状、回忆从军往事、展望退伍生活等角度丰富一个即将退伍的军人形象。

隔天，在部队的帮助下，我们基本确定了采访对象——两位老兵典型，即将退伍的潜水兵何班长和即将改行的潜水兵张东良。我们就这么果断地决定了，接下来的联系采访、准备提纲等工作，都有条不紊地进行着。我们终于有题可做，心里的大石头总算可以放下。

这天下午，天气有些阴沉，大部队由于天气等原因取消了原来坐船去东岛的计划，大家决定去“天涯海角”逛一圈。正在这个时候，我们接到海军宣传科科长的电话，说他们准备参加一个部队的微电影大赛，希望我们广播电视系的几个同学能一起去新闻中心帮助他们，提些修改意见。这件事的主要负责人之一，就是我们计划要采访的潜水兵张东良。多好的机遇！我心里想着，我们将会记录下采访对象在离开海军部队前的最后一件重要活动，这是多么鲜活的素材啊！我们拎了摄像机就出发了。

见到张东良的时候，他正在新闻中心大厅跟战友高阳讨论剧本，这个剧本是他告别海军生活的一个纪念，这也是他如此在乎这个微电影比赛的原因。他写的是一个潜水兵曲折的爱情故事，其实情节很简单，但其中的感情深深地打动了在场的每一个人。在新闻中心的大厅里，我们静静地听他回忆潜水艇里的生活，听他讲这些年来见过的或动人或悲戚的真实故事。他平时演惯了相声、小品，说话带着喜感，没想到认真地讲述往事时竟然是这样的严肃、冷静。跟他一起搭档的高阳，是新闻中心的主要负责人，常常一个人扛着摄像机拍下部队的各种重要场面，回来制作成新闻，在他们自己的《蓝鲸播报》

栏目上播放。他说，有时候重要的画面也会传给中央电视台在《新闻联播》中播出。高阳想让我们出谋划策，一起把剧本拍成微电影。

在看剧本的时候，我已经按捺不住内心的激动。平时在学校拍的都是小清新的浪漫校园爱情故事，这是我第一次这么真实地听一个军人讲述他们的爱情故事。这么一个情节简单的小故事，深深地打动了我。

晚上，我们几个人又聚在演播厅内，用了几个小时讨论怎么改剧本、确定场地和主角。张东良是男主角，我们的小组组长牛若曦当仁不让地接下了女主角的戏份。高阳和我负责导演和最后的剪辑，同时作为广电“女汉子”的我和刘旭毫无悬念地担任了摄像的角色。小小的“深蓝剧组”低成本运作，一人要同时承担多个角色。敲定剧本后，隔天就开拍了。由于部队里面的拍摄场地需要提前申请，我们就按场地排序来决定拍摄行程。高阳负责联系场地和群众演员。海南的天气阴雨不定，恰逢台风来袭，我们都很心急，担心不能在离开三亚前完成这部微电影。

拍摄计划安排得满满的，白天拍摄时，若刮风下雨了就拍室内场景，等到天气晴好、光线柔和的时候就到海边拍外景。晚上讨论剧本，同时开始剪辑现有的素材。男主角要工作的时候，我们就抓紧时间采访即将退伍的老兵何班长，分秒必争，片刻时间都不敢浪费。每天晚上回到招待所时，我们都已经累到不行了，但仍坚持整理素材到凌晨一两点。虽然我们的体力消耗极大，但大家都处于极其兴奋的工作状态，对第二天的挑战和收获充满了期待。

在五天的时间里，我们每天从清晨 5 点半开拍，晚上又接着讨论剧本到凌晨一两点，我们终于一点一点地把微电影剪出来了。这是我导演的第一部爱情题材片子，有一种毕业封机之作的意味。虽然因为海军基地保密的原因，我们这部片子不能放在网上传播，但若有一天解密后，我们可以骄傲地说，这是国内第一部由新传院广电系女学生联合海军潜水兵共同执导的微电影。

7 月 31 日，微电影杀青，我们一群人在海边拍了几组剧照，黑眼圈暴露出每个人这些天积累的疲倦，但是我们的笑容依旧灿烂，欢快的心情感染了整片海滩。8 月 2 日这天，我们带了一大堆的零食、饮料、泡面等早早就到了剪辑室，今天是最后一天剪片了。从素材编排、特效制作到配音配乐，我们一点一点地修改。仅是一个小小的手部动作，我们拍的素材就有好几段，我们不厌其烦地一遍遍挑选、讨论，直到大家都满意为止。由于机密保护等原因，片中关于潜水艇的部分删去了很多，我们都有些心疼。晚上 11 点多，我们终于导出了最后的版本。大家屏住呼吸，一起从头到尾仔细地看了一遍，心底有无名的感动在涌动着。

这部片子最让我感动的是最后男主角张东良写信时的那段独白。潜水兵在不见天日的海底执行任务的时候，长达一个月生活在黑暗中，只有一盏小小的红灯将他们从昏沉的幻想中拉回现实，在那样的环境下高度集中精神执行任务。由于他们的任务需要保密，连家人都不可以透露，只能跟家人说自己要离开一段时间。一旦进了潜艇，便与亲人朋友断了一切联系，很多人因此与女友分手，更多人因此错过了见亲人的最后一面的机会。这种爱情带着家国两难的纠结，大局当前只能牺牲个人情感，以国家任务为重。悲伤要跟不舍之情一样深深潜藏在心底。就像片中的独白说的那样："身为一名海军潜艇兵，我有我的神圣职责，既然穿上了这身白军装，我就已经把自己整个人都献给了它……而我，也把我对你全部的爱，埋藏在这朵浪花里。从我们相恋开始，我早已把我的爱献给了这深蓝色的事业和深蓝色的海洋……"

张东良就要转业离开军队回家结婚了，这么多年来爱情能够延续，与女方的理解与坚持是分不开的。这部片子是他根据亲眼所见的真人真事改编而成的。他说，想留一个纪念给舰队，给自己的爱情。现在回头看看我们当时拍的这个片子，虽然有很多不成熟的地方，故事也很简单，但情感真挚；场景不多，演员不多，但大家都十分卖力。这是我们在新题材上的一次尝试，相比以往的片子有了小小的进步。

短短几天的海南行，我们过得无比充实，收获了独特的经历和友谊。临走的时候，我们竟有点舍不得了，毕竟这样的拍摄计划，很可能这辈子只有这么一次。但我们是幸运的，得以走近这些鲜活的故事和独特的人生，更幸运的是，我们能成为记录者。

未实现的采访女兵梦

2011级广播电视新闻学专业　刘　旭

从三亚回来的第二天，我头脑昏沉地从睡梦中醒来。除了晒黑的手臂和硬盘里的照片、视频证明这一切都是真实的外，这十天好像一个长长的梦，不分昼夜的紧张活动着实让人感觉不真实。回到广州之后，大脑开始像机器一样开始梳理这十多天来的回忆，精心准备的选题和策划到了三亚之后完全没有拍摄条件，只能临时改变，天气恶劣，台风完全阻断了外出活动……遇到的困难完全超出了我的想象，但是，从理性的采访、拍摄工作层面到与工作伙伴们的相处以及和部队士兵们的合作交流等方面来说，我所收获的也完全超过自己的预想。

我们小组一共四个人，两个广播电视新闻学专业的学生，一个播音与主持艺术专业的学生，我们四个女生最初的选题是《琼崖女兵》，选取海军中的特殊人群——女兵作为采访对象，从军事训练军营生活再到内心情感，希望能够从一些细节和一些情感性的问题，关注女兵们的内心世界。因为女兵对于大众来说本身就是一个不太了解的群体，现有的女兵形象基本都是来自电视剧或者电影，所以我们希望通过此次的“揭梦三沙”采访之行，用我们的镜头展示出三亚海军部队女兵的真实形象。其实我们小组的选题本来有四五个，包括大学生新兵、三沙行活动全记录等，交给老师看的时候，老师建议我们只专注一点，把女兵这个题目再完善。其实网络上关于女兵的资料不多，我们当时希望能够直接找到具体的某个典型女兵或者是有特色的女兵。当时，我们在网上找到了一篇关于三亚某通信连女兵的报道，文中描述了几位女兵的生活和性格特点等内容，我们希望能找到这几个人，在还没有到三亚之前就联系好她们，得到一些关于她们的详细资料，这样在采访的时候就能更加得心应手。但是当时部队那边的说法是到了三亚再联系女兵给我们采访，于是我们带着不确定的心情等待出发的那天。在策划方案中，我们特别注明了要在到达三亚部队的第一天就见到被访者，并且要最快最全面地和被访者进行沟通交流，消除陌生感，对她们有更多的了解。尽管不确定，但是我们还是满怀期待。

“我们要去的那个海军部队根本没有女兵!”在出发前一天晚上我们才得知这个消息！顿时有种大厦轰然倒塌的感觉，小组三个人都慌了神。除了采访任务，我们此次去三亚部队还有一台晚会的任务，而且我们小组的牛若曦是这台晚会的主要负责人，我们这边的所有节目都是由她负责排出来的，而我也参与了两个节目的演出，在几天之内要排出一场“高端大气上档次”的晚会哪有那么容易，所以我们都忙得焦头烂额。可是在忙于晚会的时候突然听到没有女兵这个消息，而且是在出发前夜，这对我们而言简直是晴天霹雳！再三跟部队的联系人确认，得到的答案是：确实没有女兵。我们顿时像泄了气的皮球。在这个时候，老师也忙于各项事务，我们只能自己先想办法，第一反应是找出我们当时的备用选题，可是看了看其他组同学的选题，其中也包含了我们当初的备用选题，因此我们不能再回去选用它们了。已经到深夜了，宿舍也出不去，我们只能在QQ上讨论，换选题，换一个和之前完全不同的选题。实际上，不仅仅是女兵不能采访了，是所有兵都不能采访。因为是电视采访，需要被访者出镜。军人和军区的特殊性决定了我们不能拍摄他们。所以我们在经历了不能拍女兵这个挫折之后条件反射式地想到要立马提出一个和士兵完全无关的选题来，小组讨论了之后决定做一个和黎族文化品收藏者相关的片子。

用心策划的女兵选题不能用，自然是觉得很遗憾。带着这样的心情，我们踏上了去三亚的路途，长途车加过海轮渡，到达三亚部队已经是午夜两点，我们住下了之后望着窗外的茫茫海面，心情很复杂。

第二天一早，好消息传来，我们所在的三亚海军部队虽然没有女兵，但是我们即将参观的某驱逐舰上面有女兵！这无疑是个莫大的好消息！虽然安排给我们的采访时间从我们策划里计划的四天变成了短短的半天，这半天还包括我们整个队伍参观驱逐舰的时间，留给我们采访女兵的时间其实只有两三个小时。两三个小时当然不能拍摄到我们想要的生活细节，但是能够实现我们最初的选题策划，我们已经觉得是万幸了。

到达驱逐舰，先跟随大家一起参观整个舰艇，参观过程中我全程跟在第一排，但是期间我并没有看到女兵的身影。在参观的间隙，终于找到机会问关于女兵的事了，负责解说的兵哥哥告诉我们，这个驱逐舰确实有女兵，可是今天她们休假去市里了……

已经有了上次的“教训”，面对女兵拍摄计划的再次受挫，我们小组都像打了预防针一样，已经不感到震惊了……而从那个时候起，我们组算是正式地放弃了女兵拍摄方案。

虽然后来因为各种机缘，我们找到了新的选题，但是这个在前期精心策划了的选题没有能够付诸实践让我们都觉得非常遗憾，比起临时赶出的选题和策划，我们对于女兵的题材有着更深的感情寄托和期望，无奈最终付诸东流……这也让我们四个小女生成长起来——做新闻、做节目总有你意想不到的事情在等着你，你唯一能做的就是把自己变成一个处变不惊的强者，兵来将挡，水来土掩，完成自己的使命。

联络·汇演·微电影：我在三亚的全新体验

2012级播音与主持艺术专业　李　志

这个暑假的南海深度采访行，对于我来说意义非凡，收获甚多。这是我第一次亲眼见证新传学子踏上南海这片热土的实践采访经历。作为即将升大二的播音与主持艺术专业的我，这一次才真正体会到了作为一个新闻人的价值。这次采访行虽然已经过去一段时日，仍历历在目……

这次南海实践活动是一个持续而非短暂性的活动。我有幸参与了前期的全部筹备工作，从参加新闻训练营到联系三亚部队的各个方面，我学习到了很多新知识，也得到了很多锻炼。首先，作为联络员的我，要负责和三亚部队进行多次的联系，比如我们的人员名单，以及关于在三亚部队的吃、住、行等所有行程安排的确定，都需要双方的磨合与协调。然后，我和杨帆作为后勤保障员和宣传员，要负责把整个采访活动的横幅、队旗还有我们的队服在最短的时间里制作出来。这就十分考验我们的灵活应变能力和行事效率了。队服是我自己亲自去服装厂专门印制的，因为要把“永兴岛”三个字印到衣服上，有一定的技术难度。结果我却忽略了服装的质量问题，以至于衣服并没有那么理想，在这件事情上我吸取了教训。紧接着，就是我们要和部队进行文艺联欢汇演的事情了，这是我第一次参与策划这么大型的军民联欢会。

我们深知它的重要性，意识到自己身兼重任，不能有半点懈怠。于是，我和牛若曦师姐开始进行联欢会的规划安排和节目排练。我们的时间非常紧张，在决定要举办晚会和进行表演的时间之间仅仅隔了三天，这对于我们来说是一个巨大的挑战。而且我们新闻和广电系的同学身上还有选题的任务，在文艺上也不甚擅长，但是，我们还是用最短的时间把整场晚会办下来了。最让我感动的是我们的故事朗诵《归来》。这是参加此行的全部暨大同学共同表演的一个爱国诗篇朗诵节目，表现了大学生的爱国情怀和青春朝气，感动了在场所有的部队官兵们，也让我们深感欣慰。

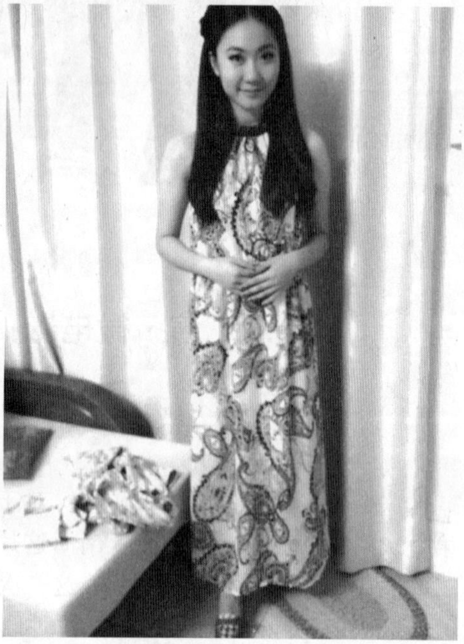

这次我们的“揭梦三沙”暨大学子南海深度采访团，一共分为潭门组、三沙组、三亚组三个大组。每个组都有自己的拍摄任务，我所在的组是唯一一个可以留守在部队的小组。我们的组员分别有牛若曦、蔡晓纯、刘旭和我，我们的主要拍摄任务是记录三亚部队的军旅生活。而且这次我们和部队还有一个互帮互助的关系，我们帮助他们完成微电影拍摄以参加“海军微电影大赛”的同时，全程跟拍他们，并且深入了解和采访典型的退伍老兵何班长等人物，这让我们真正地走进边防战士的生活，体验了别样的军旅生活。我们一同商量剧本，设计故事人物及对白，一起做后期的影片剪辑和审核。在短短几日的拍摄中，我们和部队里的战士们结下了深深的友谊，我们佩服他们为了保家卫国而严于律己的精神，他们也羡慕我们大学生的自由和蓬勃朝气。其实，我们的距离并没有想象中那么遥远，反而非常近，同为祖国的大好青年，我们都身兼重担，用自己的青春谱写不同的人生故事。

在微电影《爱是深蓝》杀青时，我们在激动开心之余，同时也有一些伤感，因为这意味着我们即将离开。我们所共同经历的这一切，都将成为彼此心中美好的回忆。晓纯是电影全程的掌控者和后期制作者，若曦是电影中美丽的女主角并且担任配音工作，刘旭是“深蓝日记”视频的幕后摄影制作者，而我除了进行一些必要的拍摄帮助和联络之外，更是整个拍摄制作过程的见证者。另外，三亚部队的几位海军战士和我们一同完成了这个微电影。

最后，影片出来了，虽然有些不尽如人意之处（因为条件有限），但是它是我们“深蓝剧组”所有成员经过日夜的奋斗而制作出来的成果。其实，此次南海采访行中，我们还经历了许多的挫折，我们的三沙组还差点没办法登上我们的最终目的地——三沙，但最后我们都如愿了，完成了自己的成果展示。这一切都是经过汗水和泪水的洗礼而成就的。

此次南海采访行，让我真正懂得了新传学子“要用脚去丈量天地的宽广，用心去体察世间的沧桑”。我还走在探索的路上，希望有一天能成为一个真正的新闻人。最后，我由衷感谢参与此行的所有领导、老师和同学们。

四、My Way 2013·行走三亚组

My Way·我的日记

2011级新闻学专业　张　妙

7月26日　星期五　　雨

经过十五个小时的陆路和水路的跋涉，我们来到了美丽的海南，走进了军营。

到达三亚的第一天，我们参观了士兵居住的排房。军绿色的豆腐块被子、整齐的衣物和穿着制服的帅气的兵哥哥，都让我们印象深刻。

第二天，参加此次采访活动的大部队和部队战士共同举办了“情系海疆”军民联欢晚会，大学生朝气蓬勃的表演和海防战士的英武气概都让人印象深刻。军民互动，加深了鱼水之情。

7月27日　星期六　　雨

在时间轴上偶遇感动，源于两位平凡的兵哥哥——张东良和高阳。我们怀揣着好奇心，闻讯赶到演播室。在橘黄色的灯光下，我们坐在沙发上倾听他们的故事，已被深深感动。

有十二年兵龄的东北汉子张东良曾是一名潜艇兵，入伍6年的高阳则在部队宣传科工作。

张东良回忆起潜艇上的工作。他说潜艇里全是管路、阀门，在里边的人需要记住这些管路路线、阀门的开关，还有机械的运转情况。“在那样逼仄的环境里，人的精神会承受很大的压力。”拥有大块头身材的张东良在这狭小的空间里，需要匍匐前进去打开阀门，又用同样姿势爬回去关掉开关，每一次都很艰难。偶尔疲倦至极的时候，他一只手扶着管就可以睡着。

“躺在床上的时候，眼泪就会流下来。”张东良回忆起在海下长达几个月的暗无天日的日子，感触颇深，“但你不能把私人感情带入工作中，在艇上，每个岗位都很重要，舍小家为大家，就是这么回事”。

对大多数人来说，潜艇兵是一个陌生且模糊的概念，这是因为潜艇兵的工作不仅专业性极高，而且还关系到国家机密，具有一定的保密性，即使是对家人，也不能向他们告知自己的行踪。

“你没有办法说明你的去向，也没有办法向别人诉说你正在做什么。如果女朋友不能理解，随时都可能会分手。”因为工作的保密性，张东良时常与女友发生争执，但再多的苦只能默默往心里咽。

负责宣传科工作的高阳曾有一个特殊的工作。在一次潜艇出海前，他和同事偷偷跑去出海执行任务的士兵家，找到他们的妻儿，让他们给即将出差的丈夫录几句话。

“我们去采访的时候，军嫂在镜头前说着说着就哽噎了，眼泪哗哗地流，我扛着摄像机在那蹲着，看着嫂子流泪，心里特别难受。”高阳还说，“有些童言无忌的小孩不知道父亲是出海执行任务的，面对镜头直嚷着让爸爸买这个买那个，感觉又好笑又心酸。”旋即，张东良皱皱眉，说：“前期大家可以一起插科打诨，后期就不行了，人会有一种精神临近崩溃的感觉，很烦躁，不想吃也不想喝，睡也睡不着，感觉只有漫长的等待。”话音刚落，高阳接着说：“所以，即使只是家人一句简单的问候，都是战士们支撑下去的力量。”

今年，张东良马上就要结束他的军旅生活，转业回老家与未婚妻完婚，过上另一种平凡而稳定的生活。张东良从自己的感受出发，用真实情感创作了《爱是深蓝》的剧本。暨大新传学子携手两位兵哥哥拍摄了微电影《爱是深蓝》，张东良出演男主角，他希望该影片能引起其他战友的共鸣，也作为自己军旅生活的纪念。

“既然穿上了这身白军装，我已经把整个人都交给了它，这一身白军装代表的并不是我自己，而是祖国的千万朵浪花，正是这千万朵浪花组成了海防线，才保卫了祖国的万里海疆，而我也把我对你全部的爱埋藏在这朵浪花里……”（微电影里的独白）

“这个地方伴我长大，让我成长，让我走过青春，实现自己的理想，这里有过欢笑，有过泪水。我永远忘不掉父母送我上火车时流下的泪水，我永远也忘不掉和战友欢笑的时光，愿这最美好的时光永远留在我记忆的最深处！总而言之，当兵我不后悔！”几天后，张东良在微信朋友圈里更新的状态中如是说。

7 月 31 日　星期三　　晴

车子在人烟稀少的小路上颠簸着，缓慢地向大山驶进，由于太过偏僻，同行的人都默默地捏了一把汗。

一路上，全都是大山的气息。映入眼帘的色彩只有黄色和绿色，那是山川和田地的颜色。

下车后，我们在心里做好了打“长久寻觅战”的准备，但在询问一位大娘后才知道，车子就停在了黄家近老人家的家门口，真是“踏破铁鞋无觅处，得来全不费功夫”。

碎石子路，人在屋内，鸡和猪在庭院里悠游自在地踱来踱去，菜叶萎蔫地贴在水泥地地面上，蚊蝇乱飞。

屋主闻声而出。

黄家近老人，今年78岁，矮小精瘦，是国家级非物质文化遗产黎族打柴舞唯一的代表性传承人。我们赶到时，老人正准备上山活动。

打柴舞，黎语称“转刹”或“太刹”，它起源于古崖州地区（今海南省三亚市）黎族的丧葬活动。2006年，海南省三亚打柴舞被正式列入国家级非物质文化遗产名录。据了解，如今只有郎典村保留了打柴舞。这也就意味着打柴舞若在郎典村消亡，这种原生态的古俗也就会销声匿迹。

在交谈中，由于黄家近老人的普通话讲得不是很好，老人的儿子黄乐强代为翻译。黄家近老人八岁开始学习打柴舞，60多年来，每次村里有老人过世，在打柴舞的表演队伍中总能看到黄家近老人的身影，他是村里跳打柴舞跳得最好的人。而今，年岁已高的黄家近老人已无法跳完整的打柴舞了，只能跳最简单的步子，不得不退居“幕后”。

这些年来，在郎典村，正式的打柴舞表演每年只有两次。每年的三月初三，会跳打柴舞的村民就会穿上黎族传统服饰，相聚而舞。

打柴舞的跳法共有九式，即由平步、磨刀步、槎绳小步、小青蛙步、大青蛙步、狗追鹿步、筛米步、猴子偷谷步、乌鸦步九个相对独立的舞步组成。为了增加观赏性和趣味性，打柴舞的道具由圆木棍变为竹竿，花样增多了，从而衍生出“竹竿舞”，其被搬上世界荧屏，成为海南黎族的特色民族舞蹈。

“政府说要给我们搞一个传习所，但到目前，还没见动工。”黎族没有文字，打柴舞也就没有文字和图像资料，全靠老一辈手把手地教。“那些木具还放在外面，会受潮和被虫蛀。”黄乐强表示了他的担忧。

“打柴舞要传承到个人，村里现在开始培养年轻人，但主、客观因素很多，还是需要政府的重视。”黄乐强表示一旦丧葬那套形式不流行以后，打柴舞的传承就会中断。

在黄乐强热情的号召下，淳朴的村民放下农活，搬来圆木，在郎典村路口的空地上为我们表演起打柴舞。“噼啪！噼啪！噼噼啪！”伴着木器敲击出的节奏，村民踩着轻快的舞步，模仿人类劳作和动物的动作及声音，在架在垫木上的圆木之间跳跃。

围观的观众渐渐多起来，个个都笑开了怀。老人演示了最简单的舞步后便退到一边看年轻人欢腾，脸上露出欣慰的笑容。我们也在“噼啪！噼啪！噼噼啪！”的节奏中参与到打柴舞中，感受这种原生态艺术的魅力。

“跳完觉得很开心、很兴奋，出了一身汗。”村里一年轻小伙高兴地说。他只知道打柴舞源于古崖州黎族白事，更细节的东西就不太清楚了。随着时代变迁，打柴舞的习俗在黎家人中渐渐成为一种带有民族文化色彩的体育健身活动。

我们也希望这大山里孕育的文化能真正走出大山，为海南增色添彩。

8 月 1 日　星期四　　晴

走进三亚港，机器轰鸣，迎面扑来的鱼腥味让人有点儿反胃。

只见斑驳的船柱、散了一地的麻绳，大船、小船错落地“休憩”在岸边。三亚毒辣的太阳也没能完全晒干码头的地面，地面湿了又干，干了又湿。

天未亮，渔民就带着刚清理的“闭关”许久的捕鱼用具出海捕鱼。南海伏季休渔期间（五月中旬至八月初），渔民只能放钩钓鱼，不能抛洒密网。当为期两个半月的休渔期结束后，他们又要开始一张渔网走天下的海上生活。

当我们到达码头的时候，大多数船只已出海归来。

这里的人拥有古铜色的皮肤，刻着海风吹出来的皱纹。

钟赞棉船长，今年 46 岁，有着一双深陷的、有点浑浊的眼睛，皮肤皱皱的，有点儿像树皮，长满茧子的手指粗得都弯不过来了。三十多年的航海经历使他看起来比实际年纪要老一些。

钟赞棉的老家在儋州白马井镇，那里没有什么工业、农业，回忆起当初选择这个行业的原因，钟船长说是自然而然的，“只能选择这个行业”。

老船长经常到广东、海南附近捕鱼，最远去过西沙、中沙群岛。说起西沙、中沙群岛，他高兴地比画着，说：“鱼很多，比我们海南这边多很多，就是地方太远，不大方便。”

出海时，钟赞棉曾四次被越南人抓走。有一次，在没有导航的情况下，一不小心，船就驶过界了，钟赞棉被越南人抓去四十多天，所有的东西包括船都被拿走了，还要交罚款。当时正值国家和越南打完仗没多久，钟赞棉以为自己不能回来了，他被抓去做这做那，吃了不少苦。钟赞棉回忆起以前的经历，说：“那时候海南要建省，国家帮我们交了罚款，九十多万。”

有了第一次被抓的经历，钟赞棉第二次被抓就淡定很多，“那时主要担心家里的一些情况”，那次钟船长自己交了六万块钱的罚款就回来了。

在茫茫大海里，日子有些枯燥，但也会有一些奇怪的趣事。

前一阵子，钟船长把船开到中国和越南的一个公共海域，三更半夜有一个伙计不慎落水，船上的人在一个小时后才发现，掉头寻觅无果。第二天早上9点多的时候，刚好越南的船只驶过，就把漂了一夜的工人救了起来。随后，越南方面给中国大使馆打电话，工人才被接回国内。“他这个人有些奇怪，他已经两次出现这种情况了。”钟赞棉百思不得其解，接着说：“他不会水，但落到海里面差不多半天时间也没事，第一次是海南人救了他，第二次是越南人救了他，哪怕风浪再大，他也没什么事。”

以前国家监管不严的时候，渔民经常驾船跑到越南去，那时，他们和越南人常有来往。有时候船上没水了，他们会向越南人借水，越南人没水的时候也会向中国船只借。“没有别的方式，就是比画手脚”，如缺水时，就拿出空的饮水瓶晃两下，对方就明白了。“那个落水的伙计也是比画手脚表示自己是中国人，越南人才给中国大使馆打电话的。”

钟船长有四个小孩，都在读书。谈起自己的大女儿，钟船长颇为自豪。

钟华霞，钟赞棉的大女儿，今年刚刚大学毕业，马上要去美国读研究生。虽然出海这行收入高，但风险很大，也很辛苦，辛苦了这么多年的老船长不希望自己的小孩再干这行。每次出海，一去就是一两个月，平时和家人聚少离多。每年休渔期，钟船长就会多待在家里，享受天伦之乐。

“我的梦想没什么，就是希望我的小孩能好好读书，能自己成家立业就可以了。”钟船长表示等小孩毕业找到一份轻松点的工作，他就改行，“毕竟一直做这个也会做不下去的”。

在三亚港，每只渔船上都飘着五星红旗和写有“五龙大王”的旗帜。而在三亚港的另一边，现代城市建筑缓缓拔起，与传统的渔船相互映衬，两种不同的生活方式，体现了传统与现代文化的交融。

在海风中，我们告别了古朴的渔港。

爱是深蓝色

2011 级新闻学专业　范敏超

听人说，当两个人相恋的时候，他们的爱情可以用一种颜色来代表，有的人是充满激情的火红色，有的人是甜蜜的粉红色，有的人是神秘的紫色，而我的爱情却是令人忧伤的深蓝色。

7 月 28 日下午，天空中下起了蒙蒙细雨。有两位兵哥哥找到我们，说他们计划参加全军的一次微电影大赛，目前在技术上遇到了一些问题，希望我们能给他们一些帮助。抱着好奇的心态，我们两个小组的成员决定前去试一试。

在部队的文体中心，我们见到了两位兵哥哥——高阳和张东良。张东良曾是一名潜艇兵，入伍已经快十二年了。高阳在部队宣传科工作，当兵也有整整 6 年了。

为了奉献的青春

说到参加这次微电影大赛的缘由，张东良说，自己当了 12 年兵了，马上就要离开部队转业回家乡了，他想拍一部与部队生活有关的微电影纪念自己的部队生涯。所以，当高阳提出参加全军的微电影大赛时，他欣然同意，并且自己撰写了剧本提纲。他说道：“我只能从我自身出发，用我的真实情感来表达故事的内容。”对于我们大多数人来说，潜艇兵的概念是很陌生的，因为每次执行任务、出海都带有一定的保密性，潜艇兵不能告诉家人他去哪里，不能说他要干什么。“就像我每次出海前和我女朋友说，我有点事，要出去几天，她就会问你干吗去。我又不能告诉她我要去干什么，她就会很烦，很啰唆，我们很容易就会产生激烈的感情纠纷和矛盾。”正因为有这样的亲身经历，所以张东良就想把这种故事的情节用他自身的感受进行表达与处理，让大家一看就明白：原来潜艇兵也有他们自身的困难和说不出的苦，但必须干一行爱一行。

张东良感慨道，当兵十二年，他把他的最美好的青春奉献给了部队，他希望把他青春里的东西表现出来，所以这部片子是以他在部队的经历、情感为主题，也希望能引起其他战友的共鸣。

孤独，艰苦，唯有坚持

对大多数人来说，潜艇兵的工作是陌生的，这个岗位不仅专业性极高，而且还关系到国家机密。在潜艇上工作时，每一个人都要全身心地工作，不能把私人感情带入工作中。“如果把不良的情绪带入的话，很容易在工作中出差错。出了差错的话造成的影响就不仅仅是对个人的影响了。一艘艇出海，每个人的岗位都很重要。如果我总在想我的私人生活，出错后造成的损失是巨大的。在工作时，个人的感情只能放到一边，舍小家为大家。”军人的情感就是这样，在国家和集体的利益面前，有些爱只能默默放在心底，他们大多时候只能通过书信和电话来联络“那个她”。但是书信和电话的表达是有限的，而且有些事情也没法跟“那个她”解释。“当然，当兵也有快乐的时候，并不是说当兵很乏味、单调，白天大家一起训练，一起嘻嘻哈哈，打打篮球，快乐而充实。但是到了夜晚，当你独自躺在床上时，你会无比地思念自己远方亲爱的人。”

家人的声音是最好的精神食粮

高阳在部队的宣传科工作。每当潜艇出海时，他都有一个特别的任务，就是和其他同事偷偷跑去要出海执行任务的士兵的家里，找到他们的妻子，让他们给即将出航一两个月的丈夫录一些话。有小孩的家庭也会让孩子跟他爸爸说几句话，插入一些好听的背景音乐，弄成像 MTV 一样的视频。每次潜艇出航的时候，艇上的政委都会带着这个录有家人的鼓励的光盘。出船前期大家精神状态都好，等到了最难熬的中后期，大家身体和精神上的压力很大的时候，政委会把这个光盘拿给他们看。音乐一响，“老公，你在外面注意身体，完成好这次任务，我在家里，一切放心，小孩我会带好的……”突然间的一个惊喜，就像是他老婆刚刚从家里面给他传过来一样，会给疲惫不堪的潜艇兵带来莫大的安慰。

精神层面的力量是强大的。当一个人长时间在又黑又深的海底待着，双眼不见天日，只有漫长的等待。在这个时候得到家人的祝福和鼓励，他们心里会有一种说不出的感受，即使是“注意身体”、“你到了，我去接你”这样简单的话语，也会让他们深受感动，进而有了支撑下去的力量。

他们的微电影讲述的就是潜艇兵的情感故事。老张和相恋多年的女友即将走入婚姻的殿堂，然而上级临时给老张指派了出艇任务，将历时几个月，婚礼不得不改期。女友和女友的家人不能理解老张的苦衷，老张深感难以得到女友的原谅，就写了一封长信给她，诉说他作为潜艇兵不得已的苦衷和对她深深的爱恋，并祝福她早日找到自己的幸福。当老张圆满完成任务，走出潜艇的时候，他发现他的女友正在阳光下，呼喊着他的名字……电影的名字就叫《爱是深蓝》，潜艇兵代表的颜色是深蓝色，他的爱情也是深蓝色，虽然他不懂得在生活中谈情说爱、甜言蜜语，但是懂得爱……

在之后几天内，我们协助两位兵哥哥完成了《爱是深蓝》的拍摄和剪辑，与两位兵哥哥结下了深厚的友谊。这不仅为东良哥的部队生涯画上圆满的句号，也成了我们永远难忘的珍贵记忆。

行走三亚，感悟三亚

2011 级广播电视新闻学专业　陈宁曦

7 月 28 日　星期四　　雨

怀着忐忑的心情，我坐上了学校的巴士。这样一个偌大的团队，各个精心准备了选题的小组、精良的拍摄器材，让我对未来多了一丝期盼。听说去海南需要坐上七八个小时的车，我一上车急急忙忙地找到一个位置坐下，以便之后可以睡个好觉，毕竟凌晨 1 点才睡。

路上，窗外的风景不停地从眼前滑过。在这时而颠簸、时而急转弯的巴士里，我们依旧欢乐无限，并没有受到什么影响。

继而，我们坐上了船，横渡了琼州海峡，终于进入了海南。

继续驱车，我们终于在凌晨时分抵达了海军部队的招待所。一番风暴式的梳洗后，我们便倒在床上呼呼大睡。

我们一早起来，下楼吃早饭。一桌子丰盛的早饭着实让我们感到有点过于隆重了。早饭过后，我们便在部队里随处逛了逛，美丽的沙滩、碧绿的大树，在相互映衬下显得格外亮眼。

在部队这几天，令人印象最深刻的莫过于那次精彩绝伦的晚会。我们这个三十人组成的团队献上了好几个精彩的节目，赢得在场士兵们的阵阵掌声，最后的集体朗诵更是点燃了全场热烈的气氛。而我在此期间，也并没有闲下来，拿着单反相机，勇猛地冲到了舞台前去拍下那些精彩的画面。但是舞台的高度迫使我只能双膝跪地去拍，拍完一组后，膝盖也早已酸痛得不行。这次的晚会也让我们团队与部队的士兵们有了更进一步的了解。

另外，我印象比较深刻的就是与士兵们一起谈论如何拍摄微电影。一个由心而发、感人至深的故事摆在我们面前，而我们所要做的就是将它放进更适合的画面中，用画面来呈现这种令人动容的感觉。那天晚上，我们小组和另外一个小组一起在文体中心里，与士兵们商量着剧本的相关事宜，气氛十分融洽。士兵们将他们在这里生活的事情告诉我们，而我们也将自己在学校、家里的事情与他们分享，这不仅是一种碰撞，更是一种交融。

7月29日　星期一　　晴

在部队里，我们度过了好几天的幸福时光，而策划上的内容还一点都没开始进行，心中不免有些担忧。因此在回到酒店后，我们小组就马上讨论之后的行程，并选定了我们的首站——槟榔谷。

槟榔谷这个地方实际上并不是我们原本策划方案中有的，而是通过询问部队里的士兵才知道的，听说其保留了较多的黎族文化和民族特色，因此更具有价值。

在偏离了原策划之后，我们只能通过上网，快速地查找资料来尽快熟悉这个地方。

坐上出租车，走出城市，穿过田野，绕过大山，我们终于来到了槟榔谷。

槟榔谷俨然发展成一个景区了。

这是我们的第一次拍摄，而我又负责摄像，心里不免更加紧张。

走进去之后，我们发现里面就像一个小型的热带雨林，大树随意地扎根在土地上，雨滴的声音与小鸟的声音混合在一起，形成了大自然最美妙的和弦。此刻，我们的脚步停在了古时黎族人用来存放粮食的米仓。

在米仓前，有一副棺材停着，让我们深感惊讶。在听到导游的解释后，我们才明白这个棺材的含义。敏超也毫不顾忌地走到了棺材旁边拍摄出镜镜头。

槟榔谷内，游人如织。过多的游客也影响到了我们的拍摄，时不时传来游客们的笑声以及导游开着喇叭的叫喊声，掩盖了大自然的声音。

随后，我们看到了两位穿着黎族传统服饰的老奶奶，她们坐在门前用古老的木具进行编织。老奶奶身上文着一些奇奇怪怪的文身。出于好奇，我们上前与老奶奶交流，然而，老奶奶只会一点儿普通话，平时都是用黎语与人沟通。待人和善的奶奶教了我们“你好”和“再见”这类简单的黎语。

7月30日　星期二　　晴

早上大约9点，我们又开始了自己的行程。而今天首先要去的是鹿回头，这个地方是网友和士兵们都推荐的，我想这一定是个充满魔力的地方。

在的士里，我们还在不停地询问着司机关于三亚的信息，务求能够拍摄到更好的东西。虽说离鹿回头还有很远的距离，但在山顶上的鹿回头雕像就已经牢牢地吸引住了我们的眼球，也让我们对它有了更多的期许。

到了鹿回头，我们的确被这里的美景震慑住了。顶着热辣的太阳，背着笨重的器材，我们一步一步地走到了山腰，并开始我们的拍摄工作。山上的猴子时不时地窜出来，以各种奇奇怪怪的姿势传达着对游客袋子里的食物的渴望。当然，我们也不会放过这么可爱的画面。山的对面就是大东海，从山上看下去，仿佛有种蓬莱仙境的感觉，再配上如此澄净的蓝天，着实让人感受到大自然的神奇。

在拍摄完鹿回头后，我们马不停蹄地赶往亚龙湾。来三亚不到亚龙湾，就不算来过三亚。果不其然，在这样一个偌大的海湾，到处都是游客，里面还有不少外国游客。我们赶紧搬出器材准备拍摄。一个接一个的美景不断地被我们收录在摄像机里面，还有那些在沙滩上玩耍的小孩、骑着摩托艇在海上飞驰的游客们都是我们的拍摄对象。在这里，到处都是笑声，到处都是笑脸。

随着最后一个日落的画面拍完，我们带着不舍，离开了这里。

7月31日　星期三　　晴

我们昨晚查到，崖城镇离酒店很远，因此，我们一大早就赶去汽车站搭大巴。路上十分泥泞，隔着几米就有一个水坑，车一直在颠簸，最后大约坐了一个小时的车，我们才来到了崖城镇。

出乎我们意料的是，崖州宫殿正在整修，对我们的拍摄产生了很大的影响，迫不得已，我们只能奔赴崖州学宫。学宫里没有什么人，只有两三个村民坐在门口聊天。我们赶紧开始拍摄，基本把崖州学宫的每个角落都拍了个遍，以防后期制作时素材不够。毒辣的太阳在我们头顶上肆虐，一下子我们就都汗如雨下了。

在向村民询问郎典村的位置后，我们怀着忐忑的心情向着郎典村前进。车子继续颠簸在人烟稀少的小路上，向大山驶进。

走进郎典村，扑面而来的是大山的气息，这里的山与云贴得很近。毗邻的农田、挺拔的果树为这片山抹上了一层绿，这一切褪去了城市的浮华，皆是大自然的恩赐。而用红砖瓦砌成的新楼房却着实让人眼前一亮，几辆现代的汽车又把我从大自然的怀抱中拉了出来。

得知黄家近老人住在旁边的庭院后，我们小心翼翼地走了过去。

老人闻声而出。

当被问到能不能展示一小段打柴舞的时候，老人家毫不犹豫就答应了。随后，热情的村民一个、两个、三个地从村里的各个角落出来，纷纷聚集在黄家门前的院子里。他们放下了自己的农活，过来给我们展示打柴舞，这让我们确切地感受到村民对传承打柴舞的良苦用心。

两条垫木打横，摆放在两边，多对竹竿打竖后，架在垫木上，两边的妇女一人拿着一对竹竿蓄势待发。

“砰、砰、砰……”竹竿与垫架、竹竿与竹竿在村民手中碰击出有节奏的声音，周围的群众纷纷开始打节奏，气氛也越来越热烈。

烈日当空，黄家近老人是第一个跳的，跳着小青蛙式打柴舞。虽说老人家已经78岁高龄了，但是岁月一点也没有磨灭他爱跳打柴舞的心。灵巧的身手、轻盈的脚步再加上淳朴的笑容，让他看起来就像个充满青春气息的小伙子。跳完这一式，老人家就退了下来，让给其他年轻人来跳，自己则在一旁认真地观看他们的表演。

一式接着一式，灵动的舞步在大山的映衬下，显得活力十足，每一式的步伐都与众不同，变化多端，而唯一不变的是村民脸上的笑容，这一切都源自于舞蹈中的乐趣。

这是一次难忘的经历，足以让我们一生铭记。

8月1日　星期四　多云

今天我们还是按照之前的策划，一点一点地进行拍摄。三亚港的渔船、造兵厂、涂鸦墙都按照我们的进度表被我们逐个击破。随后，我们打算采访渔民，顺便问一下能否到渔船上采访。没想到，渔民们都非常热情，不仅让我们在渔船上拍摄，还邀请我们出海走一圈。这着实让我们吓了一跳，没想到他们是如此和善，瞬间我们对这里的好感大增。

在我们采访期间，他们面对镜头时都表现得很青涩，同时又喜欢入镜。其间，他们还拿出一大盘西瓜来款待我们，让我们更加不好意思了。

终于要出海了。

我们的期待都毫不掩饰地写在了脸上。慢慢地，船开始动了，我带着摄像机不停地到处乱窜，拍下这里的一点一滴。海面上时而有海鸥飞过，高速前进的渔船不断地远离着岸边，就像我们要逃离尘嚣，回归大自然的怀抱一样。在这里，海风包围着身体的每一寸，无疑是对身心的一种洗礼。

尽管如此，我们并没有忘记拍摄任务，不停地拍下与船长聊天的画面，还有船舱下那些画面。船舱里的简陋是我难以想象的，那么狭窄的空间居然要住那么多人。简陋的几样厨具再配上一个煤气罐就是厨房的全部设备，而且里面的通风并不好，有一股很大的气味。此刻，我不禁觉得他们确实很辛苦，但是他们早已习惯了这样的生活，并且乐于面对生活，这实在让我很钦佩。

下船后，我们的拍摄也结束了。最后我们与船长互留电话，希望以后能把我们的礼物寄给船长。

8月2日　星期五　　大雨

终于到了最后一天的拍摄，很不凑巧，我们碰上了台风雨，但是我们还是毅然地赶去了第一海鲜市场。首先，我们去了祥姐抱罗粉店，这里的老板和员工都相当的热情，十分配合我们的拍摄。在我们拍摄完之后，他们送上店里的许多招牌菜给我们品尝，为了不辜负他们的一番心意，我们把食物吃了个精光。

随后，我们去了一家很美味的炒冰店，这里有一个年纪和我们相仿的员工，他利用暑假在这边打工。他十分热情地跟我们介绍这些炒冰的原材料、做法等，让我们倍感亲切。之后，他又送了几盘炒冰给我们尝尝鲜。我们小组的几个人都沉浸在炒冰的美味中，浓浓的果香、冰凉的口感不停地冲击着我们的味蕾。

最后，我们去了第一海鲜市场进行拍摄，作为我们此次拍摄的最后一站，我们都希望有个完美的结局。但事与愿违，小组中的出镜记者在市场里被人偷了手机，这让我们感到十分的沮丧，不幸的是，手机里存着的许多之前拍摄时的录音也因此丢失了，这对我们整个团队而言，无疑是一个巨大的打击。

行走三亚的点滴记录

2011级广播电视新闻学专业 林镜有

今天早上，我们8点就开始集合，9点左右就出发了。天公不作美，一路上都下着大雨。天灰蒙蒙的，虽然一路上老师都叫师兄们唱歌来活跃气氛，但是每个成员的心都像那昏暗的天空，蒙上了一层阴影。我们都很清楚，这样的下雨天会给我们的拍摄任务造成很大的影响，甚至会无法完成既定的任务。但我相信每一个成员在出发之前都做足了准备，对这次“揭梦三沙”深度采访活动都有自己的期盼，希望能够做出让自己和老师都满意的作品。相信每个同学到了三亚，都会把拍摄任务放在第一位。大家主要的目的就是锻炼自己。

第一天的行程没有完全按照计划来走，我们比预计的时间晚了两个小时才到三亚，这主要是因为我们把时间耗在等渡轮过海上了。我们因为错过了上一班船，所以在凌晨两点才到达海军部队招待所。每个成员都略显疲惫，在拿到房卡之后，都默默回到了自己的房间。少了激动，对话也少了，也许是因为夜深人静，也许是因为大家对以后还有所顾虑吧。

活动的第一天，我们就没能完全按照计划来执行。这让我知道，出门在外，即使是准备得再好，策划得再完美，当计划开始实施的时候，总会遇到各种各样的突发情况，这就需要我们按照实际情况，做出合理的调整。这让我们对在接下来的拍摄任务中可能会出现的突发情况也有了一定的心理准备。

7月29日，我们从三亚市区乘坐出租车来到了槟榔谷，全程共用时约40分钟，车费约100元。我们用学生证买了门票，然后就进入了景区。这里顺便提醒一下外出旅游的朋友们，如果你是学生，一定要带上学生证，因为有很多场合可以凭学生证享受门票优惠。就像我们这次来到槟榔谷一样，全票是143元，凭学生证打五折，这可省下了一大笔钱。

甘什岭槟榔谷原生态黎苗文化旅游区，占地面积369亩，地处三亚市与保亭县交界处——甘什岭自然保护区境内，距三亚市仅28公里。

这次我们主要参观了原甘什黎村。整个村落保留了基本的面貌，让人眼前一亮。村口的百年谷仓群错落有致地分布在坡地上，高耸入云的槟榔树穿插在其中，这就是全岛树龄最老的槟榔群体。有一个谷仓的门前摆放着一个棺材，我们在棺材前拍了好一会儿。导游和游客见到了都以为我们是某某电视台的，纷纷让开，真的是让我们有点不好意思了。在这个槟榔林旁，有个黎族的小伙子为游客们表演徒手爬槟榔树，他在几秒钟的时间里就迅速地爬上了槟榔树顶，把槟榔果摘了下来，游客们看了连连拍手叫好。可惜我们当时正好走开了，没有看到整个过程，只看到他爬下来的一小段。这实在是很可惜！

进入村子后，有两间保留完好的黎族传统建筑——船形屋，分立在道路两旁。据导游介绍，其中一间现在还住着人。船形屋里面的格局是三段式的，用围栏把屋子分成三部分，第一部分是厨房，中间是卧室，最后一部分是杂物间，整栋房子简单实用。黎族阿婆在房子的门口用几根小木棍就织出了漂亮的黎锦，纺织技术之高超让人惊讶。在这些黎族阿婆的身上露出来的地方，我们还看到了类似文身的东西，她们也是这种传统的最后几位继承人了。在跟她们聊天的时候，她们说的黎族语我们都听不懂，我们只学到了几句简单的黎族语，如“你好”和“再见”。

这里，还有很多传统的黎族食品，例如椰子饭、蜂蜜炒椰子、烤冲浪鱼、炸野菜饼和竹筒饭等。在拍摄美食的时候，我们遇到的卖东西的阿姨都比较害羞，不愿意出镜，最后拍出来总感觉有点别扭。但是，这位卖野菜饼的阿姨人很好，我们买了东西，她还多送了一点。在我们用单反相机给美食拍照的时候，她们也很配合，还特意把野菜饼夹起来，让我们以最佳角度拍摄。

与我国其他少数民族一样，黎族人也是能歌善舞的。我们在看完了大型原生态黎苗文化歌舞演出——《槟榔·古韵》后，试图找其中一个演员为我们表演一段，可惜他们都不愿意出镜，而且他们基本上不会唱传统山歌。在拍摄这个大型节目的时候，因为晚了一步，我们的机位没有架好，只能靠人手举着摄像机，举过前排的观众来拍摄，真的很累，而且拍的时候摄像机很不稳，难以保证画面质量。之后，我们在景区里找了一阵子，功夫不负有心人，终于遇到了一位黎族老人，他很大方地答应给我们演唱一首黎族的山歌。

我们感觉真的是很幸运，这是我们的意外收获，为我们此行画上了一个圆满的句号。

一开始，我们打算乘坐公交车回到三亚，等了一阵子，等到了一辆公交车，但是车上已经坐满了乘客，最后我们坐了一辆“野鸡车”回到三亚。司机开得很快，而且很不稳，让我们一路上都悬着心。

五、“潭门”采访组

鱼市与老船长

2012级新闻与传播专业硕士研究生　王　潇

虽然前一晚睡得很晚，但为了拍摄清晨鱼市贸易的盛况，早上6点多我们就起床了，整理好设备，晕晕乎乎地下楼去吃早餐，心里还琢磨着这么早街上应该没什么人。可刚下到一楼，我们就呆住了。只见宽敞的大厅里此时已经坐满喝早茶的人，大人、小孩都有，以男性居多。四五个人围成一桌，一边喝茶、吃早点，一边大声地用海南话聊天。一直以来，我都以为只有广东人有喝早茶的习惯，没想到大陆最南端的海岛也是如此。大厅里还穿梭着一个卖报纸的中年妇女，后来有一天，我还特意买了一份来看，是《南国都市报》。

拍摄当天，因为担心赶不上鱼市，大家没吃早餐就匆匆赶往港口。7月的海南甚是燥热，虽是早上7点，温度却不低。我们才走了十几分钟，汗就冒出来了。好在渔港距离并不远，二十多分钟后我们就遇到了第一艘捕鱼归来的船只，船主正在分拣昨晚的收获。硕大肥美的鱿鱼装了满满一大竹篓。虽然平日里经常吃到鱿鱼，但今天是第一次见到如此鲜活完整的鱿鱼，大家对此颇觉新奇。

站着拍摄时，摄像机镜头一扫，我们发现有一个庞大的水桶被单独放着，低头一看，里边有一条两米多长、黑不溜秋的像蛇一样游来游去的鱼。一问船长才知，原来是一条无意中捕获的电鳗。南海的鱼类资源极其丰富，多达2 300多种。潭门镇作为远海捕捞船只归来后最大的集散地，向来是珍稀鱼类的交易场所。我们之所以这么早赶过来，自然是盼着能够拍到一些罕见的海鱼作为空镜头使用，于是大家急切地向前走去，盼着有所收获。

我们谁也没想到，后来确实遇到了不少捕鱼归来的船只在岸边卸货，而且有诸多买鱼的人围着刚从船上卸下来的鱼进行现场交易。鱼基本上就是两类——庞大肥硕的青鱼和银光闪闪的带鱼。我们仔细寻觅了一番，依然不见其他相貌奇特、引人瞩目的鱼，不禁大感失望。但此刻恰好遇到一位做收购生意的鱼商，我们抓住机会，向他咨询。

原来，目前南海正处于伏季休渔期，黄岩岛附近的海域都不允许打捞。

目前出海的船只分为两类——近海捕鱼和南沙远洋捕捞。近海捕捞的就是我们今早看到的这些，远海捕捞的船只很少，而且回来的时间是不确定的。再过几天，8月3日，休渔期就结束了，届时才会有大量的渔船出海，赴黄岩岛附近海域捕鱼。失望之余，我们拍了些空镜头，决定先返回饭店吃点东西，再去采访苏承芬老船长。

回到饭店吃饭时，我们顺便和领队王老师聊了一下今天的采访计划。大概10点左右，我们坐上了前往草塘村的三轮车。说到三轮车，这也算是潭门镇的一个特色了，驾驶者是清一色的中年妇女。她们大多头上戴着竹子编制的遮阳帽，皮肤晒得黝黑。在潭门，女人一般是不允许出海的，所以她们在老公出海捕鱼期间，自己开三轮车贴补家用。之后数天，我们的外出采访，也全都是仰仗这些机动灵活的三轮车。在路口，我们随手拦了一位大姐的车，没想到她刚好认识苏承芬船长，我们麻利地上了车，在奔驰将近二十分钟后，就抵达了苏承芬家的院子。

在来之前，我们仔细看过苏承芬老船长的资料。他13岁出海，20岁当船长，69岁退休，闯荡南海50余年，经历丰富，曾被菲律宾政府抓过，也担当过国家海洋渔业部门出海考察的领路人。现在他手里有两本《更路簿》，一本是祖传的，一本是根据自己的实践而编写的。因为这些原因，他也是海南省非物质文化遗产项目"南海航道更路经"的代表性传承人。之前曾有不少媒体都采访过他，所以我们一直很忐忑，不知道他是否还愿意接受我们的采访。

到了他家院子之后，我们发现他正蹲在地上修理什么机器，满手油污，身边的几棵树之间有一张用渔网做的吊床，床上面躺着一个年迈的老人，在陪他聊天。当我们说明来意后，他起身招呼我们，但是看起来有些不太乐意，说没什么好聊的，随口应付了几句。见此情形，我们猜想是近年来南海主权问题比较敏感，他们渔民可能担心随口乱说会给自己带来不必要的麻烦。于是我们赶紧说是渔民协会的丁会长介绍我们来的，只是大学生实践活动，没有什么恶意。

他停下了手里的活，洗干净手，掏出手机，给丁会长打了一个电话。两人交流用的是海南话，我们也没听懂他们说了些什么。但是电话挂断之后，他的态度便热情了起来，让我们去屋子里坐，说慢慢聊天采访。我们自然大喜过望，利索地走进他的屋子里，选好光线角度之后，就开始采访工作，由我和华兵负责摄像，王骏和范晓玲师姐提问。

采访自然是从他的出海经历聊起，慢慢聊到《更路簿》上。在聊的间隙，他还拿出自己珍藏的《更路簿》、罗盘、海图等东西给我们看，海图是20世纪 80 年代配合海洋渔业部考察的时候留下来的，做工精致，内容翔实。在我们的要求下，他给我们演示了怎么配合海图使用《更路簿》、怎么看罗盘。大概聊了将近一个半小时后，差不多该吃午饭了，我们就约定下午 3 点多再过来接他，一起去渔港走一走。

当天上午的采访有两个问题没有提前考虑到，导致效果欠佳。一是没有在当地找一个翻译，来之前我们得知苏承芬会普通话，就没有在意这个问题。哪晓得他虽然会说普通话，却带着浓浓的海南口音，要听懂十分费力。而且有很多渔民之间的生活用语，他并不知道怎么用普通话来表达，无奈之下，只得拿出笔和纸写下来。二是当天的无线收音话筒没有带，导致收声效果不是很好，本来就难懂，再加上声音模糊，当天上午的收声效果不甚理想。

赶回饭店和王老师一起吃完午饭后，我们又整理了一下上午的采访资料。下午 3 点，我们来到苏承芬船长家的院子里，接他随我们一起去渔港边，找了一处树荫，搬来凳子，坐着聊天。这次我们找了一个 20 岁左右的当地姑娘给我们当翻译，沟通顺畅了不少，而且带了无线麦克风，收声效果也很好。采访快结束时，王老师打电话告诉我，祭祀活动的会场正在彩排晚会节目，让我去拍些空镜头，于是我们就兵分两路，我自己带摄像机去了会场。后来双方碰面，结束一系列的采访后，已经是晚上 8 点多了。

潭门镇采访手记

2011级新闻学专业硕士研究生　范晓玲

7月29日　星期一　　阴雨

这是我们到达三亚的第三天，天依旧是阴雨绵绵。

从我们到达三亚开始，雨就一直不断地下。我们看不到碧海蓝天，看不到水清沙白，我们所有的采访和拍摄计划都搁浅了，一种深深的无力感困扰着我们。

三亚的椰林树影在雨中依旧美丽，可是我们却失去了欣赏美丽的热情。我们焦躁、着急、不安，但我们别无他法，只能潜伏，只能沉静。

可是今天，这种无力状态即将改变，因为我们潭门组的成员将从三亚出发去往琼海的潭门镇。不管天气如何，我们在潭门镇的采访和拍摄一定会成行，我们有风雨无阻的决心，更加有完成任务的信心。

天气在我们一路向北中，由大雨逐渐转晴，这是一个欣喜的预兆，预示着我们未来在潭门镇的计划一定会进展顺利。

12点30分，我们一路上保持着畅快的心情到达了潭门镇。

潭门虽说是个小镇，但是从下车的那一刻开始，我们就深深地喜欢上了这个别具风情的渔港小镇。碧蓝如洗的天空中点缀着几朵白云，蓝天白云下是整齐的街道，街道两旁是别具特色的渔村建筑——每栋房子的房顶上都有帆船时代罗盘，甚至有一些还摆放了年代久远的帆船，空气中飘着咸咸的海风的味道，霎时间一扫我们在三亚期间的阴霾。

在我们既定的采访和拍摄计划里，我们首先要找到所有采访人的联系方式，因此，潭门镇的渔民协会成了我们的第一站。

在渔民协会中，我们有幸找到了会长丁之乐。从他这里我们很顺利地得知了接下来要采访的老船长——苏承芬的地址，同时也得知了一些我们意想不到的情况。对于一些采访人，大家都不熟悉，也不知道他们的联系方式；而有些采访人，因为年龄的问题，很难与我们进行有效的沟通；有些原定的采访人却出海了，很难联系上。这些都是我们在最初制订采访方案的时候不曾考虑过的问题，原定的计划一旦到了采访现场，就显现出闭门造车的可笑，这也是我们没有经过仔细调查的结果。这是一个难得的教训。

在渔民协会这里，我们同时还得知了另一个信息——在潭门镇即将举行

“两岸妈祖齐佑南疆”的祈福活动。虽然我们原定的采访计划需要更改，但意外地得到了对我们的采访和拍摄有帮助的消息，这也许就是对“新闻是跑出来的”的真正解读。

带着意外的收获，我们告别了镇政府，来到了潭门镇的中心渔港。黄昏时分的渔港依旧忙碌，随处可见进进出出的渔船。在未出海的渔船上，男人们在检查渔船的一切性能，女人们则忙着准备放钓鱼的鱼钩、鱼饵、保鲜的冰块，同时也忙着为出海的男人准备干粮、水等一切生活所需品。

不管是多么完美的选题策划、采访计划、拍摄提纲，到了现场，都要通通为现实让路，我们心目中所谓的完美策划不过是闭门造车，最好的策划就是一旦到了现场，遇到了超过预期的事情能迅速做出相应的调整，而不影响原定的采访主题，且能很好地完成既定的采访任务。

7 月 30 日　星期二　　晴

今天是我们到达潭门的第二天，天气依旧很好，万里无云，阳光普照。今天，我们将要正式开展我们的采访计划，虽然心里还有些忐忑，不过一切都按照我们的计划在进行着，这让我们心里一片欢喜。

在今天的拍摄计划中，我们将先去中心渔港拍摄昨天出海捕鱼归来的渔船，然后就前往草堂村，采访帆船时代的最后一批老船长的代表——苏承芬老人。

早上 7 点，我们来到了潭门镇渔港，这时候的渔港已是一片繁忙的景象，昨晚出海的渔船陆续归来，彻夜在海上作业的渔民带着一晚的收获，也带着满身的疲惫继续在渔船上忙碌着。他们的船舱里的朴素和凌乱，无不显示着在海上生活的简单与艰苦。

而在家等待的潭门镇女人这时候也是分外地忙碌，她们需要帮归来的渔船卸货，需要整理渔船、鱼钩，同时还需要将一晚上的收获销售出去，而这些鱼也将通过这里运往各地。

虽然，我们得不到想要的答案，但是看着不远处的海面上一艘艘的渔船迎着朝霞，满载而归，还有近处来来往往忙碌着的潭门人，心里不禁有一种岁月静好的感觉。

老人家很健谈，从这位帆船时代的最后一批老船长的故事里，我们体会到的不仅仅是感动，还有一种正气，一种让人尊敬的精神。他们这一代的老船长是真正的船长，他们会看星象，辨洋流，知风向，还会预测天气的基本变化，而他们靠的完全是个人的知识，以及在海上多年的经验积累。

作为海南省非物质文化遗产项目“南海航道更路经”（即《更路簿》）的

代表性传承人，苏承芬几十年的闯海生涯与《更路簿》不可分割。

苏承芬13岁开始就跟随当船长的父亲出海。从第一次出海开始，苏承芬就在父亲的指导下，学习怎样使用《更路簿》。凭着自己的才智和努力，在20多岁的时候，苏承芬已经完全能够熟练地运用《更路簿》，并通过考试，正式成为一名船长。此后，苏承芬就一直凭借着《更路簿》在南海海域闯荡，直到69岁退休。

《更路簿》不仅详细记载了南海诸多岛礁的地名以及去往这些地方的航道，还记载了新加坡、马来西亚沿海的一些岛礁和航线，由此可见，潭门镇的人在很早的时候不仅经常在"三沙"的海域上作业，也曾到达过比这些更远的地方。

"其实我也很想驾船去新加坡，想看看《更路簿》的记载是否准确，但是当时的条件有限，总是没有办法达到。"苏承芬老人笑着谈及当年闯海的历史。其实，在机动船还没有普及的时候，苏承芬曾驾着帆船到达的最远的地方远过了如今的曾母暗沙。"那时候，因为船上的淡水和粮食不够了，我们才没有继续往前，如果这些都充足的话，我们肯定会到达更远的地方，也许就能去往新加坡或者马来西亚这些地方了。"苏承芬一脸的遗憾。

《更路簿》在潭门人世世代代的传承中已完成了自己的使命，这份记录着南海诸岛礁的地名和航线的薄薄册子，也是如今能够宣示南海主权归属的铁证，现在已经躺在了博物馆里。而苏承芬手中现在有两份，一份是从父亲手中继承下来的传统的帆船时代的《更路簿》，一份是到了机动船普及之后，他在原有的《更路簿》之上修改的、更加适合机动船的《更路簿》。"机动船和帆船是不一样的，一个是靠风，一个是靠内在的动力，所以航线不像帆船那样弯曲，会更加近一些。"苏承芬老人家说这些《更路簿》上的航线描述基本准确，有些角度的偏差也只有半度，最多一度而已。

《更路簿》上的一句话就是"一条航线，连接的就是一个岛屿"。对于《更路簿》上的一条条口诀，我们几乎看不太懂。

"自大潭郭东海，用乾癸驶到十贰更时，驶半转回乾癸已亥，约有十五更。"这是苏承芬从父亲手中传承下来的《更路簿》中"立东海更路"篇的内容。苏承芬介绍，"东海"就是现在的西沙，这是潭门的人传承下来的叫法，这条航路是到达现在三沙市的永兴岛的航线。"更"是渔船的航行单位，一更约等于十海里。

老船长苏承芬有一句常挂在嘴边的话，"南海是我们的'祖宗海'，是我们的根"。而在他的闯海生涯中，他一直将这句话牢记在心底，并将这种一定要维护国家主权的思想深深地印在脑海中。每次他的渔船经过一个较大的岛礁时，他都会找一块木板，用做饭烧过的木炭写上“中国领土神圣不可侵犯”，在岛上如果找不到木板就会写在石头上。下一次经过这个岛屿时，如果发现木板不见了，他又会重新写一块再插回去。

南海上有无数的岛礁，而苏承芬对这些岛礁都十分熟悉。“那些岛屿是什么形状的、哪里有什么、哪里比较安全，我都很清楚。”据老人家回忆，有的大一些的岛屿让别的国家霸占了，上面有驻守的军队，还有海贼和海盗等。“这些都是中国的领土，就这样被别人侵占了，真是不应该啊！”讲到这些，苏承芬老人的眼眶都红了。

在海上捕鱼不仅仅要防范多变的天气带来的危险，还要防范各种意外的偷袭。20 世纪 60 年代，苏承芬与八十多名潭门渔民就在海上作业时遭遇了越南军方的非法抓捕，之后他们被关押了二十多天。

这样的抓捕苏承芬历经过多次。“每次都会被关十多天，然后就把我们放了，但是我们的鱼货和物资会被没收。”有些邻国的军队船只，不会抓捕渔船，但是会驱赶，甚至扣押渔船。虽然官方都很严肃，但是民间的交流却很友好。“有些岛上的渔民一般没有什么恶意，我们经常会给他们一些淡水和粮食，会相互交换些东西。”苏承芬的心中一直有着朴素的维护主权的意识，在他的骨子里认为这些海域都是中国领土，神圣而不可侵犯。

虽然曾经在闯海的生涯中遭遇过种种险情，但苏承芬依旧保持着良好的心态和乐观开朗的生活态度。他将生死看得很淡，也从未惧怕过死亡。“我捕鱼这几十年，除了死，其他我都经历过了。”当说这句话的时候，苏承芬的脸上一派宽和与淡然。

退休了十几年的苏承芬如今已在家含饴弄孙，安享天伦。但是，他还是不能忘记那些海、那些岛礁，忘不了那些年在海上历经的风风雨雨，忘不了海上的日出日落，以及那些仅出现在海上的落霞与海鸥齐飞、水天一色的美景。每到黄昏时候，他就会一个人去海边走走，去吹吹海风，缅怀一下过往的荣光。

今天的采访是很早就准备好的，但是到了现场依旧弄得手忙脚乱，也许是经验不足，但我更倾向于认为是我们还不够用心，准备还不够到位。这一点在转换场景的时候就表露无遗，我们没有提前踩点，没有提前找到合适的地方。在外拍摄的时候，收音和提问都做得不够好。虽然如此，我们除了聆听了老船长讲述的故事，还收获了满满的感动。相信一切会越来越好。

7 月 31 日　星期三　　晴

今天天气依旧很好，碧蓝如洗。

三沙组的同学今天终于要登临永兴岛了，我们等待多日，终于有了收获，兴奋之情溢于言表。大家都说，没有潭门人，就没有三沙市。三沙的众多岛屿是潭门人开拓的，也是他们祖传的《更路簿》将这些岛屿一个个地拉回祖国的怀抱。今天三沙组的同学将会作为全国第一个大学生实践团队而登陆三沙市进行采访和调研。

我们作为这些同学的大后方，将为他们提供全面的支持，所以我们今天的拍摄和采访活动与他们息息相关，这一整天我们将随时待命，等待着那边的信息。在三沙和潭门的连线采访中，只要他们三沙的同学确定采访对象，我们就要奔赴现场。时间很紧，任务很重，不过更多的是兴奋。

因三沙组的同学上午有集体活动，因此，我们上午就只能拍摄潭门镇人的生活场景、衣食住行等，在拍摄中领略渔村的别样生活。

潭门镇的人也爱喝早茶，和广东人一样。不过他们的早茶店却没有广州的那么精致，早茶的糕点种类没有那么繁多，做法也没有那么精致，但是这些丝毫不会影响他们喝茶聊天的兴致。他们在不出海捕鱼的日子，约上几位好友，点上一壶茶，就在简陋的早餐店里，甚至就在街边，聊聊天，谈谈心。我们听不懂他们交谈的内容，但从他们的表情可以看出他们对生活的满足、对未来的期盼；在他们深邃的眼眸中，我们也能看到家长里短的琐碎。

我们还在等待，等待三沙组的同学给我们的信号。这种原地待命的情形感觉像是在战场，我们在等待前方的信息，一有情况，就立即行动。这些真是前所未有的体验，冒险中带点刺激，这是跑前线的记者才能感受到的吧，我们倒是提前体验了一把，感觉不错。

下午4点，我们终于收到了通知，我们与三沙组的连线采访终于确定了人选，此人叫符少强，家住在潭门镇的林桐村，他的妻子和儿子如今都在永兴岛上，而他的母亲在家。在三沙的同学，因为一些条件的限制，下午5点就要坐船离开，我们只有不到一个小时的时间，不仅要找到符少强的家，还要进行连线采访。真得争分夺秒!

坐上潭门镇特有的三轮车，我们一路颠簸着往符少强家奔去。前往目的地的道路很不好走，我们穿梭在山林小道中七弯八绕，不时就看到周围的柴草挡在车前的挡风玻璃上。车子开过，尘土飞扬，寂静的山林中只听见三轮车的马达声、刮过树枝的沙沙声，以及我们时不时传来的尖叫声。

穿过各种坑洼与荒野之地，我们终于到达了符少强家。万幸，三沙的同学还没有登船。

因为时间很紧，我们几乎是如强盗般冲进了他们家。说明来意之后，我们就直接进入了主题，与三沙进行连线。事后，我们每每回想起这一段，就觉得万分羞愧！我们的所作所为真的不太恰当！幸好，潭门镇的人心地善良，能够体谅我们，也能够理解我们，而且还给我们提供了一切能够提供的帮助，让我们不止一次的感叹，潭门镇的人真的很善良，也很热心。

符少强的母亲已经80多岁了，儿子、儿媳都不在身边，可以称之为“留守老人”。给符少强打电话的现场，老人家每每哽咽，红了眼眶，这位慈祥、心善的老人对儿子的思念难以名状。借助三轮车大姐的翻译，我们才逐渐了解了一些基本的情况，看着老人家痛苦的表情，一时间我们也跟着难受了起来。

与三沙的连线很快就顺利结束了，我们也舒了一口气。后来我们得知，符少强的女儿刚刚从西沙回来，我们立即意识到这是一个难得的机会，从永兴岛回来的年轻的“90后”一代，他们的生活与思想状态都可以成为很好的主题与素材。

符少强的女儿小娜差不多20岁的年纪，从学校毕业之后，就跟随父母去了西沙，每年会有几次往返西沙。而他的儿子，今年13岁，即将上初一，一名真正的留守儿童，跟随奶奶在家，每年的寒暑假期间就去永兴岛和父母团聚，就像一只奔波在茫茫大海上的小候鸟。

小娜虽然跟随着父母在永兴岛上帮着父母做鱼类收购的生意，可是她一点都不喜欢这样的生活。在她看来，这也是被逼无奈，“等我到了20岁，就一定要出去，不管是去琼海还是海口，就是不想留在这里，不想和鱼打交道”。

我们向往西沙，总觉得那里天很蓝，云很白，海很漂亮，就如马尔代夫一般。而这些美丽的景色，在小娜眼中却是那么的索然寡味，“岛上的生活太无聊了，没有很多的朋友，也没有其他的娱乐，想出去转转，骑个车，就算是慢慢地骑，不用一个小时就能将整个岛屿转一圈，那种无聊真的是难以想象”。

年轻的小娜向往着外边的世界，她知道外边的生活肯定也不易，收入也许也不高，但是她却抱着必须要出去的心态过着她20岁之前的每一天，仿佛“走出去”已经是她的一个梦想、一种信念，“我一定要出去闯闯，要去北京、广州那样的大地方开拓眼界，去陌生的地方开始独立的生活，感受不一样的环境”。

而对于未来，她的想法更直接，“最好不要从事和鱼有关的工作，真的很厌倦”。

其实在这几天的走访中，我们发现，与小娜有一样想法的年轻人比比皆是。他们不愿意继承父辈的传统，也不想重复父辈的生活模式，他们唯一所想的，就是“放下来，走出去”。我不由地担心，新一代的年轻人已经没有了老船长他们那样的坚持和情怀，未来潭门镇的传统捕捞技术该如何传承呢？

带着这样的疑问，在低沉的气氛中，我们告别了符少强的母亲和他的女儿，再一次穿越山林，踏上归途。

不管我们曾经做了多少准备，心中排演过多少次，场景预想了多少次，只要到了现场，一切都归为零，我们需要时刻“应变”。其中最重要的是，我们不管在什么情况下，都不能乱、不能急，至少这种慌乱不能表现出来，整个团队至少要有一人保持冷静、清醒的头脑，掌控整个大局，否则一切都将功亏一篑。要修炼到“泰山崩于前而面不改色”的境界，我们还有很长的路要走。

8月1日　星期四　　晴

今天太阳依旧当空照，万里无云。

“两岸妈祖齐佑南疆”的祈福活动今天将正式开始，开捕仪式随后也将进行，这些都在我们的拍摄和采访范围的计划内，因此，今天又将是忙碌的一天。活动现场人多事杂，希望能够一切顺利。

早上8点，潭门镇的小街道上已经是人声鼎沸，并开始戒严。层层的安保，让本来就很小的小镇显得更加的拥挤不堪。

在我们的计划里，我们打算在祈福活动之后，前往会场拍摄主要的活动流程，再直接去往码头拍摄渔船出海的场景。在重头戏祈福仪式完成之后，后面仪式中的安保人员、观众等应该会在一定程度上有所减少。

可是，到了现场之后，我们才发现之前的预想太简单了。离活动现场较远的大街上，好几层的安保，人们都在那里等着，根本过不去，而很多的居民仅仅是出来买菜，结果发现回不去了，手里一边提着菜，一边用手扇着风在旁边等待着。

看着这个架势，我们当场就惊呆了，如此下去可怎么办？我们进不了会场也去不了码头，我们的采访和拍摄计划将全部泡汤。当我们拿着各种证件、证明挤到警戒线时，却都因没有政府的接待证明和印章而不被放行。

这和我们之前所遇到的情况都不一样，我们虽然找过镇政府的宣传部门，可是却没有想到要取得证明和印章文件来方便通行和处理各种应急事件。

几经周折，我们终于顺利到达了会场，也进入了码头，并开始了拍摄工作。来到潭门这么多天，今天是最热的一天，也是最晒的一天。我们顶着火热的太阳终于完成了拍摄任务，回到住处时，发现衣服都湿透了，露在外边的肌肤明显地黑了一圈。

付出总有回报，我们的拍摄和采访计划总算是完成了。看着那一艘艘渔船带着无尽的期望驶出渔港，我们心里不禁为这些善良的渔民感到高兴。希望他们能够满载而归。

结束了上午的“兵荒马乱”，下午我们将采访一位长期奔波在西沙与潭门镇之间的中年渔民大叔——黄耀坚。

黄耀坚家住在潭门镇上，今年 42 岁的他已经拥有了 25 年的捕鱼经历。他长期前往南海捕捞海珍品，每次出海的时间长达四个多月。因此，三沙上的岛屿就成了他在海洋上的栖居地。在多年的捕鱼生涯中，永乐群岛上的羚羊岛成了他捕鱼时期的中转站，在三沙市成立之后，黄耀坚当选为羚羊岛居委会主任。

据他介绍，像他这样长期居住在南海岛屿上的渔民较多，就他所在的岛屿来说，百分之七八十的人都来自潭门镇。大家都和他一样，在岛屿上有一个家，在陆地上也有一个家，年复一年地长期奔波于两地，而每年在海上那个家的时间比在陆地上的长多了。

长时间在海上捕捞对渔民来说是一个考验，除了不可预测的天气、海底洋流、暗礁等外部环境，船上的食物和淡水的补给也是一种挑战。

“我们每次出海都要准备足够的淡水和粮食，可尽管准备充分，也需要非常节省，我们需要在西沙或者南沙的岛屿上获得木材或者淡水。”这在以前是一件较让人头疼的事情，但是在三沙市建立之后，就方便了很多。据黄耀坚介绍，“现在很多较大的岛屿与岛屿之间有公交船，就像公交车一样”，如果渔民生病了，“也可以得到很好与快速的治疗”。

虽然很多的条件在慢慢地改善，但是年轻人如他们这般奔波的却越来越少，在他们的岛上生活的基本都是与他一般年纪的或者比他大的人。

“现在年轻人从事捕鱼的越来越少了，在我们居住的羚羊岛上，长期跟着父亲一起捕鱼的年轻人就那么几个。”在黄耀坚看来，“这样的情况也是可以理解的，毕竟捕鱼这一行太辛苦，需要长期在海上漂泊，最主要的是现在鱼越来越少，越来越难捕，大家需要前往更远的海域”。

在黄耀坚心中，他们这一辈的人捕鱼是别无选择的选择，但凡有其他的出路，一定不会选择这个行业。

“我们当初离开学校就只能捕鱼了，这是没办法选择的，但是希望我的小孩不要再过这种海上漂泊的生活。”提到孩子，黄耀坚一脸的自豪。据了解，现在他的一对儿女双双就读于重点大学，“我长期在海上，这都是我老婆的功劳。小孩能够改变捕鱼的命运，我十分地开心”。

潭门镇老船长的故事，让人感动，更让人敬佩，而现在依旧在南海海域上作业的新一代船长的故事，又是另一番风味。这些新时代的船长，他们在海上有一个家，在陆地上也有一个家，如候鸟一样，奔波于两地。每当季风起的时候，就是他们出发的时候，然后随着下一场的季风再回来。陆地和海洋，让他们内心牵挂的一直是岸上的那一盏温暖的守候之灯。

现场的采访会遇到很多不可预计的突发状况，如果在此前能够预防，就一定要提前做好准备，一旦到了现场就要灵活处理各种问题，万万不能死磕，一定要平心静气。在外地的采访中，能够得到当地政府支持的一定要提早寻求帮助，有时候只是一个无心之举，却能够避免很多不必要的事情发生，何乐而不为呢？学会与政府打交道，这也是一种技能，我们需要去提升这种能力。

8月2日　星期五　　大雨

老天爷真是说变脸就变脸，昨天还是艳阳高照，今天竟刮起了台风。

外边狂风大作，伴随着倾盆大雨，我们被困在了酒店。透过酒店的窗向外望去，街道上空空的，几乎没有人，偶尔有个人影，也是一闪而过，让这个原本就很安静的小镇变得更加寂静了。

渔港中停满了船只，大大小小的船只都安静地躺在渔港内，等待这场暴风雨的结束。即使是在白天，小镇也有种沉睡的感觉。

困在酒店的我们一边梳理着采访进度、整理采访成果，一边祈祷着这样的天气赶快过去。如果我们再耽搁几天，完成不了采访任务，不能和大部队会合，该如何是好？

说到底，我们还是很幸运的。在潭门镇的这几天，我们见证了潭门镇的热闹，也见证了它的安静，体验了渔民的生活百态，也感受了渔民海上生活的不易。

只可惜到了晚饭的时候，我们的惬意就戛然而止了。今天我们没有出去采访，因而吃饭较晚，而其他人可能是因为台风影响，所以就早早地吃饭了，因此，等我们去寻觅食物的时候，才发现几乎没有什么可吃了。最终只能一个个饿得前胸贴后背地紧盯着桌上的粥了。

闲散的一天最终以对食物的渴望而结束。我期望明天有个好天气，能大干一场。

8月3日　星期六　　晴

早上起床，天果然放晴了，真让人兴奋。如果天气不变卦，那么我们今天将顺利地完成拍摄和采访任务，然后就可以和大部队“胜利会师”，同时这也预示我们的“揭梦三沙”活动已经接近尾声。

今天的采访对象有两个，一个是在西沙的赵述岛上担任妇女主任的李海云李大姐，另一个是长期在南海和潭门镇两地奔波的船长符大江。

早上8点半，我们出发了。

李海云家住在草堂村，坐着同样的三轮车，经历了同样的颠簸，我们好不容易到达了李海云家。

虽然天已经放晴，可是还是说变就变，当我们刚为取景而架好机器时，天开始下雨了，慌得我们忙不迭地往屋里赶。又是一番折腾后，我们才正式进入正题。

李海云和她的丈夫现在长期居住在西沙的赵述岛上，实际上也是两地奔波，家里有老人和孩子，“孩子放在家，我们有一千个一万个不愿意，可是这些都是没有办法的事情，只能隔段时间就回去看看”。在潭门镇的捕鱼人家中，这样的情况比比皆是。

李海云能够和丈夫一起出海作业，算是比较幸福的，毕竟两人之间可以相互照顾。在潭门镇，如果是夫妻两人出海，一般是妻子开船，丈夫则潜水捕捞海产品，李海云家也正是如此。

实际上，在潭门镇，女人一般都是不出海的。男人出海捕鱼时，家中的一切都要靠女人来承担。潭门镇的女人几乎承担了家里所有的一切：照顾老人、小孩，下地干活，收鱼、卖鱼，去海边捡海产品等。而且在潭门镇的大街上，开三轮车的女司机也随处可见。

如果说繁重的体力劳动让潭门镇的女人劳累不堪，那么对出海的亲人的担惊受怕才真正让女人们的身心不堪重负。

“男人出海，不知道什么时候才能回家，女人在家都很担心，我们不止担心变化莫测的天气、洋流等，还怕海贼和海盗。”同样作为潭门镇的女人，李海云深有体会。每当心里的压力无法释放的时候，她们就会带着东西去兄弟庙（里面供奉着海南土生土长的海神，潭门镇的人一直很信奉他）里拜拜，以求得心理安慰，“当我们实在是太担心的时候，只要碰到庙，就会去拜，那时候根本就管不了那么多”。

潭门镇的女人都很坚强，因为在这里，基本上每家都会有那么点伤心事。在潭门镇，衣冠冢随处可见。而潭门镇女人的坚强也就是这样日复一日苦熬出来的结果。

张爱玲说：“生活是一袭华美的衣袍，里面爬满了虱子。”在潭门镇，生活就是赤裸裸的逼迫，也没人能够抗拒。“家里的负担这么重，没有人能够轻松，趁着年轻，小孩的花销也还不大的时候，不加油怎么行呢?”李海云很坦诚地向我们诉说着内心的想法。

而她对未来的美好期待全都寄托在小孩的身上，“希望我的小孩能够好好地读书，不要做渔民，以后能找到更好的工作，过更好的生活”。可怜天下父母心，这大抵是天底下所有父母最原始、最单纯的愿望了。愿这些朴素的愿望都能开花结果。

告别李海云大姐家，我们的心情都显得有些沉重。我们都无力去改变什么，因为我们现在也是在父母给我们撑起的一片天空下自在地做着畅想未来的梦，一旦这片天空需要自己撑的时候，才能真正感受到那份沉重吧。

上午的采访虽然有点波折，但还是圆满地完成了。如果下午的采访能够顺利，那么我们小组所有的采访任务就真正地完成了。

下午3点，我们和符大江船长约定好，来到了他的船的甲板上，开始采访。台风过后的天格外的蓝，但是阳光很强烈，甲板上无处遮蔽，我们只能暴晒于阳光之下。来到潭门镇，我们似乎对这种暴晒越来越习惯了，也越来越适应了。

即将进入花甲之年的符大江船长的家就在潭门镇，他的船已经整理好了，需要带的补给也都已经准备齐全，再过一天，符大江船长就要出海了。只是我们的活动也已接近尾声，也即将离开潭门镇，不能拍摄到符大江船长出海，我们都倍感遗憾。

符大江船长特别开朗，也很健谈。也许是常年生活在海上，面对辽阔大海的缘故，海上孤寂的生活对他完全没有影响，胸怀反而更加广阔了。

符大江的渔船较大，每次归来，装载的货物的价值都能够达到100多万。他的船常年在南海的海域上出没，曾经也到过黄岩岛。和其他的老船长一样，符大江船长曾经也被菲律宾的军方非法扣押过，“当时一点都不害怕，跟没事人似的”。谈及当初，符大江船长乐呵呵地向我们说道：“只要时机恰当，我们还是会去的，本来就是我们的领土，为什么我们不能去呢?”

符大江船长热爱着那片海域，也非常喜欢西沙。在他看来，西沙是最漂亮的海，有各种美丽的观赏鱼，也有丰富的贝类、海藻、珊瑚等。在闲暇的时候，他会站在甲板上高唱“美丽的西沙，我们的家……”

站在甲板上，迎风而立，雄浑嘹亮的歌声就随着海风飘向了远方，回荡在西沙的上空。

最后一天，最后的任务，虽然采访任务比较重，但是与之前相比较，我们已经较为熟练地掌握了整个过程。面对突发的状况，我们不至于慌了手脚，而是能够冷静地处理问题。在不知不觉中，我们就已经有了收获，虽然过程较为艰苦，但是，“没有付出哪有收获”，不管过去的几天我们有多苦、多累，一切都是值得的。通过几天的采访，我们也发现，越是重要的采访，就越要准备充分，不能操之过急，放在整个采访的中间或者中间偏后的阶段更好。吃一堑，长一智。希望在以后的生活和工作中，我们吸取教训，愿一切都好。

后记

在潭门这个别具渔港风情的小镇里，在潭门人的热心帮助下，大家的采访活动进行得很顺利，最终都完成了既定的采访任务。在潭门镇几天的采访中，大家的收获中除了足够多的采访素材之外，还有满满的感动。

大家感动于潭门镇淳朴的民风，感动于潭门镇人乐于助人的美德，感动于潭门镇女人的坚强，感动于潭门镇渔民大海一样的胸怀……

庆幸自己来到了这里，庆幸自己有这样的机会。这一趟真正的收获远远高出采访成果。这些背后的故事只愿说与清风明月，满满的感动与情怀只愿放在心底好好发酵、好好珍藏……

我做电视记者：坚持·行动·合作

2012级新闻与传播专业硕士研究生　覃华兵

7月29日　星期一　　晴

今天一早，"揭梦三沙"暨大学子南海深度采访团按原计划兵分三路：除了三沙采访组的几名同学继续留在部队招待所等待明天登船去三沙之外，我们另外两路人马坐上校车从部队招待所出发，前往三亚市某商务酒店，"行走三亚"采访小组也将被"扔"下车。之后的几天，他们将在三亚完成他们的选题。8 月 3 日左右他们将与三沙采访小组一起乘车前往琼海市潭门镇与我们汇合。这里的“我们”指包括我在内的四个研究生、四个本科生和带队的王玉玮老师。

经过将近三个小时的车程，我们终于到达了潭门镇——一个在明朝之前就有当地人去南海捕鱼谋生的古老渔镇，一个满大街都是砗磲工艺品店、连海风都带着鱼腥味的小渔镇。而接下来的几天，我们将见证这个给人惊喜与感动的小镇。

11 点左右，我们终于找到了小镇唯一一家可以称作酒店的“海鲜大酒店”并安顿了下来。虽说是唯一，但里面的环境的确不敢恭维，可想到每天都可以吃到渔民朋友们从祖国南海捕回来的新鲜海产品，也就觉得没必要抱怨了。

在港口附近的一家海鲜饭店大快朵颐之后，我开始慢慢喜欢上这个不起眼的小镇。我们几个研究生组成的“四人小分队”回酒店稍做休整后，随即扛着摄像机和单反相机径直去渔港采风去了。

潭门港虽偏居一隅，但港口边一个刻写着“国家级中心渔港”七个大字的石碑却证明了这个渔港的重要性。听当地渔民介绍，2013 年 4 月，博鳌亚洲论坛期间，习近平主席就曾来到潭门渔港视察，还亲自登上渔船 09045 号参观。自那之后，这也成了潭门渔民经常与外来的游客和记者分享的重头戏之一。

潭门渔港的水域呈“L”型，有台风时，港口里可停泊上千只大大小小的渔船。船体上的斑斑锈迹记录着它们在南海与风浪进行殊死搏斗的历史。对于我们这几个在温室里长大的研究生来说，这里的一切似乎都是新奇的。我们一路走，一路拍，希望将这里的一切都放到我们的镜头里。空气夹杂着阳光的味道，让本来有些腥味的海风变得清新自然。

我们沿着港口走走停停，不知不觉来到了渔港的出海口。一艘艘渔船在出海口交替航行，顺着出海渔船的方向，映入眼帘的是水天相接的大海。不经意间，我陷入了沉思，头脑中是潭门渔民驾着渔船，在《更路簿》的指引下，在风浪当中缓缓前行的画面。前方一个个小岛在风浪当中时隐时现。接下来的几天，我们将会用镜头和访谈去勾勒这幅波澜壮阔的画面。

7 月 30 日　星期二　　晴

今天是我们第一次正式采访的日子，我们一大早就起床了。吃过早餐，我们扛着摄像机和单反相机准备去传奇老船长苏承芬的家。苏老住在草塘村，离镇上有好长一段距离，看着太阳“趾高气扬”的样子，我们只好坐三轮车去。潭门镇因为地方很小，是个典型的熟人社会，一说到苏老的名字，开车的大姐立马答应带我们去。虽然是位女司机，但开车技术一点不逊于男人。在潭门，因为很多男人都要出海捕鱼，而且通常好几个月都不着家，因此，家里的大半边天都压在了家里的女人身上。所以，很多潭门女人选择开三轮车来贴补家用。开三轮车的男人反而少见。

经过大概半个多小时的颠簸，司机大姐将车停在了苏承芬老人的家门口，下车后还不忘跟苏老寒暄几句，足见他们也是老熟人。而对于我们这四张陌生面孔，苏老一家最开始倒显得很拘束、很警惕。我们告诉他此行的目的，并称是潭门渔民协会会长丁之乐先生介绍来的。苏老让我们在外面坐一会儿，他进去给丁会长打了一个电话。出来以后，苏老才跟我们聊开来。

苏老告诉我们，他以前曾接受过很多媒体的采访。他也许知道，是他藏在家里的《更路簿》让他有了异于其他人的关注度。经过后来的采访，我们发现，苏老的人生其实跟《更路簿》一样传奇而精彩。

因为采访需要，苏老将我们带到里屋。虽然房子比较老旧，但因为通风很好，周围植被很茂盛，所以屋里很凉快。我们快速架好摄像机机位，并让苏老坐到镜头前面，准备正式采访。可能由于这是来潭门后的第一次访谈，我们对很多细节没有注意到。原计划是一对一的访谈形式，谁料后来苏老竟不得不面对王骏和范晓玲两人的轮番提问，导致访谈显得比较混乱。又因为没有用无线麦，导致视频中收录了很多噪音。

采访当中，苏老跟我们聊了很多他年轻时在南海捕鱼的经历，其中最让我们好奇和兴奋的是他年轻时曾在南海某个主权有争议的岛屿上写下"中国领土神圣不可侵犯"这十个字。在当时，这也许只是苏老的率兴而为，而在南海主权问题日趋凸显的今天，却像一部充满爱国主义情怀的热血之作。难怪苏老眼前的两位"小记者"会就这件事向苏老抛出一连串的问题。

随后，话题的重心慢慢转向苏老家里的那件宝贝——南海《更路簿》。对于《更路簿》，苏老说这是他们一代又一代人用纸笔记录航线并不断修改完善的路经。有了这个路经，他们可以准确地去到他们想去的地方，而不至于迷路、触礁，甚至有去无回。

在我们的请求之下，苏老在他的卧室里一个隐蔽的地方取出两本一大一小的册子。大的是他父辈留下来的《更路簿》，小的则是他开机动船时抄录的《更路簿》。同时，他还拿出一个老旧不堪的罗盘。苏老告诉我们，《更路簿》是跟罗盘结合着使用的。《更路簿》上记载着通往南海各岛屿航线的文字表述。罗盘则按照《更路簿》里的描述来指示航行的方位。苏老还特地向我们展示了去永兴岛的航线在《更路簿》里的文字表述。随后他又拿出海图，根据《更路簿》里的表述给我们指出从潭门港出发去永兴岛等岛屿的具体航线。看着苏老在海图上比画的神情，仿佛他还是当初那个面对咆哮的风浪从容不惊的苏承芬。

上午的采访结束之后，我们跟苏老约好下午带他去镇里的渔港看看，他欣然答应了。

下午4点多，苏老在我们的陪同下来到渔港边。那会儿太阳依然很大，他带了一顶草帽，而我们也忌惮于头顶的烈日，都戴上了遮阳帽。我们找了一处树荫安排苏老坐下。我们希望以渔港作为访谈的背景再问苏老一些问题，从而丰富镜头内容。因为上午采访的时候发现苏老的普通话实在很差，为了更好地跟他交流，我们临时找来了一位叫小蕊的女孩子，做我们的翻译。小蕊以前在麦当劳餐厅工作过，因此普通话很流利，略黑的肤色说明她应该是一个地道的本地人。

在小蕊的帮助下，我们下午的访谈进行得比较流畅。不过美中不足的是，由于上午用的有线话筒，下午改用无线话筒，设备没有调整过来，所以有一台摄像机没有收到任何声音。回到酒店查看的时候，我们才发现这个问题，但为时已晚。

7月31日　星期三　　晴

今天对我们整个采访队伍来说是意义非常的一天。通过查阅相关资料，我们了解到，潭门镇与三沙有着深厚的渊源，为了体现“没有潭门人，就没有今天的三沙市”这个主题，我们会想办法寻找到一户从潭门移居到三沙市的渔民家庭。三沙小分队与我们潭门小分队将分别在三沙市和永兴岛采访这户家庭的家庭成员（据我们了解，有很多潭门的中青年，因为常年在三沙市一带捕鱼，而逐渐在岛上定居下来，但其父辈或者子辈仍留守潭门），并且以电话连线的形式来体现三沙与潭门的直接联系。

但对于到底是由我们潭门小分队来找这户渔民家庭，还是由三沙小分队登岛之后再去找，我们潭门小分队内部发生了一点点小分歧。范晓玲师姐认为，要在行政区域面积89.5平方公里、人口约2.9万人、下辖14个村委会的潭门镇来寻找这样一个典型家庭实在是大海捞针；相反，三沙市所在的永兴岛，陆地面积只有2.13平方公里，常住人口才1 000人左右（2012年数据），三沙小分队应该很容易找到这样一户家庭。而我则认为，由于条件所限，三沙小分队只能在岛上停留半天时间，如果让他们单独抽出一部分时间，寻找这样一个典型家庭，恐怕会来不及。因此，我们潭门组应该全体出动去寻找，找到之后，再让三沙小分队直接去找这位从潭门移居到三沙的三沙渔民。如此一来，可以为他们节省许多时间。

上午，晓玲师姐和我在王老师组织召开的讨论会上各执己见，会议气氛顿时变得有些紧张，但大家都没有明确说出来。最后在我的坚持之下，大家决定去镇里尝试着打听一下。当时太阳很大，我们都拿着摄像机，一旦三沙小分队和我们找到采访对象，我们就可以随时赶赴拍摄。经历了将近一个多小时的寻找，我们仍然没有任何收获，只好打道回府。

回来的路上，大家都很失落，也不说话。我觉得有些过意不去，觉得应该做点什么，于是我将摄像机递给王骏，抱着试一试的心态，一个人去镇上"捞针"去了。要是在路边看到几个男人在一起抽烟、聊天，我都会上前询问一番。当时，我觉得潭门的男人大多知道或者从事捕鱼这门职业，认识的人多，大家七嘴八舌，说不定能够讲出些名堂来。果然，在打听的过程中，我碰巧遇见一位回潭门探亲的渔民，叫黄耀坚，是三沙市某个村委会的主任。我记下他的联系方式准备作为预备的访谈对象。同时我还打听到一个叫吴宗灿的渔民，是三沙市赵述岛村委会主任，老家就在潭门镇草塘村，其老父、老母和儿子都在村里。于是，我马上找了辆三轮车准备去草塘村，打算先去查看一下情况。

我看见一辆三轮车停靠在路边，想来是车主在旁边的屋子里吃饭。于是，我走到屋里找司机，并告诉他我要找吴宗灿。说来也巧，屋子里一个中年男人竟称他跟吴宗灿是好友，还说开摩托车送我去吴家。车上，中年男人告诉我，他叫史克雄，是退伍军人，以前曾跟吴宗灿在一艘船上捕鱼。

到了吴家，史先生帮我做翻译询问吴宗灿的情况。他的父母说他刚离开潭门回三沙。我让史先生帮忙打电话给吴宗灿，希望他在永兴岛留步，然后让三沙小分队的同学去采访他。但是给史先生打了几个电话都没有打通，只好作罢。临走时，我记下了吴宗灿儿子的电话。他告诉我，他现在在潭门镇一家砗磲加工厂上班，并不想像他爸爸年轻时那样，出海捕鱼，更没有定居三沙的打算。

在回来的路上，我问史先生还认不认识在三沙住的潭门人。他说他大哥的儿媳李海云是吴宗灿所在村委会的妇女主任。我顿时眼前一亮，心想终于找到了一位三沙的妇女，如能采访到，这将使我们采访的"移居到三沙的潭门人"这个群体更具代表性。于是我让史先生带我去见她，并留下了她的联系方式。

最后，史先生开摩托车送我到海鲜大酒店门口停下，我邀请他与我们共进午餐，史先生婉言谢绝了，于是我拿出钱包希望付点油钱给他，他直接拒绝了。几句寒暄之后，我怀着莫大的感激之情目送这位潭门老兵渐渐远去。

回到酒店，我向老师和队友汇报了一下我此行的成果，大家都很开心，觉得收获颇丰。我也为自己这份坚持和运气洋洋自得。因为，我们都很清楚，有了这几个采访对象，我们潭门组的片子将很有“料”。我把吴宗灿的电话号码告诉三沙小分队，希望他们尽力联系一下。如果可以联系到，那我们的“三沙—潭门”连线将有望顺利完成。我们在酒店里静静地等待着三沙的消息。直到下午3点左右，我们接到三沙小分队的周冬敏打来的电话，她告诉我，没有接通吴宗灿的电话，但幸好找到了一位叫符少强的渔民。他正好在三沙永兴岛附近捕鱼，他的母亲和女儿都在潭门镇龙德村。三沙小分队照安排将于5点左右登船返回三亚，因此，留给我们来做连线的时间非常紧迫。于是我们立马带着设备坐上三轮车赶赴龙德村符少强家，由于路途很远，而且路况很复杂，颠簸了大概40分钟后，三轮车终于开到了龙德村。

在女司机的帮助下，我们找到了符少强家。符少强的母亲已经七十高龄，女司机告诉她我们的来历之后，她很热情地招呼我们到她们的新房坐。到新房时，符少强的女儿符雅菲刚从床上爬起来。得知我们此行的目的，她非常配合我们的拍摄和采访。我们打电话给周冬敏，她告诉我，因为急着登船，所以她按照我的要求拍摄了符少强跟母亲打电话的镜头，符少强拿着电话在跟母亲通话的时候忍不住哭了。我听到这儿，沉默了一下，没有多问，然后让周冬敏告诉符少强再打一次电话给家里，我这边好拍摄符少强母亲接电话的场景。不多会儿，屋里电话响了起来……

随后我们还对符少强的女儿做了一个专访。她坐在奶奶的身边，给我们讲了很多关于三沙的事。我们得知，她平时经常去三沙帮爸妈做生意，但对三沙没什么感情，以后也不想在那里生活。“那里太小了，在岛上生活久了，我们年轻人会受不了的。”她说。

8月1日　星期四　　晴

今天对于潭门镇来说是一个隆重的日子，因为来自福建、台湾以及海南本地的妈祖神明今天将在潭门镇——这个国家中心渔港“相会”，一起参加“2013两岸妈祖佑南疆祈福活动暨第四届琼海市南海传统文化节”。一年一度的开捕仪式也将在今天上午举行。一早醒来，透过窗户，我就看到潭门镇的大街两边站满了维护治安的警察。一支支祈福队伍敲着锣，打着鼓朝渔港方向缓缓前行。游客、演职人员、警察、媒体记者等各路人马纷至沓来，让原本平静的小渔镇变得热闹、拥挤。

有幸遇上这样一个大的活动，我们自然不会放过，于是我们四个研究生又扛着摄像机出门了。因为我们的介绍信没有加盖镇政府的专用章，负责安保的警察将我们拦在了活动现场外面。为了不耽误拍摄，我立马拿着介绍信到镇政府，说明情况后，工作人员没有过多地为难我们，就在介绍信上加盖了镇政府专用章。我们拿着介绍信一路“过关斩将”，方才进到了活动现场。

上午的活动有两项，一项是祈福仪式，一项是开捕仪式。经过简单分工，王潇和师姐范晓玲架好摄像机在港口的岸边拍摄祈福仪式的远景，王骏和我进到了祈福仪式的中心区域，拍摄祭拜祈福仪式全程。在现场我们看到，祭拜人员穿着统一的古装，在司仪人员的广播指引下向妈祖神明行跪拜礼，妈祖神明神态安详，显得庄重而神圣。

祈福仪式之后就是壮观的渔船出海开捕的仪式了。在长达近一分钟的鞭炮声之后，停泊在潭门渔港里的一艘艘大大小小的渔船缓缓驶出渔港。等待它们的将是一年一度的休渔期结束之后的大丰收以及广阔南海上汹涌的风浪。

拍摄完上午的两个活动，我们回到酒店将素材导出，放到电脑上。经过短暂的休息，我们又开始准备下午拍摄黄耀坚的方案。

为了保证拍摄时有充足的光线，我们与黄先生约好到港口边采访。

因为树荫外的光线太强，人在树荫下接受采访容易出现逆光的剪影效果。为了让黄先生在镜头里既不出现“阴阳脸”又不用在太阳下接受采访，我们花了很长的时间来调整机位。黄先生的脸上则始终温和、从容。我心想，这大概是因为黄先生在只有七十人的小岛上生活了足足二十五年，所以才养成了这么好的耐性吧。又或许是因为他自己有两个孩子也在念大学，所以他又像是一个慈祥的父亲耐心地坐在一旁，观看我们这群“小鬼”工作。

黄先生现在是三沙市羚羊礁居委会主任，也是传统的潭门渔民。在对黄先生的采访当中，我们问了很多关于他在三沙的羚羊礁上生活的情况。采访中他告诉我们，他可以不借助氧气设备，潜入十多米深的海底进行捕捞作业。因为常年出海在水下作业，经常经历风吹、日晒、水泡等，所以，黄先生的身体看起来非常结实，但皮肤却很黑很粗糙。

可能是习惯了每天跟小岛上的渔民打交道。面对我们的镜头，黄先生似乎并不是很健谈，声音很小，表情也显得比较羞涩。但在我们的引导下他渐渐聊开了，还拿出手机给我们分享他在岛上拍摄的照片，包括之前央视记者去岛上时与他的合影。

采访结束，我们一起吃过晚餐，黄先生骑着摩托车走了，临走的时候还问要不要送我们去酒店。因为怕耽误他回家，我们婉言谢绝了。黄先生的背影渐渐远去，但他质朴、温和的形象却始终停留在我们的脑海里，也许这是现在的三沙人应有的样子吧。

8月2日　星期五　大雨、台风

因为台风的影响，潭门今晨开始，风雨大作，直到天黑时分，雨才停下来。原计划今天对妇女主任李海云的采访也只好推迟。而我们则借此机会在酒店好好地休息了一天。别无他事，遂简记之。

8月3日　星期六　晴

因为昨天下了一天的暴风雨，所以对妇女主任李海云的采访被推迟到今天上午进行。为了使我们的采访能够更接地气，我们决定到李女士的家里进行采访。但由于不识路，我只好再次联系之前帮助过我们的史克雄先生，请他带路。他很爽快地答应了我们的请求。因为李女士是史先生哥哥家的儿媳，所以在他的带领之下，我们很快便找到了李女士的家。

李女士家是一栋两层小洋楼。门前两百米左右的大海，被一片茂密的树木挡在了我们的视线之外。为了让拍摄的光线充足一点，我们决定在海边进行拍摄，但不料刚把机位架好，瓢泼大雨便不期而至。我们只好选择在她家门口处架摄像机进行访谈。旁边李女士的儿子似乎对我们这几位与当地人穿着迥异的大学生充满了好奇，不时地朝我们看过来。其走路的姿势和眼神也非常的奇怪。后来我们得知李女士的儿子是早产儿，有先天缺陷。

李女士与丈夫一起常年生活在三沙市的赵述岛上，一年就回潭门待两三个月，孩子则由爷爷奶奶照顾。几个月之前，李女士的丈夫去南沙那边捕鱼去了，"一般过去要待五个多月，现在还要一个多月才能够回来"。听得出，李女士经常在心里计算着丈夫的归期。我问她："作为一个女人在三沙那边生活，会不会觉得很辛苦?"李女士说："每天都能跟丈夫在一起捕鱼、生活，也没觉得辛苦。""现在南海不平静，男人们出海捕鱼也随时都有可能遇上危险。我在家里也会天天担惊受怕。"李女士说："现在村里也有一些妇女因为丈夫在外捕鱼遇难，所以要通过打工或者开三轮车维持生计。"

采访完李女士，我们回到酒店休息。下午2点左右，在同行师妹的引荐之下，我们结识了一位大型机动渔船的中年船长。一起吃过午饭之后，我们决定去他的船上对他进行专访。在冼丽影师妹的陪同下，我们上了船长的船，顶着大太阳对他进行了一个简短的专访。

而这次采访中最大的收获莫过于我们有幸听到了一首流传于当地渔民口中的《西沙之歌》。在我们的请求之下，老船长在镜头前为我们演唱了这首蕴含着海洋主权、渔业历史以及渔民美好祝愿的歌曲。虽然没有《我的中国心》那样荡气回肠，也没有《小城故事》那样婉转悠扬，却让在场的我们平添了一丝感动。

访谈结束之后，老船长给我们介绍了一下船上的设施和设备，并且在船顶的甲板上与我们合影留念。随后，我接到邱老师电话，他告诉我，他带领着三沙小分队以及三亚小分队已经坐校车来到了我们所住的潭门海鲜大酒店，等待与我们汇合。我们与船长告别之后，迫不及待地坐上三轮车回到了酒店。

在酒店看到邱老师一行人，我们几个终于抑制不住内心的激动，纷纷前去跟邱老师拥抱、“诉苦”。他们也许不知道，我们在潭门的这几天，几乎是天天顶着大太阳，坐着三轮车，每天都吃着一样的海鲜才完成了拍摄任务。太阳在我们每个队员身上留下的那一片片黑色的印迹则是最好的物证。

采访·体验·思考

2012级新闻与传播专业硕士研究生　　王　骏

我们的队伍于7月29日中午到达目的地——琼海市潭门镇。

当车驶入潭门的街道，首先映入眼帘的是路两边独具特色的房屋：干净平坦的柏油马路两边的建筑依次整齐排开，普遍只有两三层，墙面洁白如新；房子的一层面向大街的，是一间间或大或小的门店，主要经营海产品和工艺品，招牌样式被规划得整齐如一；楼顶天台的围栏上，无一例外地装饰着救生圈和船舵，骄傲地显示着潭门镇作为滨海渔港的特色。

马路上方红底白字的两条横幅给我留下了深刻的印象，上面写着“漫步潭门镇，品味渔港情”、“保卫南海核心利益，潭门健儿义不容辞”。

此外，还有一个意外的惊喜。我们从路边的大幅海报得知，两天后，即8月1日，潭门镇将迎来一次隆重的盛会——“2013两岸妈祖佑南疆祈福活动暨第四届琼海市南海传统文化节”。而那天也正是南海为期两个半月的休渔期结束、正式开捕的日子，这是所有潭门渔民们自己的节日！

住处安顿完毕后，我们饥肠辘辘的一行人就迫不及待地去寻找饭馆了。

来到潭门渔港，自然要品尝海鲜。于是，我们在这里的第一顿饭，就是海鲜什锦火锅。潭门镇的饭馆，不论大小，均以各种海鲜为主。这里的很多馆子不提供菜单，熟悉海鲜的食客，只需在水箱前点好海鲜的品种和数量，老板便会按照食客的要求下单烹饪——菜品不讲究色泽的鲜艳或外形的靓丽，重在食材的新鲜和味道的可口。

吃海鲜时，海南人辅助的蘸料也很独特：在小碟中倒入酱油，然后放入适量的蒜末和红辣椒粒，最后加入由小橘子挤出的汁。这些辅料都是为了去除海鲜的腥味，其中橘子汁的作用则相当于北方人常用的醋。

品尝完海鲜，稍作休整后，我们小组一行四人前往潭门渔民协会和潭门镇人民政府了解相关情况。

作为全国重点渔业乡镇的潭门，拥有远赴西、南、中、东四沙群岛作业的渔船约150艘，由于船队庞大，渔民群体也相对复杂，潭门镇政府难以对此进行管理。1996年，潭门渔民协会成立，发展到现在已经有2 600多名会员。十七年来，渔民协会不仅带领渔民发展生产，还切实为渔民解决实际困难、调解纠纷，成为潭门镇社会管理创新的重要力量。我们的小组成员们自然也想到，通过协会获取和了解我们的预定采访对象的一些基本情况。

渔民协会会长丁之乐大叔热情地接待了我们。当我们向他询问老船长伍书光和苏承芬时，他表示这两人不仅他很熟悉，而且是潭门人耳熟能详的人物。丁会长说，伍书光船长目前在镇上儿子开的砗磲加工厂里，但是他年事已高，恐怕不便过多打扰；苏承芬船长家住潭门镇草堂村委会下属的上教村，从镇上雇一辆三轮车只需十几分钟就能到。此外，丁会长说，他接下来几天将因为妈祖祈福活动的事情而异常繁忙，如果需要帮助联系采访，可能要到8月2日以后。因此，他建议我们去镇政府宣传部门了解情况。

从渔民协会出来，我们马不停蹄地赶去潭门镇人民政府，找到了宣传部符茂敬主任。得知我们是来自暨南大学的研究生，符主任开玩笑地说："呦，这么高级的人才都来找我啦!"了解到我们的来由后，他热情地向我们提供了四位潭门船长的联系方式。这四位船长有的是取得了三沙市户口的三沙居民，有的则是有着南海航行非凡经历的英雄。符主任还承诺，我们届时可以前往祈福活动现场进行拍摄采访。

从渔民协会和镇政府顺利收获的这些信息，极大地鼓舞了我们小组每个成员的信心：这不仅证明我们之前所搜集的资料的准确性，也预示着我们接下来的采访拍摄将能够按照事先制订好的计划开展!

走出镇政府大院，我们的心情格外爽朗。当我抬头仰望，看见潭门镇蔚蓝高远的天空，以及点缀其上的朵朵白云，心里由衷地感到高兴，为我们的好运气，也为这个可爱的小镇、这里热情的人们。

带着这样的心情，我们一路步行，经过潭门渔港，来到了港尾。面对眼前一望无际、风平浪静的蓝色海洋，以及远处那海天相接、壮美辽阔的景象，我的心情久久不能平静。我感到自己的思绪早已随着习习海风飞向了祖国的南海，而心胸竟也随着这海洋而变得愈发地开阔。

当晚，我们四人在长堤上并排躺着，欣赏潭门镇那美丽的星空。这是让我永远难以忘怀的星空：如盖的苍穹之上，镶嵌着无数明亮而耀眼的繁星，银河横贯夜空，如流淌着的玉带。而更令我惊奇的是，不时就有一颗流星拖着长长的尾巴划过天际，打破了这遥远的静谧。

美丽的潭门，究竟还有多少神奇等待着我们去寻找、发现、经历和见证？

今天是很有价值和意义的一天，潭门小分队与三沙小分队实现了采访对象的电话时空连线。

经过五天的耐心等待，我们的采访团队（三沙小分队）终于可以乘船前往永兴岛了。在“琼沙 3 号”补给船上，他们偶遇潭门渔民符少强，交谈中得知，符少强在三沙海域捕鱼，在永兴岛上生活已经有整整十个年头了，而他的家人，包括他的女儿和老母亲，都住在位于潭门镇龙德村的家中。

“踏破铁鞋无觅处，得来全不费工夫。”符少强的这一情况恰好符合我们采访的需要，他和他的家人正是我们求之不得的采访对象，而他本人也非常乐意接受我们的采访。于是，三沙小分队立刻与我们取得联系，约定采用两地电话联络的方式，记录和展现三沙渔民与他们潭门家人之间最日常、最直接的沟通场景。

龙德村距离潭门镇中心较远，而且尚未修通水泥路，而我们必须赶在下午 5 点前，即三沙小分队登船离开永兴岛之前及时到达符少强家。在赶去龙德村的路上，我们乘坐小三轮一路颠簸，耳边轰鸣着马达声，兴奋地穿行在翠绿的稻田与婆娑的椰影之间。

到达符少强家的老屋后，我们首先遇到的是他的老母亲。老人不会说也听不太懂普通话，送我们来的开三轮车的大姐便当仁不让地为我们当起了翻译。老人热情地领着我们到了他们村里的新家——那是一个整洁舒适、具有渔村特色的独立小院落。我们说明来意，刚准备好机器设备，老人的电话就响起来了，那是他的儿子符少强从三沙永兴岛打来的电话。

在那个时刻，我们听不到符少强与他的母亲在电话里究竟说了什么，只是在一旁静静地等候着。老人话不多，也不善言辞，基本上都是在聆听电话那端的儿子说话，她只是微微点头，频频地应和着。

就在这时，老人的眼眶渐渐红了，热泪在那双已经浑浊的眼睛里打转。

那是自己心里日夜思念的亲儿子啊，一年又能团聚几天？此时老人听到了儿子熟悉的声音，仿佛他不是在千里之外的茫茫海上，而就在自己的面前，关切地叮嘱自己保重身体。这个瘦弱的老人，一辈子经历了多少雨打风吹，晚年早已无欲无求，唯独盼望着在海上闯荡的儿子能够平平安安，一家人能够团圆美满！

连线结束后，我们采访了符少强的女儿。她今年刚满 18 岁，性格很开朗，她说爸爸符少强几乎每天会打电话回来。女孩是典型的潭门年轻一代：他们大多数是渔民的后代，但是在他们身上几乎看不到渔民生活的影子。年轻的潭门一代向往外面的世界，不愿再继承父辈的渔业，像他们一样靠着出海捕鱼维持生计了。很多年轻人中学毕业后就进入琼海市打工，成为城市新生代农民工群体的一员。他们对潭门人祖祖辈辈流传下来的潜捕技术和海上经验几乎一无所知，但是对互联网和流行事物如数家珍。

事实上，大多数潭门渔民也不希望自己的后代们继续从事渔业。他们海上的本领是从父辈们那里继承的，自己已经跟大海打了一辈子交道，深知渔民生活的危险与艰辛。他们相信知识改变命运，希望子女通过读书成长、成才，不想再让他们继续保持这样的生活方式了。

自元明两代开始，潭门的渔民们就开始从这里出航，驾船驶向辽阔富饶的南海，前往今天的西沙、东沙、南沙各岛礁，开展捕捞作业。他们之所以要航行这么远的距离，而不是只在大陆近海活动，就是因为潭门人祖祖辈辈传承下来的不同于我们常见的撒网捕鱼的独特的海上作业方式：潜到水下捕捞海产品。那些诸如砗磲、扇贝的海中珍宝，大多依附于远海礁盘之上。一个熟练的潭门渔民，能够不借助氧气设备，下潜二三十米，将它们打捞上来，再运回岸上贩卖。

然而，一方面，随着近年来人类对海洋渔业资源的过度开发，南海渔业也在面临日渐萎缩的问题，现在渔民们出一次远海的收获，已经远远比不上以前。另一方面，随着当代人生态环境保护意识的日渐提高，这种捕捞海珍品的行为受到越来越多环保组织和公益人士的批评与反对。在这些挑战之下，潭门人世代传承下来的这一独具特色的传统作业方式还能延续下去吗？

六、“守·望”采访组

从潭门学到的一切

2011级广播电视新闻学专业　冼丽影

说实话，如果不是因为这次海南之行，我不会去深入认识这个琼海市小镇——潭门镇，也不会想方设法去寻找这个网络资料很匮乏的偏僻的小镇。一开始，我对于它的认识仅仅停留在这是“与黄岩岛事件有关的潭门镇”，仅此而已。潭门镇恰恰是因黄岩岛事件而为世人所知的。潭门镇的一切自2012年4月后成了神秘而令人好奇的事物。

再易策划时，我们把采访地点锁定在了这个特殊的小镇——潭门镇，这个镇上的渔民是世界历史上唯一连续开发西、南沙的特有群体。“没有潭门人，就没有三沙市”，这是潭门人最自豪的一句话。在潭门逗留的7天里，一些痛、一些记忆都非常深刻。

我脑海里挥之不去的是王奶奶不断抹眼泪，却越抹哭得越凶的画面。每当提及或者想起去世的儿子，她的眼泪总是充盈着眼眶，随时要夺眶而出。那双被岁月磨得粗糙的黝黑的大手拼命地抹拭着双眼，却依然抹不掉隐藏在心里最深处的痛苦，抹不掉白发人送黑发人的悲哀，也抹不掉三年来所有的辛酸和无奈。跟奶奶聊了好几次，尽管我很小心翼翼地提问，也避免不了会让奶奶想起这个永远的伤疤，永远的痛！

2010年10月，海南发大水，洪水无情地把她的儿子符健带走了。他葬身于潭门男人世世代代引以为傲的大海里，丢下了家里的妇女孺子。

一个没有男人支撑的家庭，女人注定了要受苦受累。但只要是作为一个潭门女人，作为潭门渔民的妻子，就注定了要承受比别的女人更多的累与苦。这些累，这些苦，不仅仅是身体上的，更是精神上的。

潭门的男人在海洋上过着的是“刀尖上的日子”，而在这把“刀”的“刀柄”上，留守在家的女人在坚强而无怨言地支撑着。

男人一年里，只有休渔期那短短两三个月的时间待在家里，其余时间都是在蕴含着未知危险的海上度过。男人离家远航，剩下的女人就必须撑起整个家庭。

潭门镇的女人，除了不能跟丈夫出海之外，基本上包揽了所有的职业。

在渔港边上，女人们顶着寒风或烈日，组队拉上男人远航捕捞回来的几千吨鱼货；在市场上，也是清一色的女人们在杀鱼、切鱼；在街道上，随处可见的女司机们开着绿色三轮车载客……男人长时间的离家，造就了这些“全能”的女人们。

身体上的辛苦忍忍也就过了，精神上的痛苦才是最折磨人的。女人们一边辛苦地工作，一边还得时时刻刻担心着远在西沙、南沙的丈夫，唯恐哪天噩耗就传到了自己耳边。海边的远望、祈祷根本无法使她们安心。只有见到自己的男人安然站在自己面前的时候，那颗悬着的心才能暂时放下来。等到下一次的远航，那颗心又再一次被悬起来。留守在家中、照顾好孩子、打理好家庭就是给男人最坚实的后盾。

在潭门街道上，我看到了这些女人，平凡而普通，真的很难想象她们小小的身体居然可以承受得起这么巨大的苦累。

但当我第一次看到王奶奶的时候，说实话，我除了惊讶以外还有一点失望。在见面之前，其实我自己在脑海里曾经想象过潭门坚强渔嫂的样子，漂亮是不需要的，但是起码要干练，看起来比较干脆利落。而我所看到的奶奶身板比较大，眼睛比较小，估计笑起来会眯成一条缝，面容看起来憨厚老实，甚至会给你一种懦弱怕事的感觉。但就是这样一个普通、不出彩的渔嫂却在经历了大悲大落后依然坚强、自立。

王奶奶的丈夫生前也是一个渔民，她也像其他潭门女人一样，天天担忧着丈夫的安危。丈夫躲过了海洋上的灾难，却因肝癌而病逝。当王奶奶还没从失去丈夫的悲痛中恢复过来的时候，儿子的噩耗也传来了。百年难遇的大水带走了三个生命，其中一个居然是自己的儿子。独生儿子符健在渔港边固定船只的时候不幸被大水卷进海里淹死。潭门男人的生死大部分与海洋牵连着。

在采访的时候，一提起儿子的事，奶奶几度落泪，泣不成声。那让人心酸的眼泪承载着奶奶多重的悲，多深的痛啊！从2010年到现在，差不多三年了，奶奶在这三年里，承受着悲痛的同时，也负责照顾整个家庭五口人的生活。87岁的老母亲、年轻的媳妇和两个年幼的孙子。

儿子的逝去使这个家庭更加支离破碎、千疮百孔。王奶奶身兼多职，跟媳妇俩人耕种8亩多的农田，平日里还做贝壳工艺，组队拉鱼货等，能赚钱的方法都用上了，才勉强负担起家庭的开销。两个孙子的读书费用越来越高，媳妇在今年年初也找了一份清洁工的工作来贴补一下家庭支出，每天都起早贪黑地工作，从早上5点半忙到8点半，又从下午2点半干到下午5点半，每次工作完了还要接送小孩上下学。而87岁的母亲呢，就帮忙看守、管理家里开的小卖部，小卖部所挣并不多，不过是为了给母亲一个精神寄托罢了。

看到王奶奶，我才明白以前朋友跟我讲过的一句话，“哭着的女人不一定是脆弱的”。看着坐在面前几度哭泣的奶奶，我突然萌生出一种对她的敬意。不是因为她在苦难中坚强地活着，而是因为即使在这么艰难的日子里，自己其实已经快受不了了，却硬生生地强迫着自己必须坚强，必须把一家子人都拉起来。在自己最痛苦的时候还可以给别人温暖，那是最难的。这番话，我在跟奶奶聊天（这时的聊天不是采访，仅仅是纯粹的聊天）的时候，对她讲过。我记得当时奶奶依然是红着眼眶的，她硬生生地把快要流出来的眼泪逼了回去。我没问为什么，之后也没再讲话了，只是静静地陪着奶奶坐着。当时我心里想的是，奶奶可能是在一个人慢慢地回忆这三年里发生的事情。奶奶一直望向门外，我就一直看着奶奶。可能奶奶望着的不是门外，而是远处牵挂的人吧。

在最后要离开潭门的时候，我特意多留意了一下我在街上遇到的女人们——那些手脚麻利地杀鱼、切鱼的女人们，那些吆喝着客人坐车的女司机们，那些带着儿女在街上走着的女人们，那些正在认真串贝壳的女人们……

那些杀鱼声、吆喝声、唠叨声、串珠子声……大街上所有的声音似乎汇成一首歌曲，在这些女人们的身上唱响。

看到手机屏幕上亮着的居然是“符大江船长”五个字，那一刻我真的受宠若惊。从海南回来差不多半个月了，大叔还记得我，还给我打电话。这是我继归途中接到大叔的电话后的第二个电话了。

我迫不及待却小心翼翼地按下接听键。“小妹啊，我好想你们啊！”那一把粗犷却带着浓浓的沧桑感的声音从电话那头传来，从遥远的西沙传来，顿时那种熟悉感也慢慢地在心里流出。那是潭门镇男人都有的大嗓门，而在潭门逗留的 7 天里，基本每天都能听到这样相似的声音，不管在街上，还是在店铺、海鲜酒楼，在渔港边更甚。

大叔现在在西沙等待着好天气的来临，他告诉我，他们那艘大船一个星期之前就到达了西沙。但由于台风还在海面上肆虐着，他们无法开展海上捕捞，“这边的台风比你想象中的要大很多啊，你应该还没看到过这么大的风雨”。现在在西沙的他们只能祈祷天气快快好起来。

在电话里，大叔又自豪地说道：“我们就在祖国的岛屿上，保卫国家。哈哈，没有潭门人，就没有三沙市。”这时，电话那边还响起了西沙岛上一大群潭门镇渔民的附和声和欢笑声。远在广州的我似乎也感受到了他们那种油然而生的厚重的自豪感与荣誉感。

还记得在潭门的时候，每当我们采访到渔民或者船长时，对于三沙，他们总有很多话要讲，那种神气的表情会让你不由自主地觉得站在你面前的男人年轻了许多。三沙是他们穷尽一生打拼铸造的地方。他们的生活注定有太多的危险和不确定。他们远航出海捕鱼过的就是“刀尖上的日子”，海洋的未知风险、天气的变化无常，以及邻海国家的虎视眈眈，任何一种都是对生命的挑战。但这群勇敢的男人依然义无反顾，除了肩负着传承潭门老一代渔民保留下来的航海捕捞方法的重任外，更多的是承担着保卫国家疆土的重担，他们已把保护南海领域当成了自己的责任。我清楚记得潭门渔民协会办公室雪白的墙壁上印着的一排红色大字——“渔民是保护国家领土最有效、最廉价的方法”。

只要问起远海捕捞的事情，这群勇敢的潭门渔民绝不会吝啬唇舌，那些充满危险、充满刺激的经历可以讲上几天几夜。因为对于他们来说，这些都太平常了。与暴风雨厮杀、和邻国官兵周旋、在异国他乡蹲牢等，都是他们生活的一部分。

“你们是祖国的花朵，国家的栋梁啊，要好好学习！”大叔的絮絮叨叨把我从回忆拉回到现实。大叔跟我们说，他很羡慕我们的青春活力和热情。他喜欢年轻人的朝气，喜欢跟年轻人打交道。

记得在大船甲板上，大叔跟我们讲起了自己的儿子。他的儿子现在也是一个渔民。有时候父子俩也会刚好在同一艘船上，一起出远海。但他一点也不希望自己的儿子当渔民，过着跟自己一样危险、辛苦的生活。大叔讲，其实跟他同一代的老渔民，都处于一种矛盾之中，不再希望自己的下一代从事这个行业的同时，存在着不再出海捕捞的潭门人缺乏了最独有的特征后，是否还是真正的潭门人这样的疑问。

但不管未来怎样，现在的潭门依然有这群可爱的男人在支撑着，中国南海有这群无畏的男人在以他们自己的方式保护着。

这次海南行，我们挑战了很多新事物，同时也收获了很多。每一次遇到的困难，都是一种挑战与磨炼。这种“炼”，真的不是平时在学校里面能“练”出来的，只有在实践里才能真真切切地体验到。

尽管有自认为充分的前期准备，但我们依然遇到一个接一个的问题。我所说的“自认为”，真的就是当时那么确定地认为。结果到达目的地潭门镇后才发现，之前认为的百分之百不过是实际情况中的百分之二十而已。

一开始的纸上谈兵，考虑到的方面太少了。而那些忽略的方面确实在此行中让我们吃了不少苦头，也让我们得到了很深刻的教训啊！

首先，我得说的是我们到达潭门镇后，发现之前确定好的采访对象能够接受采访的机会不大。尽管策划时我们已经使用了各种我们认为可以用的手段、方法去寻找这个人，但依然联系不上本人，联系上的都是一些跟她接触过的人，而当这些人又无法给予再进一步的帮助时，对于这个主人公，我们只能看情况而定。同时，我们没有考虑到我们后来在实地遇到的情况。

在潭门镇里但凡知道这个人的，都不愿意讲太多。而我们又无从得知采访对象的地址，连见面的机会也没有。这是我们始料不及的。我明白，这不能当作借口，只能是准备不到位的表现。不细致、不充分，是策划时期的大忌。因为我们逗留时间有限，再三考虑后，决定换主人公。在策划时期，我们准备了备选人物，但最后依然由于时间问题没有进行联系，而是在当地选择了一个我们见过面的、实施最易、经历类似的人。现在回想起来，才发现其实我们还是太鲁莽了。其他的可能性还是可以去尝试一下的，但最后的结果是我们一直埋头确定人选，完全把其他的可能性都忽略了。现在分析起来，原因之一就是当时的不安作祟，在两天无结果的等待后，遇到一个相似的人物，就像抓住救命稻草一样迫不及待想上岸。其二是知难而退，有点投机取巧。太多忽略的点到最后都没有被提出来，很大程度上是作为组长的我的错。我没有尽到提醒、考虑周全的责任。这是重重的一巴掌，一定要记住，不能让红印太快消失！

来到潭门镇的第二天，我就跟事先约好的潭门镇边防派出所的教导员联系。来到派出所的时候，我才发现教导员接见的还有佛山电视台的记者。当告知我们是暨南大学新闻与传播学院学生的时候，受到的待遇明显是有差别的。我们无法得到更多的帮助，而教导员对待同在现场的佛山电视台记者却能有求必应。当然，这种现象在社会上很平常。但针扎到自己身上了，才会知道痛。

记得在上培训课的时候，河源电视台的车济民台长也跟我们提过他类似的经历，当时还体会不到他所说的那种无奈与羞愧。但在派出所凉亭那一刻，我体会到了。当时我的脸红得火辣辣的，但因为任务在身，我和康群群只能笑脸相迎。教导员的敷衍，让我只能向同在现场的佛山电视台记者寻求帮助，低声下气，笑脸相迎，尽管心里有再多的委屈也只能先放一边。若我真打算从事新闻行业，这样的事情以后便是家常便饭了吧。现在也只能安慰自己，把这个经历当成是提前的社会实习了。

面对佛山电视台记者的支支吾吾、左推右推，如果我们脸皮再厚一点、再磨久一点，也许就争取到了和佛山电视台记者一起上船拍摄渔民做出海准备的机会。

也许再多体验几次这样的经历后，在以后正式工作的时候就能坦然面对了。吃一堑，长一智，多磨几次便好了。

说我们应变能力不足，是因为在潭门镇的7天里，发生了很多突发情况。7月30日至8月1日的“妈祖文化节”完完全全在我们的意料之外，于是，这个盛大的妈祖文化节就阻碍了我们太多的事情——本来能够给予我们帮助的边防派出所干警在那三天里没有一点空闲；我们的部分采访对象在这三天里也非常忙。而且这个“妈祖文化节”有些特别环节，但我们的拍摄准备得不是很充分。文化节导致很多事情的进行变得非常仓促，如果当时能够冷静下来，保持清醒的头脑，我们做得肯定会更好。

另外一个客观因素是天气问题。本来休渔期截至8月2日。8月2日之后，潭门渔港的船基本上都会出海作业，我们本来计划拍摄很多船一起出海的画面，但由于天气问题没有拍摄成功。这又导致了某些画面的缺失。

刚到潭门的前两天，因为天气原因，我们的进展非常缓慢，这导致了我们一组人员士气大降，信心削弱了不少。而这些表现都反映出我们应变能力的不足。

这些经历，尽管当时很苦，但现在想起来，却觉得很幸运。幸运的是自己能及时地认识到这些错误，还有机会改正这些错误！

从喜忧转换到依依不舍

——我在潭门的情绪图表

2011级广播电视新闻学专业　邹薏颖

为了能够参与“揭梦三沙”南海深度采访行，我几乎已经记不清有多少个日夜，和我的组员们熬夜奋战做策划，构思我们的纪录片文稿。但是，不管我们围桌商讨时讨论得有多么激烈，在写策划的时候计划得多么周详，这种“闭门造车”的成果，使我们一旦走出校门，真真正正走到了我们要付诸行动的地方，才发现——在实践里，一纸策划不可能让我们一步登天。

为了好好纪念这一次难得的经历，我选择坐在电脑前，一字一句，虔诚地记录下我们小组为期七天的工作……

7月29日　星期一　　晴　　　　　　　　　　　　喜忧参半

汽车终于驶进了琼海，刺眼的太阳光透过车窗打在我的脸上，我的心情也像这阳光一样，明媚得很。

来到海南已经是第三天了，前两天我们都待在三亚，天气非常不好，接连两天的阴雨天气让我的心情也一并失落。我们小组要到潭门拍摄纪录片，需要很多外出拍摄的镜头，阴雨天势必会让我们的拍摄工作进行得很艰难。就连今天早上从三亚出发的时候，天气也是阴阴沉沉的，车子走在路上的时候，还下了一场很大的雨。

然而，当我们进入琼海，天空像是突然间把所有的乌云都清扫了一遍，向我们展示了最晴朗的蓝天。潭门组的八个小伙伴禁不住自己内心的欢喜，纷纷掏出手机、单反相机来拍下这片我们渴望已久的蓝天……

半个小时后，我们就进入了潭门小镇。饱餐一顿之后，我们马上开始各自行动起来，投入工作中。

我们小组四个女生兵分两路，冼丽影和康群群到边防派出所，通过那里的干警去寻找我们纪录片的主线人物——刑惠琼；而我和张芮就要去潭门镇上的渔民协会，找会长丁之乐了解潭门现状以及潭门人民的基本情况，如果可以的话就直接进行采访。考虑到也许采访对象可能会在第一次会面的时候就愿意接受采访，我们就一小组提着一台机器直接奔向目的地。

潭门镇并不大，而渔民协会就在距离我们住的酒店几百米远的地方，我跟小芮提着摄像机走进了一间并不大的房子里。我本来以为要见到会长可能会很难，都已经做好了要跟前台工作人员周旋的准备了，孰知潭门镇渔民协会的丁之乐会长就坐在前台，处理着书案前的文件。他衣着朴素，跟潭门普通的男人无异，如果不是他的桌子前端放着他的名牌，我绝对不会认为他是一个会长。跟我们交谈的时候，他的普通话虽然不尽标准，但语出不凡，面对着镜头一点也不怯场，而他黝黑的皮肤却又显示着他也是一个在海浪中摸爬滚打的潭门汉子。会长对我们非常热情，不仅耐心地接受了我们的采访，还带我们参观了渔民协会的办公楼。总的来说，在渔民协会对丁之乐会长的采访是比较顺利的。

而另外一组就没有那么好运了，她们在边防派出所并不招人待见，“死皮赖脸”地周旋了两个小时，边防派出所的教导员才答应给她们安排一个干警，明天带我们去探访我们的主线人物刑惠琼。而不幸中的万幸是，因为在7月30日至8月1日潭门会有一个“妈祖文化节”，佛山电视台有团队带着珠江小姐到潭门来进行拍摄，沾了佛山电视台的光，我们明天可以跟着他们上一艘渔船上拍摄，虽然过程不大愉快，但起码还是有了一些进展。

这件事也让我想起，在活动前的培训中，主讲老师车济民跟我们说的一个“笑话”：“当年拍摄史诗纪录片《天下客家》，去中山拍摄的时候，我打电话给当地的宣传部部长，那个部长非常热情地跟我们说，已经订好了四星级的酒店，待会还要过来跟我们团队吃饭，当时我一听就傻了眼，挂了电话之后，我就想是不是搞错了？于是又打了一个电话回去，跟他说：‘我们是河源电视台的。’宣传部部长惊奇地问：‘你们不是广东电视台的吗？’我重复地说了一遍：‘我们是河源电视台的。’我到现在都还记得话筒那一边的声音瞬间变得冷冷的：‘哦！是河源的啊，行，等会我让我们部门的科长陪你们去吃饭，有什么事情你们找他就行了。’其实吃不吃饭不是问题，我们只想拍到东西。那个科长问我们要拍什么，我就说我们要拍中山陵，然后他直接让我们买票进去拍，一张票几百块，我们整个团队一二十人，全部进去就要好几千块，我们是小台拍摄大片，经费必须抠得很死，最后讲价到一百块钱一张票，买两张票让两个人带着摄像机进去拍点镜头就走人了。”

其实社会就是如此现实，这个真理体会得深不深跟个人年龄、所处环境有很大的关系。所以在以前，我没有遇到、没有体会都只是因为还没到时候。就拿记者来说，大台记者和小台记者之间就差一个等级，正式记者和实习记者之间也差一个等级，有记者名衔的和没有记者名衔之间又差一个等级。差了一个等级，受到的待遇就会有差别，这是难以避免的。

当时车济民老师把这段辛酸经历当笑话来讲，我也把它当笑话来听，笑笑就过了，从来没有揣测过故事背后的深意。但是真的当自己遇到这种事情的时候，辛酸就只能自己咽下去，而要从自己的口中说出来，也只能当成一个笑话来讲了。

工作的第一天，双管齐下，成效不一，革命尚未成功，同志们还需努力。

7 月 30 日　星期二　　晴　　　　　　　　　　　　忧心忡忡

昨天我们跟边防派出所的教导员约好，8 点半会有一个干警带我们去找刑惠琼，而渔船的拍摄就在 10 点，两个时间点相隔太近，我们迫不得已又分成两组，延续昨天的工作方式——双管齐下。群群和丽影跟着干警去找主线人物，而我和小芮就要在中心渔港蹲点，同时拍摄一些渔港的画面。为了在时间上抢得先机，我们全体 7 点钟就起床，扛着摄像机出发了。

海南不愧是一个热带城市，才 7 点多钟，太阳就已经开始散发出毒辣辣的光芒，炙烤着这片大地，由于群群那个小组今天主要的任务是跟主线人物洽谈，而我和小芮的主要任务是空镜头拍摄，所以两台摄像机全分给了我们这个小组。这个重量，再一次证明了学新闻的女生都是“女汉子”。

但是很可惜，6 月 15 日至 7 月 30 日是潭门休渔期，想要拍到大规模的大吨位渔船出航的画面基本上是泡汤了，现在有的也就只是零散的近海捕鱼的小渔船出航、回航的画面。虽然失望，但我们还是很积极地跑遍了整个中心渔港，拍摄了渔民抬鱼、铲冰、搬货等指示性比较强的画面。大场面镜头没有了，那就多拍一些特写，用小范围的空镜头来弥补吧。9 点半，离上船拍摄还有半个小时，我们两个像是被烤焦的鱿鱼一样，整个身子都快要瘫下来了，就索性找了个遮阴的屋檐就地坐下，活脱脱像是两个农民工的模样，等待着边防派出所的教导员带着佛山电视台的团队过来拍摄。

终于，佛山电视台的团队开着两台豪气的大巴慢条斯理地来了，我和小芮跌跌撞撞地从地上爬起来，抓起机器就往前冲……

结果佛山电视台是来取景，给珠江小姐摆拍的，十来个梳着漂亮头式、有着靓丽妆容、穿着漂亮衣服的女生在渔船上进进出出，唉……我们只想拍摄最原始的渔船、渔民劳动的画面，本来渔船就不大，挤一挤就更加小了，还能拍什么？我跟小芮每人扛着一台机器围着这艘唯一有渔民的渔船，坚定地寻找着可以拍摄的资源。我更夸张，假装是佛山电视台的工作人员，厚着脸皮跟着电视台的摄像师跳到甲板上拍摄。随从的工作人员跑过来挡住我的镜头，说不可以对珠江小姐进行拍摄，要赶我走，我赶紧表明我的学生身份，说明是来拍有关潭门的纪录片的，不会拍珠江小姐。那个工作人员狐疑地看着我，看得我全身发毛，恰好有一个摄影师哥哥过来帮我解围，我才可以继续在这艘并不大的船上探索可以拍的资源。可恨的是，确实是空间太小，微微摇一下镜头，珠江小姐们就出镜了，真是可惜啊！

这一轮拍摄完毕，另一个摄影师哥哥也许是出于一种对同行新手的照顾，告诉我们他们会去另一艘渔船拍摄，我们可以跟车过去拍。如果是平时，我想我跟小芮是绝对没有这个胆量跑到别人的车上去的，但是今天也不知道是怎么了，一听到可以跟车去拍摄，就屁颠屁颠地爬上车去，也不考虑会不会有坏人对初出茅庐的我们进行“迫害”（我承认事后我是想多了，佛山电视台的摄影师哥哥们都是很可爱的）。

不过，结果我们还是很悲催地发现，另一艘船上的珠江小姐更多了……虽然没有拍到我们想要的镜头，但还是感谢摄影师哥哥们的好意。

在太阳底下暴晒了几个小时，我们也拍得差不多了，我和小芮就先打道回府，导片子去了。这个时候群群和丽影那边还一点消息都没有……

大概下午1点多的时候，她们两个终于回来了，给我们带来了一个坏消息和一个好消息。坏消息是由于各种原因，刑惠琼这个人物我们必须要放弃，这也就说明我们花了将近一个星期，熬了好几夜写出来的方案、设计的采访问题要悉数放弃了，这对我们来讲无疑是一个最沉重的打击。要知道，我们到潭门，什么都没有，就只有一纸策划，现在策划要被全数推翻，我们失去了依靠，接下来的几天，必须背水一战。

所幸还有一个好消息：通过干警的介绍，群群和丽影找到了一个主线家庭——60岁的老奶奶王维菊一家。这个家庭没有成年男子，唯一的男丁是一个刚满5岁的小男孩，这样的一个家庭是靠着家中两个女人——王维菊奶奶和她的儿媳孙志池支撑起来的，这样的女人完全符合我们主题，足以充当我们纪录片的主线人物，最重要的是，她们愿意接受我们的采访，配合我们的拍摄。即使我们必须要抛弃我们的一系列计划，但是，能够找到一个愿意接受拍摄的人，就可以说我们的纪录片拍摄进程已经跨出了一大步，坏心情瞬间转变成兴奋和喜悦。

有策划而无拍摄对象和有拍摄对象而无策划，我们肯定是毫不犹豫地选择后者。“计划赶不上变化”，现实与想象终究是不一样的，计划变了，但是机会来了，我们紧握着机会就对了。

由于约好了下午3点半的时候去王奶奶家进行拍摄，我们便利用仅有的一个半小时粗略讨论了一下拍摄方案，敲定主线人物为儿媳孙志池，下午3点准时出门，并买上一些文具和水果赶往王奶奶家。

可惜孙志池没有在家里，丽影就去陪王奶奶进行“不流畅却具有深刻意义的交谈”（婆婆只会一些简单的普通话），我和小芮则架起摄像机对王奶奶的家进行了一些简单的拍摄，而群群被我们赶去陪小孩子玩，以免小孩子妨碍拍摄。

我和小芮还在王奶奶家周围逛了一圈，发现了一片海滩，但是由于见不到主线人物，心情不甚好，拍了几个镜头，没多逗留就又回去王奶奶家继续等待。

儿媳孙志池是潭门镇上的一名环卫工人，“妈祖文化节”的即将来临，让孙志池的工作更加繁忙了，我们在王奶奶家等了好久好久，等到了儿媳下班的时候她也没回来，而王奶奶因为要陪着我们都没去跟孩子们吃饭，所以我们决定先结束今天的采访。

因为今天对主线人物的工作没有进展，四个人的心情都非常郁闷，一路沉默地走回酒店，简单地吃了一顿饭。我们把自己关进一间房间，开始了我们四个人组队以来最激烈的一次讨论。我们四个人都像是辩论队的第一辩手一样，针对主线人物的挑选和拍摄方案这两个问题进行了一次前所未有的“骂街式”辩论……这一次讨论持续到凌晨1点才结束。

工作的第二天，看似有进展，实质只是做了皮毛，当其他组的工作已经进行得如火如荼的时候，我们还在重新讨论方案。这样的节奏，让人抓狂！

7月31日　星期三　　晴　　　　　　　　　　　　　　忧转喜

不管昨夜多晚入睡，今天我依然是7点钟就醒了过来，不是因为闹钟，而是因为心里真的焦虑得很，有如一块大石头压在心上，哪能睡得香呢？

昨晚我们讨论的结果是把王维菊奶奶作为主线人物，儿媳孙志池就作为辅助人物。所以对孙志池的拍摄和采访还是不可或缺的，为了不浪费时间，我们决定把去王奶奶家的时间略推迟一点，尽量接近孙志池下班回家的时间，而在此之前，我们就先去拍了一些空镜头。

依旧兵分两路，群群跟丽影到马路边蹲点拍摄潭门特有的三轮车女司机，我和小芮则到菜市场去拍摄卖鱼老板（清一色的女人）。

在人来人往的菜市场，我跟小芮在一个人不是特别多的鱼摊前方架起了摄像机，想要拍摄卖鱼老板工作的特写。但是没几分钟，我们发现前面经过的路人变多了，起初没怎么在意，我们又挑了一个比较冷清的鱼摊拍摄，谁知道镜头前面的路人又变多了……我们只好继续换地方，这次更离谱了，人们不是路过，而是直接挡在镜头前买起鱼来，一杵就是好久。其中有位大叔跟着我们的摄像机，到三个不同的摊位买了三次鱼。后来我直接把脚架推到紧靠摊位的地方，原想这样就不会有人从镜头前经过了吧。结果一位神一般的大姐，强势地从左边把脚插到了三脚架中间的空隙，身子把整个镜头挡住，做什么呢？有几小袋菜放在了摄像机左前方的桌子上，她从左边插脚进来，拧身拿了那几袋菜，从右边出去了……

结束了菜市场的拍摄后，我们便要去寻找十二兄弟公庙。

近日，潭门人民都在全力准备着“妈祖文化节”，但是我们在做采访的时候，却发现潭门渔民信奉的海神并不是妈祖，而是十二兄弟公庙，所以我们决定去拍摄十二兄弟公庙。询问了一下路人公庙的去向，我们四个女生便像汉子似的扛着摄像机和脚架赶了过去。本来我们以为，既然是潭门渔民信奉海神，那十二兄弟公庙一定很大，香火很旺盛，结果发现那个庙竟然就是在某个村子的小路边的一间小得像牛棚一样的房子，当时我们就傻眼了。正在这个时候，一个开着三轮车的阿姨从路边经过，我们赶紧拦住她，问她有没有比较正规的、香火旺盛的十二兄弟公庙，她告诉我们，再往村子里走一点有一间更大的，我们当机立断，上了三轮车让女司机带我们去。

结果女司机从乡村的水泥路，载着我们通向了乡间小路，后来直接进了丛林。我们当时懵了，脑袋里全是问号：一个规模大的庙竟然会建在丛林里？后来在丛林深处竟然可以看到海，而那个十二兄弟公庙就建在那个丛林离海大概几百米的地方。一路的颠簸啊！结果一走进去才知道，这个庙是比路边的小庙大了些，但也就10平方米左右，破旧得很，女司机作势要走人，我们赶紧拖住她，包了她的车，让她等我们拍完再载我们出去。虽说庙是小，但既然来了，那就拍一点吧，素材多总好过素材少，就算没有用，当作留念也不错。后来女司机热心地向我们介绍了这庙的一些情况，听了之后才知道，原来只有农历七月十五的时候，才会有人过来祈福，那个时候要多热闹就有多热闹。原来我们来得不是时候啊！

算了，打道回府吧，该去王奶奶那里做采访了。于是，又是一路颠簸。回到中心渔港那边，在给车钱的时候，女司机亲切地对我们说：“来回40块钱！”虽然觉得贵，但我们觉得女司机全程陪着我们也蛮辛苦的，所以40块钱给得很爽快……结果我们回到王奶奶那儿跟奶奶一说，王奶奶马上大喊我们被骗了。因为潭门并不大，在中心渔港那边一般是每人1块钱，哪里都去得了，就算是进了村，来回最多也就20块钱。那是我们最贵的一次车钱，我们被赤裸裸地骗了！

到王奶奶那儿已经是中午了，在她们家门口的小卖部等了好一会儿，儿媳孙志池终于回来了，这是我们第一次见到孙志池，我们的“外交大臣”康群群同志赶紧跟着孙志池进了她们家的院子，跟她说明我们的来意。我们则留在原地陪王奶奶聊天，其实心早已经飞进去了。虽然昨天晚上大家商讨好以王奶奶作为主线人物，但是王奶奶不会说普通话，这对我们来讲确实是一个硬伤。而孙志池虽然年轻，但也是一个可以代表潭门女人的典型，而且她在外头还有一份工作，拍摄的环境可以多一些变化。虽然昨天晚上我是主张把王奶奶作为主线人物的一方，但那是因为我觉得孙志池近日工作太过繁忙，要配合拍摄的可能性不大，做个短采访还可以。不过综合来说，拍摄孙志池的画面确实会更加丰富一些，所以，如果可以争取拍摄孙志池的话，那是最好的结果。

看着群群进去了很久，我内心不禁忐忑起来，怎么了？到底发生什么了？我实在是坐不住了，起身走进院子，只见孙志池一脸的歉意，不断地说着："不要拍啦，没什么好拍的……”我上前和群群一同劝说孙志池，后来丽影也走进来跟我们一起劝她。而当我说道：“我们只是想呈现你们的生活情况，没有别的意思……”儿媳的眼泪马上就掉了下来，从我们哀求她变成了她哀求我们：“我们不是什么光彩的人，没什么好拍的，不要拍，不要拍……”

昨天，我们通过干警了解到了她们家悲惨的故事，所以今天看着她掉眼泪的样子，我的眼眶也变得酸酸的。确实，一个女人不管有多么坚强，失去了最爱的伴侣，就只有自己当自己的后盾，多少辛酸只有自己知道……而我们这些所谓的记者，就是来撕开她们伤疤的人。

王奶奶本来是很支持我们拍摄的，但是看到自己儿媳掉眼泪，也红着眼眶，第一次对我们下了逐客令：“走吧，不要拍了，都不要拍了……”

这可能就是“偷鸡不成蚀把米”，我们不敢再说什么了，百般道歉后扛着机器火速逃离王奶奶的家……

太阳还是火辣辣的，可是这一次我们谁也没有像往常一样抱怨太阳毒害我们的皮肤，默默地走在炙热的马路上，随意走进一家饭馆，一言不发地吃了点饭。吃完饭后，我们也没有想要回到酒店休息的意思，就这样漫无目的地在太阳底下“自虐”。

儿媳孙志池不愿意接受拍摄，也不愿意接受采访，我们的劝说还影响了王奶奶对我们的印象。现在，连王奶奶愿不愿意接受拍摄都成了一个未知数。今天已经是第三天了，我们在主线人物的拍摄上一点进展都没有，难道我们又要去找另一个主线人物？不！我们没有时间了，厚着脸皮也要把王奶奶“拿下”。

决定了之后，我们也不回酒店了，就在王奶奶家附近的一间小店铺坐下，等着儿媳孙志池走出家门，而有比较合适的时间再去一次王奶奶家，也做好被拒绝后再次死皮赖脸地恳求的准备。

终于，挨到了下午 4 点，我再也坐不住了，拉着丽影、小芮就往王奶奶家赶。走在这条去王奶奶家的必经之路上，心里“咯噔”了一下，一丝丝的恐惧从我的脚底爬上了脑袋，整个人感觉毛毛的，我怕，真的怕……甚至有想要逃跑的感觉，但是，脚步只能一直往前，不然我们就输了……

我们鼓起勇气，忽略小孩的那声叫喊“她们又来啦——”，走进院子，扬起笑脸亲切地喊了声王奶奶，没等王奶奶说话，我先发制人亲热地挽住王奶奶的胳膊：“奶奶，我们觉得啊，儿媳第一太忙了，然后也不愿意，不愿意我们就不拍了，我们就拍你好了，可以吗?”当时我的心情和脸上的笑容绝对是成反比的，别看我是一副故作轻松的样子，其实我的心里是在向上天乞求着：不要推开我的手，不要对我说“不”……

幸运的是，王奶奶一听我们不再纠缠她儿媳，出乎意料地笑脸以对，连连称好。当即配合着我们拍摄了一系列生活的画面，并答应明天带我们到她家的田里去看看。儿媳回来的时候，知道我们不强求她拍摄，她也开始对我们热情起来，并且邀请我们明天到她们家吃饭。这个时候悬在我们心头的大石头才沉了下来。

这件事情教育了我，我们必须要明白，每个人的心里都会有一块雷区，只要我们不刻意靠近，事情会变得好办很多……这次我们及时放弃了对媳妇的拍摄，对纪录片得以完成来说，绝对是一个历史性的决定。所以，有时候，放弃也是一种成功。

今天的工作终于有了进展，我们潭门四人组跑到昨天我和小芮发现的海滩边上玩了起来，不仅进行了各种搞怪自拍，还跳起了舞，在归途中，还看到了美丽的晚霞……或许不是最美的，但是好心情下看到的东西都是美的……

8月1日　星期四　　晴　　　　　　　　　　　无比舒畅

早早到了王奶奶家，王奶奶麻利地扛起锄头带着我们到田里去进行拍摄。在那里，蓝天、白云、绿田野，构成了一幅让人一看就忍不住深呼吸的美丽画面。我们兢兢业业地拍摄了半个小时之后，在王奶奶不耐烦的催促下完成了对田野的拍摄，然后赶回王奶奶家吃饭。王奶奶还为了我们专门宰了一只大肥鸡，感觉很幸福呢……

今天的工作感觉真的非常顺利，我们在回酒店的路上不顾形象地唱起了歌，惹得路人纷纷侧目，但是，我们真的很开心。

晚上的时候，我们组第一次走出房间，敲开了师兄师姐的房门，邀请他们一起去吃夜宵。潭门夜宵，大家全体出行，以椰汁代酒干出霸气，随后是各种狂欢。这是自从我参加“揭梦三沙”南海深度采访行这个活动以来，第一次如此尽兴。

我们一直吃喝、聊天到晚上11点半，这个时候的潭门已经很安静了，这条白日里热闹非凡的街道上空无一人，我们赶紧霸占大街，拍摄了一组名为

“潭门合伙人”的照片。

总之，一切安好。

8月2日　星期五　　雨　　　　　　　　　　　　　　　　郁闷

也许是老天爷觉得这几天把我们烤焦了，决定犒赏一下我们，给我们来了一场猛烈的台风。风大雨大，路边的树木都被吹歪了，本来我们有动过冒雨外出的念头，可是那闪电雷鸣实在恐怖，便只能待在酒店里过上难得悠闲却也倍感郁闷的一天……

祈祷明日一片晴朗！

8月3日　星期六　　阵雨　　　　　　　　　　　　　　　不舍

虽然稍早的时候还是狂风大作，但中午之后太阳又跳出云朵，与我们相见了。老船长符大江把我们带到他们那艘几百吨位的大船上参观，我们趁机在驾驶室里给老船长进行了一次采访。而后我们便赶赴王奶奶家，进行最后一次拍摄。

令我们最感动的是，王奶奶竟给我们每人串了一条由砗磲组成的手链，她说：“每人一条，以后看到手链，你们就会想起潭门，想起我们！”王奶奶虽然讲不出最流利的普通话，却给了我们最大的感动！我们跟王奶奶一家拍下了很多留念的照片，心里的不舍，不知道从何说起，心中的感谢，不知道用什么字眼才能完整表达……

今天是最后一次拍摄了，潭门这个地方，潭门的人们，带给了我们太多太多，而几天的心酸与艰苦从此便化成了依依不舍的爱恋。

8月4日　星期六　　晴　　　　　　　　　　　　　　　　惜别

8点钟我们就要赶赴博鳌，跟大部队会合了，今天是我们留在潭门的最后一个早晨。来到潭门这么多天，我们最大的遗憾就是没有拍到日出，所以我们4点半钟就爬了起来，带着机器，踏着星辰，磕磕碰碰地走到港尾，（途中康群群同学还穿坏了一只拖鞋），等待着这一场海上日出。

不知道等待了多久，太阳终于出来了，但由于云比较多，我们并没有看到像巴金笔下《海上日出》中的日出。然而就是这样不完美的日出，为我们为期七天的工作画上了一个完美的句号。离开港尾的时候，我偷偷地亲吻了一下大地，表达我对这个小镇的爱恋。

再见了，美丽的潭门镇！再见了，善良的潭门人！再见了，辽阔的天空与蔚蓝的大海！我不知道什么时候还可以再来，但是我还是要说：感谢潭门，从此记忆与你相连！

结 语

这次实践，让我学到了很多东西，而这些是绝对不可能在教室里或者在图书馆里学得到的，只有当自己真正走出了覆盖自己的保护膜，才可以看到这个社会的真实。

迷茫的我也找到了自己今后努力的方向。是的，喜欢写剧本，喜欢拍摄，就不要只是想想，付诸行动才是真理……

最后，对所有要感谢的人和事，真挚地说一声：谢谢！

守·望

2011 级广播电视新闻学专业　康群群

7 月 31 日　星期三　　晴朗

今天，会是我们组遇到过的最揪心、最动荡的一天了。就在今天，有被拒绝后的无尽的沮丧，也有遇到转机后的痛快的大笑。

早上 7 点多，我们便爬起来了。每天早上最害怕也最习惯的便是，丽影和小芮的叫喊声。从放假以来，似乎便很少有机会睡得如此舒爽和悠长了。太阳此时已经在高空中昂扬地照耀着，阳光落在皮肤上，有灼热的刺痛感。为了保证拍摄的进度，今天，我们依旧兵分两路。我和丽影前往潭门拍摄随处可见的摩托女司机，薏颖和小芮前往菜市场拍摄潭门的喧闹景象。

在我们查的资料当中有介绍说，潭门许多丧夫的妇女，为了维持家里的生计，会去镇上找点活来干。像王奶奶一样串珠子、搬鱼就是打工的方式。还有妇女会当起三轮摩托车的司机，固定收费是每人一元，像公交车一样，在沿路会让多人一起搭乘前往相同路线上的目的地。女司机有年轻的，也有中年的。我们先前也问过渔民协会的会长，在镇上，目前中年妇女中会说普通话的并不多。那些搭载我们的女司机，虽然不擅用普通话表达，但是，她们的精明灵敏总还是能避免语言不便带来的问题。在主干道上的两侧，有许多女司机的“蹲点”，女司机聚集在一起，客人少些的时候，她们会一起聊聊天。有时为了多些时间赚钱，便把饭早早准备了，在空闲的时候，吃上一些。女司机们并不是谁都会那么着急、热切地招揽客人，她们有时静静等待，有时骑车出去逛逛，找找生意。早上七八点和下午两三点钟，女司机比较多。不过也正因为有这些女司机，我们才能够省些心力，在乘车的时候，吹吹风，感受潭门的节奏。拍摄完女司机，我们与薏颖她们会合。菜市场人多喧闹，拍出来的画面里经常有不相干的人出现，让她们好是心烦。

提起这一点，我便想起，潭门人对于记者还是很尊重的。他们会好奇而谨慎地对我们进行询问：“你们在做些什么?”对于镜头，他们也不会感到害怕而躲闪，反而会热情主动地对着镜头比“V”字。他们的此番热情，虽让我们哭笑不得，但让我们心中有了满满的自豪。

随后，我们四人前往王奶奶家，希望能够见到其儿媳，对其儿媳能够进行采访。在接近中午的时候，儿媳孙志池终于出现在我们的眼前。那时我们心中确实忐忑。一个勇挑家中大梁的女子，估计也有几分倔强和较强的自尊心。想起王奶奶说起儿媳先前怎么都不愿意接受记者的采访，我还是厚起脸皮，走向孙志池。虽然晓之以理，动之以情，甚至，丽影和薏颖都加入说服行列，孙志池还是很倔强地但也很有礼貌地拒绝了我们的拍摄及采访。奶奶在旁边说了声：“别拍了，别拍了。”那时，我的心都凉了。我们随后立马收住，尽可能表达我们深切的歉意。因孙志池坚持要我们离开才吃饭和休息，我们四人一行依依不舍地离开了王奶奶家，又再次走在相同的路上，却带着与先前截然不同的心情。一路上，大家的沉默不语反而让彼此间压力更大。也许，我们的拍摄将会因此被迫中止。那刻，这样的想法盘踞心间。四个人吃完午饭，提着拍摄机器在大太阳下行走着。丽影走到一半的时候，遇到了一位老人，60 多岁。丽影简单地询问了几个问题，两人便开始聊了起来。那是一位老船长，至今还会前往西沙捕鱼。老船长跟我们说了很多有关出海以及潭门的事情，并对我们的拍摄很感兴趣。在丽影的询问下，老船长很热情地为我们提供了与三沙有联系的潭门人的联系方式。我带着我们问到的联系方式，亲自去王老师那里报告情况，希望能够给三沙组的连线工作提供帮助。大家跟船长聊得十分开心，船长的普通话讲得很流畅，字也写得好，撰写《蓝色诱惑》的郑庆扬就潭门的事情还采访过他。

与老船长告别之后，回到酒店，我们暂作休整。我打通了符干警的电话，希望他能够帮助我们再与孙志池沟通一下。下午 4 点多，我们又再次鼓起勇气走上了那条通向王奶奶家的路，也是通向我们人物专题片的那条乡间小泥路。真不知道会发生什么样的状况。我们热情地向孩子们打招呼，孩子们的那一声，“奶奶，她们又来了！”又给了我们“一枪”。但所幸的是，王奶奶依旧保持着热情，我们一行人便放下拍摄机器，跟王奶奶随意地聊起天来，其中聊到采访的事情，王奶奶并没有觉得十分厌烦。随后孙志池回到家，让人感动的是，她十分热情地邀请我们留下来吃饭。看到王奶奶和儿媳此番热情，我们吃饭的心早已飞到九霄云外了。大家相约第二天中午一同吃饭，我们买菜，她们杀鸡，举行一个小聚餐。约定完后，我们便屁颠屁颠地准备离开。在问清王奶奶海滩的方向，我们四个姑娘，趁着天色还早，便出发去大海的怀抱。那份激动，那份兴奋，真的难以言喻。心中石头落下，如释重负的感觉，让人好是舒爽。海上的天空很奇妙，分开两半，呈现出不同颜色，一边淡蓝，一边却已出现夕阳的殷红色，在湛蓝色的大海的映衬下，显得特别和谐与唯美。相信在这里拍下的空镜头肯定很漂亮。回酒店的路上，天空中有大片大片的火烧云，形状奇特，云遮住了夕阳，散发出像神像背后特有的光环，圣洁而美丽。走到渔港，渔船上亮起的闪灯，星星点点散落在渔港海面上，用摄像机虚焦呈现出来的感觉真的很迷幻。静谧的海面搭配着迷幻的光点，还有那烈红的天空，那瞬间，我突然有种想一直留下来的冲动。

8 月 3 日　星期五　　阴晴不定

今天是在潭门的倒数第二天。越到最后，总是越舍不得。但是正因为这几天都珍惜地过着每一天，每一天都在忙碌的疲惫中悄然入睡，我们没有太多遗憾和后悔，满心觉得能够来到这里实属天公作美。

早上 9 点多，我们一行人来到了海鲜大酒店的天台，想拍些潭门镇的俯景。这是我第一次到天台。打开门，走出去的那瞬间，干净飘云的蓝天立马就为潭门印象加分无数。阳光洒在同伴们的身上，对那份灼热，我们已经颇感亲切了。大家迅速熟练地打开机头盖，撑起三脚架，调好白平衡，对俯景便是一轮又一轮的“进攻”。顺着渔港方向的那条主干道总是抢眼的，白、黑、蓝三种基调，在那时候，显得特别协调，这样冷冷的色调，竟也因为这几天的经历，因为潭门人，让人顿感温暖。在反方向，还有一大片较为陈旧的楼房，略显荒凉。还不知道有多少路，在等待着何方人物的归来。天台两边，两种景象，让人一看，对潭门，既是爱，又是怜。

今天最棒的是，与先前路上偶遇的老船长联系上了，我们可以跟着他到他工作的船上参观，天气允许的话还可以出海航行。只可惜，天气阴晴不定，原本的出海计划也只能在日后的梦中实现了。我们拍完俯景后，老船长拿出两本关于潭门的书，一本《蓝色诱惑》，一本《潭门破浪记》。随后，老船长带我们到渔港码头，上了船。天又开始阴沉下来了，船上的缰索在灰暗的光线下显得更加消沉。船只挺大的，船舱里面有较为齐备的房间布置和日常用品，但十分凌乱、简陋，卧室十分狭小，也就两张单人床的大小。床板上只有一张薄薄的凉席。想起老船长说过，他们去一次西沙，就是一个月。一个月，在这样的环境下生活，没有太多的娱乐方式，不知是否会很辛苦。记得当过水手的大巴司机李师傅跟我聊过海上的生活。其实，在海上生活还是蛮有趣的，他最喜欢在晚上出来看海。海上的星空很漂亮。有时，水底下会有一些发光的生物。倒映着星空的平静的海面上，偶尔会有些发光的生物游过，那刻的海面，就像天堂一样，特别圣洁。他还在台山那边，看过成群的海豚跃出海面，十分壮观。从他口中说出的“漂亮”，一直在我脑海中，不断重构那些奇观。那些晚上在海中央的寂静，那些跳跃的海豚的叫声，真叫人难以抗拒。

随后，潭门八人组跟老船长一起在海鲜大酒店吃了一顿饭，跟老船长好好地闲聊了一番。这个老船长特别热情豪放。从他口中，我们得知，潭门人去三沙是轻而易举的，只要有身份证就可以。如果我们愿意，也可以跟他们的船一起去三沙。虽然真的很想跟着老船长去西沙，去看看那边的奇妙，但是，还是等下一次的机会吧！总有机会，我会再重新来到海南，来到潭门！

下午我们还是得继续奋斗，得抓紧时间到王奶奶家进行最后的拍摄，也要做最后的告别。等到下午 5 点王奶奶有空时，我们一行人最后来到王奶奶家，最后一次走在这五天每天都要走的小泥路上。现在想象下我们的背影，在快日落的阴沉的天空下，也许像一张黑白照一样，有点伤感萧瑟。王奶奶刚好在串砗磲手链，我们一行人便过去帮忙，赶紧弄完这些手链。这次，刚好在王奶奶家的鸡圈旁有一个推车。在最后一次拜访中，我跟春徽、船松及一个小弟弟玩了一次游戏——推车。

“开始咯！嘟！嘟！嘟！车准备开动啦。乘客们请问要去哪里？”

“去那里！”“哪里都可以！”“去找可望叔叔！去派出所！”

“那我们准备啦！春徽扶好弟弟！船松你也要扶好前面的弟弟！”

“开动！嘟！”

“……”

“再来一次！再来一次！”

尽管推车游戏玩了好几遍，孩子们却越玩越兴奋，下巴都要笑掉了。好几遍游戏下来，我已是满身大汗地坐在小卖部休息了。也是最后一次了，在这里跟孩子们这么爽快地玩游戏。虽然周围并没有什么高楼大厦，虽然地上坑坑洼洼的，但是，在孩子们看来，物质其实并没有那么重要，只要开开心心，每天跟小伙伴一起玩耍，每天跟奶奶、妈妈生活，简简单单的，就很幸福快乐了。爸爸和爷爷，也许化作了一束阳光或一颗星星，陪伴着他们，从未离开。

我们手上戴着一件超棒的礼物——奶奶和姐姐（奶奶的儿媳）送的砗磲手链。奶白色的颜色和独特的金黄色的纹路，在奶奶一家的热情当中更显特别。奶奶说：“给你们戴着，每人一条，以后看到手链，你们就会想起潭门，想起我们。”

串珠活在多人合作之下，仅完成了一部分。在最后，我走向王奶奶，进行最后一次拍摄接洽——让王奶奶带着孩子们去渔港散步。王奶奶很爽快地答应了。孩子们听说要去散步，也很开心。那时已日落，天空仅仅洒落一些余晖。大家静静地跟在王奶奶和孩子们后面拍摄，谁也不说什么。就只是跟着王奶奶，静静地走完这条我们这五天不知留下了多少身影和情感的路。看着王奶奶在渔港摆渡码头眺望海面，看着船松和春徽活蹦乱跳的样子，那一刻，我们觉得很难受，眼泪就不争气地在眼眶打转。我们害怕一说话，就岔气，眼泪就流下来了。王奶奶真的愿意这么配合我们，需要的勇气肯定无法估计。拍完之后，大家怕分别的场面，怕王奶奶不愿接受我们给的一点点心意，就只让我最后送王奶奶她们回去。王奶奶很坚持，刚开始硬是不让我送。回去的路上，王奶奶就跟我说了一番话，我想我一辈子也忘不了。她说：“其实，王奶奶一点都不喜欢拍这个东西。真的，真的很不喜欢。别人看了，会笑话的。会笑话我没有儿子，没有老公。孩子没有爸爸。所以，真的，奶奶很不喜欢。不过，看你们是学生，就可以拍。如果你们不是，那奶奶绝对不拍。奶奶是真的不喜欢拍。”那时听了王奶奶的话，看着王奶奶略微湿润的眼睛和安静的孩子们，我心里很难受。我也只能不停地道歉和道谢。说要走的时候，我们就觉得喉咙噎得慌，那时还假装开心，俏皮地说：“奶奶，我们下次还来潭门，来潭门就来找您。不知那时来的时候，春徽和船松会是怎么样的。”王奶奶也直点头，连说好，说一定要来潭门找她们。那时觉得那天熟悉的路变得特别地短，一下子就走完了。到了家门口，我很大声地跟王奶奶和孙姐姐（王奶奶的儿媳）道别，也好好叮嘱了船松和春徽一番。我要走时，王奶奶执意要送我一小段路。王奶奶就站在那个路灯下面送我。到了那里，我说：“奶奶，可以了，就到这里就好了。”我把我们的一点心意一把往王奶奶手里塞，拔腿就跑，就像我们四个人当时商量好的那样，跑远了一程。王奶奶一时没反应过来，后面王奶奶向前一步，说了声：“不要啊，不要。”我就越跑越远，说：“奶奶，没关系的，一点点小心意，你不要嫌弃就好。奶奶你自己小心哦。我们下次再来潭门。”王奶奶跟着挥了挥手，一直就站在那里，在那个发着惨白色光的路灯旁。

那是我最后一次走在那条路上，那条在晚上走时有点阴森的小泥路上。那刻，我才止不住地掉眼泪。我知道，王奶奶有着一份无奈的沉重，她无法拒绝和选择，为了生存，为了所爱，必须迎难而上，去迎接，去战斗，去追求那份在我们看来简单到不能再简单的幸福。这份无奈，是生存带来的无法抉择的苦痛。我愿意这么想。我愿意王奶奶在我心中活得至纯至朴，只因为我愿意相信美好。

再见！潭门！王奶奶！船松和春徽！姐姐！再见！

经过几天的分散拍摄，大部队再次汇聚于潭门。大部分的采访任务已完成，大家既开心又轻松。那一刻我觉得，在这个世界上，每个人活着，都是不易的事情。能够相遇、相识、相知，到相爱，需要多少机缘，需要多少时间。今晚的星空特别的漂亮，似乎整个银河都出动了。那是一大片的星星啊！听着海声，看着似乎摇摇欲坠的星星，我心中已无杂念。希望自己好好地活着，不给别人添乱，有力就为身边人做些贡献，有志便为社会做些什么。好

好活着，珍惜并享受当下，想必就是对生命最好的诠释和负责了。

第二天一清早要拍摄日出，拍完日出，就得把自己和行李打包回去了。期待明天有很棒的日出。

谢谢这几天带来的一切。谢谢给我机会来海南的邱老师。有经历才知道世界的魅力，有经历才能成长。在各色的世界闯荡，才能知道自己的渺小，也才能在谦逊中创造伟大。

一次纠结的采访

2011级广播电视新闻学专业　张　芮

7月29日　星期一　晴

连续几天的阴雨天气，让我们小组在从三亚去潭门的路上一直忧心忡忡。万一这样的天气一直持续下去，对拍摄是很不利的。

越接近潭门，天气就变得越晴朗，是老天爷听见了我们内心的祈求吗？

下午1点多，我们到达了即将入住的潭门海鲜大酒店。不知道该如何形容推开房门那一刻的心情，虽然说在来到酒店之前就已经知道这里的住宿条件不怎么好，但看到这简陋的房间的时候，我还是有点郁闷。

第一天的行动就碰了钉子，由于我们不是正规媒体的记者，边防派出所的教导员对我们小组的成员爱理不理的，倒是对佛山电视台的记者非常客气。好在，教导员还是安排了一名干警明天早上带我们去采访对象的家中，而且允许我们明天上午10点跟着佛山电视台的人到码头上去拍摄。这次行动虽然让人不太愉快，但总算有收获。

渔民协会的会长显得亲切友善多了。我和薏颖到渔民协会办公室的时候，会长正在等待镇领导的到来，他让我们过一会儿再来找他。当我们下午5点左右到他办公室的时候，他很热情地招待了我们，跟我们说了很多，关于渔民，关于那些死难渔民的妻子，还有潭门。

他讲到那些死难渔民的妻子的时候，感触很多，因为他的妹妹就是这其中的一员。当知道我们拍摄的主题后，他劝我们不要去打扰那些普通的老百姓，毕竟失去丈夫对于她们来说，真的是很深很重的伤，我们再去提起这些事，无疑是揭别人的伤疤，这对采访对象来说，又是一次伤害。

我暗暗地感觉到，我们这次的采访不会那么顺利。不管怎么样，明天要加油！

7月30日　星期二　　晴

今天的行动仍然是兵分两路，按照昨天的分组，群群和丽影将要跟随干警去采访对象家中了解情况，与采访对象沟通，而我和薏颖则去码头拍摄渔民们的活动。

上午8点，两个小组各自出发了。

潭门的天空，格外澄净。在码头待了不到半个小时，汗就一滴滴地从身上往下淌。每次调白平衡的时候，总是提示说亮度过高，就算将“ND”调到了“1/64”也无济于事。日头这么高，怪不得潭门的男男女女皮肤都是黑黑的。

渔民们虽然对我们俩拿着的摄像机感到好奇，但还是有条不紊地干着自己的活，只是不时地往镜头这边看几眼。渔民们正在把他们出海所需要的物资搬进船舱，这一条船大概要出海一个多月，他们准备的物资非常多，十只鸡、五袋大米、四箱方便面、数不清的饮用水和啤酒，另外还有不少鸡蛋、蔬菜、鱼干。

托佛山电视台的福，我们有机会上船去看看。因为空间很狭窄，船上的各个地方都给人一种压迫感。两个人要斜着身子才能通过的过道、翻个身可能就会掉下去的床、大约十平方米的房间……船上空间最大的是装鱼的货舱，有些船的货舱里会装满冰，便于保鲜，有些则会放满海水。

在码头上看见的船，没有一艘是崭新的，那些破旧的船身、泛黄的窗帘、褪色的中国国旗，记录了它们所经历的风风雨雨。

中午，两个小组在酒店会合。丽影她们带回了一个让人有点失落的消息，我们之前决定采访的对象不能采访了，也就是说，我们之前所做的那么多的准备，几乎是白费了。拍摄方案与片子构想几乎全部都要修改。

下午，我们一行四人再次跟着干警来到了采访对象王维菊奶奶家中。

王维菊奶奶今年已经60岁了，她的丈夫是一个渔民，2008年因为癌症去世。她的儿子在2010年的一次洪水中被海浪卷走，葬身大海。短短几年中，她失去了她生命中最重要的两个男人——她的丈夫和儿子。

一提起儿子，老人的眼泪就会止不住地往下掉。我们一方面很想从老人嘴里得到更多有关她们生活的种种细节，一方面又害怕老人会因此而陷入悲伤当中。这的确是很让人为难的。看见老人红红的眼眶，我们也会忍不住暗暗伤心。

下午的采访，可以说并不太顺利，老人心情一直低落，不太愿意说话。而且，她讲的是海南话，彼此间有点语言不通，我们经常听不懂她说的话。

晚上，我们小组聚在一起讨论明天的拍摄、采访方案。干警建议我们采访老人的儿媳，她会讲普通话，沟通起来会比较简单。但是，儿媳是清洁工，最近正在忙着清理妈祖祈福仪式的会场，本来安排了我们今天下午和她见面的，但是，我们一直等到下午6点，她都没有回来。如果我们要采访儿媳的话，不知道要等到什么时候，她才会有时间。

于是，我们小组就采访对象的确定进行了一番讨论。综合考虑了种种因素后，我们决定选择王维菊老人做我们的主要采访对象。

7月31日　星期三　　晴

我们的选择是正确的。

今天一早，我们再次来到王奶奶家，希望可以和她儿媳聊一聊，说服她接受我们的采访。

我隐隐觉得，王奶奶的儿媳可能不太愿意接受我们的采访。昨天我们打电话给她，第一次的时候还是有人接的，可是因为信号不大好，听不清，于是挂断了。但是，第二次打过去的时候，就没有人接了。或许，她是不想接我们的电话吧。

后来，终于在王奶奶家见到了她的儿媳。果然，她不愿意接受我们的采访。不但如此，连我们想要拍一些她的生活镜头的请求也被拒绝了。最后，我们把要求降到了最低，连脸都不会露，只是背影。但是，她还是没有同意。我们把嘴皮都给磨破了，把能说的话都说了，始终还是没有办法改变儿媳的决定。

见我们在那里，她们一直都不去吃饭，并一直让我们不要再拍了。当时我们的心情真的是低落到了极点。于是，我们只好赶快收拾好东西，离开了王奶奶家。

今天已经是我们来到潭门的第三天了，之前，也遇到了不少问题，但是，都不如现在的那么难以解决。好不容易找到一个可以采访的对象，却没有办法采集到更多的素材。王奶奶今天的态度也不像昨天那样了，显得有点不耐烦，或许是受到儿媳的影响。真的很害怕采访进行不下去了。

中午，王玉玮老师找我们吃饭，想了解一下我们的进度，我们推托说下午还有采访任务，中午在外面吃。其实是不想跟老师说我们现在糟糕的情况。

我们再次打通了之前帮助我们的那位干警的电话，希望可以从他那里得到一些帮助。麻烦了他这么多，现在，我们也很担心他会觉得我们太烦，而不愿意帮助我们。好在他还是很热心地答应我们晚一点再去王奶奶家跟王奶奶的儿媳聊一聊。

下午，我们等干警的电话，一直等到下午3点，实在是等不下去了，于是自作主张地去了王奶奶家。一路上，我们的心情很忐忑，很担心会被讨厌，很担心采访不能继续下去。

我们再次跟王奶奶和她的儿媳沟通了一下。一则告诉她们如果她们不乐意让我们拍摄的话，我们就不拍摄，只在征得她们同意的基础上拍摄；二则希望可以拍摄一些关于王奶奶的画面。

或许是我们对王奶奶的儿媳的理解使我们获得了她们对我们的理解。我们的要求得到了王奶奶的同意。

当她们得知我们在外面吃饭花销很大以后，还很热情地邀请我们到她们家吃饭。这突然的转变让我们有点受宠若惊。我们万万没有想到，在今天上午我们还以为采访可能进行不下去了，下午我们居然被这一家人接纳了。虽然王奶奶的儿媳还是没有接受我们的采访，但是，至少她们对我们的到来并不排斥，甚至还算比较欢迎。

我们悬着的一颗心终于放了下来。

8 月 1 日　星期四　　阵雨

今天一早，我们去小镇的市场买了点菜，并拍摄了一些空镜头，然后前往王奶奶家。

我们把买来的菜刚放下，王奶奶就说：“走吧走吧，带你们去田里。”于是，王奶奶背上一把锄头就出门了。

一路上，王奶奶走得很快，我们如果要拍摄她的画面的话，常常要小跑着。如果在路上稍微晃了一下神，王奶奶就走得很远了。我老是拿着小 DV 这里拍拍、那里拍拍，所以我要一路跑着才能勉强跟上王奶奶的脚步。

王奶奶家中的水稻有好几亩，一眼望去，好大一片绿色的海洋！潭门的天空格外的蓝，与这绿色相配合，好一片田园风光！

中午，因为我们的到来，王奶奶特地宰了一只她们家养的鸡给我们吃。

来潭门这几天，就只有今天感觉轻松。只要再拍拍王奶奶的镜头和一些空镜头，拍摄工作就完成得差不多了。

我们和王奶奶聊天，听她讲了很多家里的事。我们打算片子主要采用旁白叙事，一是因为王奶奶说的海南话比较难听懂，二是采访镜头不足，只能用一些其他镜头代替。

8 月 2 日　星期五　　大雨

台风突然来袭，今天的天气实在是不适合外出拍摄。就算我们不怕淋雨，机器都受不了潮湿。于是，今天成了我们在潭门最悠闲的一天，没有工作。

8月3日　星期六　　阵雨

潭门的天气实在是神奇，昨天还是倾盆大雨，今天，一早起来就看见了太阳公公。

下午，我们一行人再次到王奶奶家去拜访。

刚到，王奶奶的儿媳就跟我们说："昨天你们没来，他们两个还一直问，怎么那些姐姐今天没有来。"看来我们还挺受孩子欢迎的嘛！

王奶奶正坐在小卖部前的桌子旁串珠子。每一串珠子大约是28颗，长度要一样长。串这样的珠子，每串只能赚到一毛钱。王奶奶见我们来了，拿出四串串好的珠子手链，说送给我们。当时真的觉得特别感动。她们的生活并不宽裕，可以说是有点拮据，但是，她们对待我们真的很热情，让我特别有温暖的感觉。

我们从广州来到这样一个陌生的小镇，没有认识的人，这一家子人让我感觉到了亲人般的温暖。或许正是这个小镇淳朴的民风，让他们对待陌生人也毫无防备，热情相待。

很可惜，我们明天就要离开这里了。

傍晚，我们请王奶奶带着两个孩子到海边去走走，让我们拍一些画面。

最后，我们让群群送王奶奶回家，并叮嘱群群一定要让王奶奶收下我们给她们家的一点心意。而我和丽影、薏颖，打算到码头的海边去走走。

就这样，我们居然误打误撞地碰上了在海边吃饭的邱老师一行人。于是，我们一起吃了一顿晚饭。

到潭门来的第一天，就听大师兄他们说，潭门的星空很漂亮，一直都没有时间看，今天刚好在海边，终于看到了。这真是我有生以来看过的最漂亮的星空。我从来没有看见过天上有这么多星星，每一颗都这样明亮、耀眼，闪烁着如钻石般的光芒。而且，只要耐心地看着，过不了一会儿，我们就可以看见一颗流星划破天际。我想，古时的人，对这样的星空一定不陌生，这种自然的美丽，居然变成了现代人的一种奢望。

明天一早，要来拍海上日出。

继续加油吧！

8月4日　星期日　　多云

凌晨4点的闹钟，把我从睡梦中叫醒。昨晚凌晨1点才睡，保守计算顶多睡了三个小时。或许是因为一直都没有看过海上日出，今早起来的时候，我还是蛮兴奋的，也没怎么觉得困。

差不多5点，我们小组的二师兄、三师兄行走在潭门的街道上。这个时候路上居然有人，环卫工人已经开始打扫街道了。

到了海边，月亮还高高地挂在天上，星星还像昨晚一样亮。天边隐隐有点光，这就是所谓的鱼肚白吧。

刚开始到海堤上的时候，天黑得看不见前面的路，堤上又凹凸不平的，如果没有二师兄一直拿着手电筒给我们照明的话，真有可能掉进海里去了，还不知道发生了什么事。

天空好长一段时间都是一个样子，等着等着，我们都有点不耐烦了。啥时候才日出啊？

渐渐地，天越来越亮了，天空也从深蓝色渐渐泛紫。天边的云渐渐染上了红色，又镶上了一条金边。

海面上的云很厚，从我们看来，太阳根本不是从海面上升起的，而是从云中升起的，这让整个画面没有了那种我们期待的美感。不过，日出的壮美景象，是可遇而不可求的。

今天就要离开潭门了，居然有一丝不舍。或许是因为这里的星空，或许是因为这里热情的人们。如果有机会，还想回这里看看呢。

“揭梦三沙”
南海深度采访行选题方案集锦

一、揭梦三沙

从补给到自给

——从“食”缝中看永兴岛的变迁

从前，永兴岛的补给完全依靠海南岛。永兴岛的粮食、蔬果、肉类等全由海南省运来，主要靠“琼沙 3 号”运输船。永兴岛上设有超市，饼干、饮品等日用百货的价格与岛外相同，唯有大量新鲜海产非常便宜。渔民向游客出售鱼干，以及海星、贝壳等手信。

今年 59 岁的梁少群 1975 年来到永兴岛。那时，岛上都是树，没有路，新鲜蔬菜只够吃两天，其他时间只能吃冬瓜、南瓜等，如果海上风浪大，补给船来不了，就会发生“给养危机”。

曾任西南中沙办事处办公室副主任、现于西南中沙办事处海洋渔业局工作的梁少群，对两次“给养危机”记忆犹新。他上岛的第二年——1976 年，9 月以后进入台风季节，补给船进不来，近三个月过去了，岛上淡水没有了，蔬菜没有了，香烟没有了，当时人少，粮食还有。他们只好接雨水，用药净化，放一个晚上，第二天再饮用。“烟民”来了烟瘾，就卷干木瓜叶抽。为了节约粮食，他们到海边钓鱼，既当主食又当副食。

第二次“给养危机”是 2000 年春节前，强台风来临，海上风浪一直很大，补给船一个多月没来。那时，岛上人员多，食品需求量大，小超市里的东西卖光了，随后野菜也挖光了。春节临近，驻岛所有单位负责人开会，把全部食物集中起来，统一分配，过了年三十，大年初一，补给船终于开来了，所有人都兴高采烈地去码头迎接。

由于天气太热，岛上缺少泥土，蔬菜全是后方补给，在西沙很难吃到新鲜蔬菜。在工委的食堂里，早餐是馒头就咸菜，午餐是大白菜和一块咸鱼或肥肉，晚餐仍然是大白菜和一块咸鱼。

自 2007 年起，永兴岛逐渐从补给支持转向自给发展。中国南海舰队驻守在永兴岛，西沙启动了“海岛蔬菜大棚”工程，除新建 6 个蔬菜大棚外，还新建蔬菜保鲜库、基质加工发酵间、养殖场、沼气池等相关配套设施。工程完工后，西沙官兵蔬菜自给能力将大大提高。

而西沙海岛上的渔民不仅开始有自己的房屋，还从老家带来鸭苗和鸡苗，在村子里养鸡、养鸭，遇到因风浪而补给困难、食物供应紧张时，就杀两只鸡鸭度日。

面对最严重的淡水紧缺问题，西沙雨水班如今每年能提供淡水 86 000 吨，结束了西沙岛喝水困难的历史。以前每半个月至少要从海南岛运水一次，现在则可以自给自足，不但保证永兴岛上的淡水自用，还可以补充小岛的部分需求。解决了水的问题，就从根本上改善了岛上的生存状态。这座昔日的荒岛如今绿化覆盖率已经高达 90%。岛屿上的生产基地已经经营得有声有色，建起了相当规模的养猪场、养鸭场，以及无污染的菜地，既改善了生活，又大大节约了开支。

我们计划通过采访历史见证人梁少群、实地走访养殖基地，体验村民们的饮食文化，从“食”这一方面切入，剖析永兴岛的发展过程。从补给到自给，是永兴岛从荒芜贫瘠的海岛成长为人们安居乐业的家园的艰难跨越，也是永兴岛未来发展的方向，村民们的梦想与希望。我们希望能从这一选题中挖掘出真实的永兴岛发展史与三沙的民生民情。

1. 采访计划

时　间	采访安排	备　注
“琼沙 3 号”抵达永兴岛（7：00 ~ 8：00）	拍摄补给船抵达时永兴岛上热闹非凡的场面。	关注码头上的彩旗、海军的纠察兵和武警值勤人员、排成一排的推土机和大货车、大群等待交易的渔民。
8：01 ~ 12：00	联系采访人梁少群，同时前往永安岛的蔬菜大棚、养猪场和养鸭场进行拍摄，随机采访基地负责人。	蔬菜大棚是军区后勤驻地，需要提前联系。
12：01 ~ 14：00	前往永兴村，拍摄村民吃午餐的情景并随机采访。	
14：01 ~ 16：00	采访梁少群。	尽量争取在梁少群家中进行采访。
16：01 ~ 18：00	配合日落时分，拍摄鸡鸭还窝、村民收整养殖场和渔民丰收而归的情景。	

2. 采访提纲

（1）您还记得第一次来到永兴岛时的情景吗？还记得当时您的第一顿饭吃了什么吗？

（2）能给我们介绍一下永兴岛上的经典菜单或菜肴吗？

（3）您在岛上最爱吃的食物是什么？最想吃的东西又是什么？

（4）您认为当时在岛上生活最大的困难是什么？

（5）您是怎样克服这些困难的？

（6）能给我们分享一下您的经历和故事吗？比如当年的“给养危机”。

（7）现在的永兴岛和当初的永兴岛相比较，您觉得最大的不同在哪里？

（8）您怎么看岛上发展的自给产业？有持续发展的可能吗？

（9）您认为永兴岛有一天会不会实现完全的自给自足？

（10）如果永兴岛要实现自给自足，具体需要怎样做？

（11）如果有一天，永兴岛实现自给自足了，您最希望它能满足您什么心愿？

三沙市的住房梦

1. 背景介绍

三沙市当地的传统住房主要有三种：简陋的木板房、高脚楼以及碉堡。简陋的木板房相当于一个木棚。高脚楼是一种热带传统建筑，一层架空，用来喂养牲畜，人住在二楼。高脚楼的特殊设计使得二楼通风良好，很凉快。而且，一般住在高脚楼内的居民都会在房顶进行一些遮阳的处理，比如让椰子树的树荫遮住屋顶，或者将屋顶架空使其与二楼有一定的距离，很有热带特色。而碉堡顾名思义就是厚墙构造成的圆柱形建筑，由于墙壁很厚，所以碉堡最结实，而且里面也很凉快。

不过总体而言，三沙市的住房以木板结构为主，风吹日晒，很容易被毁坏，居民都表示希望能住上结实舒适的房子。据了解，去年西南中沙工作委员会已经规划，准备建设83套高质量的保障性住房，建成后将以较低的价格租给渔民使用。

那么现在三沙市居民的居住状况如何，计划建设的保障房建设进度如何，是否投入使用了呢？这些都是值得关注的问题。

2. 拍摄计划

这一专题将分为以下两部分进行。

第一部分是传统民居的生活体验。到达三沙市之后，我们将用三天时间走访三沙市的居民，进入他们的家中了解他们的居住情况。如果在“琼沙3号”上能找到典型人物，则进入他们家中采访。届时将由出镜记者以体验的方式对木板房、高脚楼和碉堡楼内的生活进行介绍。根据前期调查，我们可以重点采访一位名叫郑有机的渔民。

第二部分是关于保障房的报道。我们将在采访完永兴村主任符载畴之后，请他带领我们前往保障房施工工地进行采访拍摄。如果施工尚未完成，我们将报道施工进度并与施工工人进行交流，了解他们愿意来这里建设保障房的原因。选取一两个工人进行深度采访拍摄。如果已经有当地居民入住，则对已经入住的居民进行深度采访拍摄，了解他们之前的生活状况，和现在相比发生了哪些变化。

3. 采访人物简介

郑有机，当地渔民，51岁，他采用比较特殊的捕鱼方式：他在浅海地区以蝶泳的方式游来游去，惊动浅海的鱼，让鱼四处游动，这样鱼就有可能撞到他在四周布置的挂满了倒钩的渔网上。这样他只需要把鱼从渔网上拿下来就可以了。

郑有机曾经在接受采访时用“住木板房，喝苦涩水，吃咸菜干，点煤油灯”描述了永兴岛十年前的生活。而现如今，他家中有了电视机，可以收看60多个频道。可以说，郑有机见证了永兴岛上居民生活的重大变化。

4. 采访提纲

（1）您是什么时候来到永兴岛捕鱼的？
（2）您当时也是采取这种捕鱼方式收入怎么样？
（3）您现在每天的收入怎么样？
（4）您现在每天除了捕鱼之外，有什么休闲娱乐活动（比如看电视、上网等）？
（5）您刚到岛上的时候，生活是怎么样的？您住在什么样的屋子里？吃的和用的都是什么样的？
（6）您现在的居住环境怎么样？可以带我们参观一下您现在的住处吗？
（7）参观的时候，视其居住环境随机应变进行提问，可以围绕着他家的布局、建筑特色等展开。

雨中行走的树

——从雨水兵看军人的坚持和奉献

1. 初步文案写作

【字幕】

乡亲：延国，你在部队干的啥？

延国：接雨。

这是回家探亲，乡亲问起部队生活时，关延国的回答。

正文一（工作内容）

7月28日上午10时，船开始减速，远远望见了岛屿，那就是我们将要到达的永兴岛，它曾是海南省"西沙工委"所在地，现已成为中国最年轻的城市，也是三沙市的政府所在地。

烈日灼灼地炽烤着永兴岛，岛上一处半封闭的逼仄地沟内，关延国和他的战友们正守在里面开放阀门，为需要加水的各单位按量供水。

用水是西沙的瓶颈，在永兴岛，水比油珍贵。这几位战士，负责收集、处理雨水，供岛上官兵饮用。四级军士长关延国十五年如一日，现为雨水班班长。

地下作业艰苦，他们常常要忍受潮湿和异味。地上作业又何尝轻松？

雨水兵们每天需要开关、检护七个泵房和二十多台水泵。三十多个阀门分布在盘根错节的近百条管路上，每天也要开关多次。暴晒下，储水罐上的零部件受热升温，雨水兵们经常被烫到。

正文二（工作意义）

雨水，岛上最重要的淡水补给源。为了更好蓄水，机场的跑道和停机坪都有千分之五的倾斜度，同时向铺砌有一米多深渠道的一侧倾斜。这样，雨水经引水沟，可流入机场南北两端的集水坑，然后由水泵送往储水罐和地下水池，最后经过净化处理后，每年能提供8.6万吨饮用水，这大大地缓解了从岛外运水的压力。

正文三（岛上经历——与台风抗争的故事）

傍晚时分，海水温柔地轻叩着礁石，椰林和晚风奏响曼妙的海韵，时光仿佛是静止的。生活在岛上的渔民和战士终日忙碌，少有闲情欣赏美景。但对于关延国他们来说，他们时刻关注的莫过于台风。每次台风的背后，都是一部惊心动魄的追雨大片。

记者采访关延国：您刚被分到雨水班时，来到岛上工作，那你还记得第一次遇到暴雨台风的场景吗？其中哪些事给你留下了深刻的印象？

关延国回答："那是1999年的一个夜晚。在狂风骤雨的肆无忌惮的咆哮声中，才结束新兵训练被分配到军港保障队雨水班的我被班长喊醒。'快，起来收集雨水去！'当时，雨水班刚成立，只有班长和我两个人。'这样的天气，还这么晚，就不能等白天下雨时再接吗？'匆匆穿上雨衣的我刚带着不解与班长一起冲到屋外，便差点被风刮倒。弓着腰的班长一把拉住我，大声地冲我喊：'侧着脸，眯着眼。'一瞬间就浑身湿透的两人艰难地在飞机场南北两端的泵房间来回奔波，展开收水作业。几趟下来，便是七八公里。"

关延国后来才知，西沙群岛竟有旱、雨季之分。如果不充分利用每一场能利用的降雨，尽可能地收集更多的雨水，储存起来，到了旱季，便可能会出现水荒。

面对变化莫测的大自然，人们总是怀有敬畏之心。当台风暴雨来临时，常人往屋里躲，雨水班的战士们却要往外冲，做好雨水收集工作。十五年来，关延国和战友们收集净化的雨水达120多万吨。

这120多万吨水，换作市面上常见的18升装大桶水，是6 667万桶；如果用载重量750吨的"琼沙3号"轮从海南岛专门运，则需要运1 600趟。

正文四（悠悠乡情和切切爱情）

1998年底，从福建宁德市职业中专毕业不久的关延国，先在宁德市最大的一家机动车维修所工作，之后他离开宁德老家，入伍来到了云飞浪卷的西沙。

结束了新兵训练，憧憬着到舰艇上当一名风光的海军战士的关延国，却怎么也没想到会被分到驻永兴岛的后勤部门，而且还是一个刚组建的"雨水班"。

刚到不久，有时他会希望自己就是一片自由的云，飞啊、飞啊，飞回家乡去。而他自己却勤于工作，十五年不曾在家乡过过一回春节。

雨水班的士兵们顶风冒雨接雨、处理雨水，极大地改善了驻岛官兵的用水条件，深得岛上居民和驻岛官兵的认同。当关延国再次抬头看云时，发现西沙的云飞翔的模样竟然是那样的可爱。

正文五（中国梦，军旅梦）

云朵就像天上的浪，吸引着他的目光；浪花就像海里的云，锤炼着他的体魄。追云的关延国知道，他看的不仅仅是云朵，而是他从小到大的军旅梦。

心有梦，不畏路远且艰。十五年间，大路小径、椰林草地，一步步的丈量中，关延国走成了一幅海岛活地图：收雨管道更新时，关延国对着施工图一口气提出了十六条建议，让接雨工作省时省力……

心有梦，苦中也有甘甜。十五年间，开阀管泵、汲水给水，在一次次的操作中，关延国学成了雨水净化专家：他设计的专用加水管，在管网还没有普及到各单位的时候，解决了加水中的浪费问题……

心有梦，幸福自来敲门。宁德市职业中专的小师妹在听说他的故事后，走进了他的生活，而且，非常支持他的工作。新婚后第一次上岛，所带的礼物就让关延国又惊又喜：听说在岛上，雨水班战士骑的自行车经常爆胎，她一下子带来了三十套自行车轮胎……

这些梦想的种子，撒入南海的云层，便能携雨而下，长成一棵棵会行走的树、生命之树，绿叶满枝。这棵树在雨中行走，它汲取雨中的生命，挺拔的躯体在晴朗的夜静静地闪现。

2. 采访提纲（针对关延国及其他战士）

（1）您是哪一年入伍的？哪一年来到永兴岛的？哪一年进入雨水班的？

（2）刚进入雨水班时，对于这份工作，您内心有过矛盾吗？当时是怎么想的？

（3）刚进入雨水班，哪些事给您留下了深刻的印象？

（4）平时你们都怎么收集雨水、净化雨水的？

（5）刚被分到雨水班，来到岛上，第一次遇到暴雨台风，您还记得当时的场景吗？哪些事给你留下了深刻的印象？

（6）那么多年没有回家过春节，亲人有过抱怨吗？他们是否能理解您的工作？是什么让您一直坚持？

（7）在和战友相处中，发生过哪些有趣的事？

（8）有喜欢过女孩吗？可以简单透露一下你们的情感经历吗？怎么认识的？现在多久可以见一次面？

（9）住在岛上这些年，你们觉得永兴岛都发生了哪些变化？

（10）您希望永兴岛变成什么样？

3. 拍摄地点

机场跑道，雨水净化工作地点，雨水班战士宿舍。

4. 时间安排

第一天：从他们早上工作开始，跟拍一整天，直到晚上他们休息。

第二天：补拍海岛风光和他们的工作环境，以及跑道的饮水设施。

5. 设备支持

（1）高清摄像机一台，三脚架一个，无线麦一个，录音笔一个，广角镜头一个（向学院借）。

（2）单反相机（自备）。

6. 需要联系的人

雨水班班长关延国等。

二、探秘军 & 情

携情携义携梦同行（蜕变·梦常青）

1. 选题阐述

通过对新兵和老兵的采访，挖掘故事，并对比他们不一样的心路历程和人生追求，异中求同，提炼出新老兵的共同梦想的凝结点，例如无私奉献、守卫海疆的军人精神，对祖国共同的深沉的热爱等。

正是由于新老兵怀揣着共同的梦想，所以他们从事着相同的伟大事业。尽管历经风霜的老兵可能会被岁月剥蚀掉最初的激情，但是他们初衷不改，永远是最可爱的人。因为他们的梦想有着一批又一批的新兵在延续，梦想也会像长河一样一直奔流不息。

2. 呈现方式

以纪录片（专题片）方式呈现。

3. 片子构想

以对新兵和老兵的采访为主要内容，将新老兵的生活训练状态交替呈现，通过一些空镜头营造新老兵交替的意境。（例如太阳落山、升起，花开花落等）

老兵从以下七个方面入手：

（1）老兵生活的现状。有的老兵可能早就远离了军旅生活，有的还仍然坚守在岗位上。（这个可以通过画外音来呈现）

（2）老兵的训练情况，例如他们体能训练等方面。

（3）通过对老兵家属的采访，来展现老兵的心路历程。（他们有哪些疑虑，他们是否有跟家里人分享过自己心中的一些对未来的担心）

（4）对老兵采访，从正面直接了解老兵代表们的心路历程，以及他们对于未来的设想。（是否选择退伍，是否选择重新学习再次融入社会）

（5）对老兵采访，让其讲述以前军旅生活的先进事迹。

（6）老兵对于现在的新兵的一些看法。（由于处于的时代不同，必然会有一些分歧和不理解）

（7）老兵对于新兵的期望。

新兵从以下六个方面入手：

（1）拍摄新兵训练的场景，了解他们初入军旅生活的苦与乐。

（2）拍摄新兵和长官交流的画面，并采访长官，从侧面了解新兵的心路历程。

（3）新兵对于老兵的看法。

（4）采访新兵代表，让其讲述在军队中生活的这段时间遇到的困难，以及在这期间的心理波动的原因。

（5）新兵对于自己未来的一些设想。

（6）新兵如何将老兵的梦想延续下去。

4. 拍摄亮点

借鉴《看见》中柴静访谈“中国式合伙人”的形式，将拍摄内容与描写海军战士的电影《做只海鸥也挺好》和电视剧《火蓝刀锋》相联系，检验影视作品对海军战士生活的还原程度，全面展示海军战士的生活常态，包括情感、事业、梦想、追求等，借此吸引公众的眼球，让公众更好地去深入了解中国人民解放军的可爱之处，激发公众的爱国情怀、提高公众的海防意识和海洋主权意识。

5. 采访提纲

新老兵通用问题：

第一，个人。

（1）当兵之前的梦想是什么呢？为什么当兵？

（2）何时（年龄）开始当兵的？家里人当时支持吗？

（3）刚进军营时有什么趣事发生吗？那有什么囧事吗？

（4）你们平日里都有哪些业余爱好？

（5）生活上有什么不习惯吗？

（6）当兵过程中遇到过什么困难吗？如何解决这些困难？

（7）讲一讲一些和战友相处时的有意思的事情吧。是不是也有那种电视剧中的浓厚的兄弟情义？

（8）人在一起久了，就会有摩擦与矛盾，和战友关系如何？产生过什么矛盾吗？如何解决的？

（9）如果有人问您，您人生最遗憾的是什么时，您会怎么回应？

（10）后悔过当兵吗？如果人生再来一次，您还会选择做一名军人吗？

（11）若是上帝愿帮您实现三个愿望，您会许哪三个愿望？

（12）用三个词形容一下您现在的生活状态，会是哪三个词？

（13）您现在最忧心的事情是什么，能跟我们说一下吗？
（14）若有人问及您的信仰是什么，你会怎么回答？
（15）您是靠着怎样的信念一直坚守在边疆的？
（16）能跟我们分享一下您来到军营后最得意的事情吗？
（17）有看过电影《做只海鸥也挺好》吗？结合你们的日常生活，您觉得电影里边的场景真实度有多高？能给我们比较一下吗？
（18）您觉得我国的海防军事力量如何？
（19）您最喜欢哪一首军歌？能给我们唱一曲吗？
第二，家庭。
（1）想家吗？有没有哭过？想家的时候如何排遣？
（2）您一般多久回一次家？给家里打电话吗？打电话回家的频率如何？
（3）能不能说一下打电话时一般都说些什么？不涉及隐私的。
（4）家里几口人，他们来看过您吗？
（5）爸妈身体怎么样？
（6）结婚了吗？军旅生涯会影响您的婚姻吗？
（7）爸妈着急您的婚姻问题吗？有没有逼着您结婚什么的？
（8）如果结婚了，可以跟我们分享一下您的恋爱故事吗？
（9）您觉得自己有没有对家庭愧疚的地方？为什么？
第三，国家。
（1）逢年过节，你们都是怎么度过的？
（2）多久之后才能真正地出海执行任务？要达到什么标准？有老兵带着吗？
（3）您还记得执行过多少次任务吗？
（4）执行任务过程中有遇到过什么困难吗？是怎么解决的？
（5）执行任务过程中有什么难忘的事情吗？
（6）执行的任务都是成功的吗？能举一个没能完成任务的例子吗？
（7）不执行任务时，您一般都做些什么？
（8）您如何处理个人、家庭、国家事务之间的关系？
（9）对于“中国梦”，您是怎么看的？您心中的中国梦是怎样的呢？
专访新兵的问题：
（1）刚进军营的时候老兵们是怎么迎接你们的，有什么欢迎仪式吗？
（2）有被老兵们起过什么外号吗？有什么由来？
（3）老兵训你们的时候，有没有抵触心态，比如不服气等？
（4）在军营里给您印象最深刻的人是谁，为什么？

(5) 军营里有没有您很佩服并把他当成偶像的人?

(6) 对于自己的未来有什么打算，退伍、升士官等?

(7) 您觉得你们和老兵有什么相似之处?

专访老兵的问题：

(1) 由新兵成为老兵时，心里有什么感受?

(2) 作为老兵，新兵刚进营时，您都有哪些表示?

(3) 有没有遇到很难教的新兵，如老想着跟老兵叫板的那种?

(4) 您欣赏的新兵是什么样子的?

(5) 成为老兵之后，有没有觉得自己是新兵的时候一些想法是很幼稚的? 现在有哪些不一样的感觉?

(6) 今后有什么打算?

(7) 您会鼓励自己的孩子当兵吗?

(8) 您觉得你们和新兵有什么相似之处?

(9) 所谓“铁打的营盘，流水的兵”，你们海军战士是怎么面对战友离别的呢?

6. 地点介绍

榆林海军基地，解放军最重要的基地之一，位于中国海南省三亚市郊。南海舰队三亚榆林海港是中国南大门重要的军事基地，它隐藏于山体中，今后将成为中国潜艇舰队的核心基地。

7. 采访对象

军区领导比较了解自己的兵，选一些比较有代表性的，如个性比较鲜明或有一些光辉事迹的兵。老兵就要有一些先进事迹的，新兵就要心理波动比较大的。到达军区，首先跟领导沟通好，请军区领导安排被采访的新、老兵。预想采访对象是两名新兵、两名老兵。

8. 任务安排

第一天：提前观察、踩点、寻找采访对象，完善策划。要在最短时间内大致熟悉榆林基地的历史、现状、人员等。熟悉这里的环境和战士训练情况，联系军区领导寻找最佳的采访对象，并申请采访机会。

下午与采访对象接触，并且了解他们基本的情况，如果条件允许可以进行采访工作。

第二天：重点开展采访工作，分为两组。一组采访新兵代表，另外一组采访老兵代表，然后跟拍他们基本的生活状况，并补拍一些空镜头。

9. 器材设备

学校学院实验室提供的摄像机、三脚架、电池、录音笔、磁带等。

孤岛电波

——一个人的“电视台”

1. 选题阐述

东瑁洲岛坐落于美丽的旅游城市三亚的近海海域，这里驻守着我国最南端的陆军连队——三亚警备区东瑁洲海防连。这里自然条件恶劣。

被称为“天下第一哨”的东瑁洲岛具有一大亮点，那就是驻岛官兵创办了属于自己的“电视台”，虽然没有专业的无线发射装置、先进的采编设备，但是东岛电视台却是全体官兵们感受生活、放眼世界的必不可少的一个平台。

曾健发一手支撑的这个电视台，凝聚着所有驻岛士兵们共同的梦想。一个人的梦想成就了全部驻岛人的希望，更让东瑁洲岛张开梦想的翅膀，飞翔！

2. 呈现形式

正文一（多重身份，演绎斑斓人生）

旁白：海岛、排长、大学生；编导、记者、出镜人。两组看似毫不相干的名词，却因为一个小小的“东岛电视台”，在三亚警备区东瑁洲海防连排长曾健发身上有了交集。

画面：拍摄一些天刚亮的海边和警备区的镜头，和曾健发在灯光下的剪影或者是在初起的太阳照射下的剪影。

旁白：每天早上，曾健发都在这个时间起床，然后开始一整天的训练和工作。作为一名驻守于东瑁洲岛的士兵，作为祖国最南端陆军连队中的一员，“军人”这一角色是曾健发最引以为豪的。

画面：拍摄曾健发和其他士兵训练的场景。

采访曾健发：

（1）您最初的梦想是什么？当初为什么要选择当兵？

（2）为什么要选择东瑁洲岛这个艰苦的地方？

旁白：然而，曾健发还有着另外的身份，他是东岛电视台的记者、出镜人、编导。其实，“东岛电视台”既没有视频发射短波，也没有信号接收器，只是将采编、制作好的视频文件连接到电视播放而已。说它是电视台，因为它有“记者”采访、有“编辑”制作，还有“播音”出镜，并且岛上官兵对节目的关注程度丝毫不亚于对中央电视台《新闻联播》的关注程度。

画面：曾健发在为电视台的节目而工作的场景。

旁白：现在曾健发正在为晚上的节目做着最后的准备，7 点 30 分，“电视台”准时开播。

画面：曾健发在主播台上播报新闻的画面。

正文二（风雨兼程）

旁白：“新闻快讯”、“连队之星”、“一周剪辑”、“纠错台”等当下这些东岛电视台荧屏上的主导节目，在当初只是曾健发脑中一个个幻想的片段。

画面：拍摄演播室和正在播放东岛电视台节目的电视。

（在剪辑中营造梦境色彩，可以在采访过程中询问他曾经做过的有关海军的梦，可以以演员演绎的形式拍摄出来）

采访曾健发：

（1）当初为什么想要创办这样的一个“电视台”？

（2）这个想法有被否定过吗？后来为什么又坚持下来了？

（3）在创办过程中给了您最大支持的是什么（谁）？

（4）在创办过程中都有哪些有趣的事儿呢？

（5）有遇到过什么播出事故，导致节目不能够按时播出的吗？后来是怎么解决的？

（6）有没有想过放弃？为什么？

（7）出现困难后，为什么会一直坚持下来？

（8）东岛电视台的播出节目单可以给我们看看吗？每天都是如此吗？

（9）在电视台开播之初有哪些设备？

（10）对于这个电视台的发展前景，你有什么期冀？

旁白：然而就是这样一个最为简陋的电视台，却是全岛官兵最为宝贵的精神食粮。新战士林超宇分到连队后，面对孤岛艰苦紧张的训练生活，心里很失落。林超宇生日那天，曾健发专门制作了一期节目作为生日礼物送给他。“连队老班长刘付入伍 13 年，熟练掌握 12 种不同型号车辆的驾驶和维修技术，累计安全行车 4 万公里，在营区门前的短短 800 米路上练成‘全军红旗车驾驶员’……”节目的内容和曾排长的良苦用心让林超宇感动不已。从那以后，他训练和工作时都像变了个人一样，干劲十足。

画面：当时的资料画面。

采访林超宇：

（1）现在是您来到东瑁洲岛的第几年了？习惯这里的生活了吗？

（2）最开始来到岛上的时候您的状态为什么很不好？

（3）曾健发排长是怎么看出来您的想法的？

（4）后来看到他的礼物后，您的第一想法是什么？

（5）后来您又是怎么行动的？

（6）您心目中的“东岛电视台”是怎么样的？您对它未来的发展有什么样的期望吗？

（7）现在，您最想对曾健发排长说的一句话是什么？

正文三（大家的梦，他来筑）

旁白：这可能是与观众最为贴近的一个电视台了，每一个士兵既是观众又是电视里的主角。

画面：拍摄电视台开播时，士兵们围坐在一起观看的场景；拍摄曾健发从主播台上走下来的场景。

采访曾健发：

（1）每次看到自己的节目受到士兵们的欢迎时，您的心情是怎样的？

（2）他们看到您有没有一种像看到明星一样的感觉？

（3）您知道士兵们最喜欢什么节目吗？为什么？

（4）平时你们对节目内容有沟通吗？

（5）您对东岛电视台节目的定位是什么？

采访士兵：

（1）你们喜欢东岛电视台的这些节目吗？

（2）最喜欢哪个节目？为什么？

（3）在你们心中，曾健发是怎样的人呢？

（4）你们对于电视台还有什么期望吗？希望它未来变成什么样？

画面：（加音乐）拍摄曾健发和士兵们一起沟通的场景。

正文四（飞翔吧，东岛）

旁白：东岛主干道创业路的不远处有一条路，路两边种满了相思树，尤为引人注目的是悬挂在树上那一块块刻有守岛官兵军旅感悟的格言牌，如“作家用笔墨描写生活，军人以血汗诠释生命”、“上岛一家人，建岛一条心”等。几年前，30多名老兵退伍，在即将登船时他们又留了下来，冒着酷暑干了两天，弄出一块平整的地当作篮球场了。背起行囊离开时，他们共同制作了一个格言牌：“飞翔吧，东岛！我们骄傲曾做您的翅膀。”

画面：和曾健发一起走在这条路上。

采访曾健发：

（1）您满足于自己现在的生活吗？

（2）您有没有想过家？您又是通过什么样的方式排解这种感情的？能跟我们分享一下你的爱情故事吗？

（3）您怎么处理个人、家庭与国家之间的关系呢？

（4）有想过自己会有离开这样的生活的一天吗？

（5）如果离开了，您会有遗憾吗？如果有，是什么？

（6）您会把电视台交给谁？

（7）离开后，还会回来看看东岛，看看这个曾经战斗过的地方吗？

（8）如果要对这个小岛说一句祝福语，你想说什么？

旁白：夜已深，战士们枕着海浪、闻着椰花香入眠。学习室的灯依然亮着，那是曾健发在策划制作下一期节目。

画面：学习室中曾健发工作的场景。

旁白设想：曾健波说他没有后悔过踏上这片土地，没有后悔过记录这些士兵们宝贵的点点滴滴。（要通过采访得知）

画面：曾健发正在眺望远方的背影。

旁白：采访结束，船渐行渐远，碧波之上，东瑁洲岛就像镶在海上的翡翠，在夕阳中闪烁着让人满怀敬意的光芒。

画面：东瑁洲岛的远景和海鸥飞过的场景。

3. 拍摄地点

（三亚东瑁洲岛）东岛电视台录制中心、曾健发卧室、士兵训练场地、创业路、学习室。

4. 需要联系的人

三亚警备区东瑁洲海防连排长曾健发、士兵林超宇等。

5. 拍摄时间

第一天：跟拍曾健发。

第二天：小组分为两队分别拍摄海上风光和采访林超宇和士兵，并补拍前一天的画面。

“电”照风行

——清波筑梦

1. 背景介绍

东瑁洲岛距三亚市 5.4 海里，四周被海水环抱，面积只有 0.83 平方公里，这里驻守着我国最南端的陆军连队——三亚警备区东瑁洲海防连。这里曾经是“遍地珊瑚礁、鸟儿不落脚”的荒岛，小岛四周都是悬崖峭壁，礁石林立，夏秋季节风无三日停，冬春季节数月无降雨，全年平均气温三十四摄氏度，四季炎热，因此也被称为“火岛”。每到夏季，岛上最高气温高达五十摄氏度，官兵只能借助风扇入睡。

为了给战友们带来光明和凉意，电工班班长汪清波十一年来坚守岗位，经历了从最早的手摇发电到自动发电，从保障一台发电机到保障多台发电机，从安装风能路灯到建设太阳能光伏电站的阶段。

2. 选题阐述

"'电'照风行"意为如电光之照耀，如风之流动，比喻意义甚大。该选题具有两层含义：一方面是指汪清波十一年坚守发电岗位，不懈地追逐着自己的梦想，对海防连发电工作贡献巨大；另一方面指用电对于海防连的作用巨大，圆了官兵们长久以来的发电梦。

3. 片子构想

以发电班班长汪清波的日常工作为主线，贯穿汪清波进入海防连后的经历来回顾东瑁洲岛海防连的用电史以及从发电兵看海防卫士对个人梦想的坚持、对军人梦的守卫和对中国梦的追逐。

正文一（"火"岛·汪清波）

画面一：（表现出东瑁洲岛的气候炎热）海水一望无际，不起一丝波澜（摇镜头），画面定在被炎炎烈日晒得反光的礁石上。

岛上小树安静伫立，树中蝉鸣聒噪，动静结合。

画面二：引出主人公汪清波发电房里机器轰鸣，一名士兵坚守机房，硕大的汗珠流下脸颊的画面（人物特写）。

旁白：他就是发电班班长汪清波，这份工作他已经坚持了十一年，十一年如一日，毫无怨言。

正文二（连队的发电梦）

画面：拍摄各种用电的设备（包括电视机、电灯、电风扇等），更重要的是一些急需用电的军用装备。

（从侧面突出发电的重要性，了解发电设备改善给他们生活带来的影响以及对整个连队的作用。）

采访非发电班的官兵：

（1）您觉得用电在您的工作生活中的哪些方面表现得尤为重要？

（2）你们现在还有用电难的问题吗？

（3）以前的情况又是怎样的？可以回忆一下具体的场景吗？

正文三（汪清波回忆：梦的破碎）

采访汪清波：

（1）您还记得刚刚来到发电班时的情景吗？

（2）第一次接触发电工作是什么心情？

（3）刚开始您遇到的最大的困难是什么？后来是怎么解决的？

(4) 连队发电设备这些年经历了哪些改善？能不能给我们具体讲述一下这些过程？

(5) 这些年的发电工作中令您印象最深刻的是什么？

(6) 您为什么对这件事情有深刻的印象？

(7) 您怎么看待发电兵的工作？

画面：具体的工作流程。(了解海防连的发电史和他个人为了连队用电工作的奋斗史)

正文四（发电梦，中国梦）

旁白设想：汪清波说过太阳能光伏电站建成他就要“下岗”了。(要通过采访看具体的回答)

画面：拍摄风起的画面和军用设备工作的画面。(与片头照应，表明发电给大家带来了凉意，更为祖国的海防事业带去了希望)

采访汪清波：(通过采访，我们进一步了解他的发电梦会怎样延续)

(1) 您有设想过未来连队的发电工作吗？

(2) 如果要离开的话，您如何延续自己的梦想还有整个发电队的梦想呢？

(3) 您觉得您的工作对于祖国的强盛和边疆的安宁有什么作用吗？

(4) 您怎样看待中国梦？又会为这个梦想的实现做出什么样的努力呢？

4. 拍摄地点

东瑁洲岛海防连风景、电工房、官兵宿舍、用电场所。

5. 时间安排

跟拍汪清波一天的工作，小组分工，安排两人拍摄小岛风光。

6. 需要联系的人

东瑁洲岛海防连电工班班长汪清波等。

“那只鹰是我”

——专访亚丁湾护航战士

1. 选题阐述

“那舰长是我的父亲/那水兵是我的兄弟/那只鹰是我/我们住在云海之间/家是一片驿动的灯火/风云砥砺我的双翅/沧海涂镀我的肤色/那只鹰是我/我飞过沟壑和重山/我飞过风暴与漩涡/行囊里装满期望/肩膀上扛着嘱托/那只鹰是我/我俯冲，让浪花擦亮我的目光/我高翔，双脚踏着云朵/妈妈的梦，从黄水游到蓝水/父亲的笑容里，皱纹形成著作/那只鹰是我/我撞破历史百年的云雾/在天顶组建出自己的星座。”

这是护航舰队的官兵以自己的亲身经历所写的一首诗。作为前往亚丁湾护航舰队中的一员，作为祖国人民和平与安宁的使者，他们骄傲地呐喊：“那只鹰是我！”这里不仅有着满腔的热血，更有着祖国和人民所赋予的光荣使命。

然而，远洋的雄鹰却是最为普通的人，这里将重点选取与我们年龄相仿的经历过亚丁湾护航的士兵，以他们的视角来看待护航，从他们的讲述中了解钢铁战士内心的温暖与柔情。

2. 片子构想

旁白：2013 年 7 月 29 日星期一早上 7 点，这是我们参观部队并了解士兵兄弟们生活的第二天。

画面：士兵们清晨忙碌工作的画面。

画面：一只飞鹰划过海边的天空。

字幕：“那只鹰是我”——专访亚丁湾护航战士

旁白：这不是一支普通的海军队伍，他们曾经十二次参加亚丁湾护航任务。其他信息要通过采访得知。

画面：士兵训练的画面和舰艇的画面，配上亚丁湾护航的一些资料画面。

画面：（有同期声）我们参观特种兵的场景。（可能会有同学与士兵之间的互动）

采访护航战士：（选取典型的两个战士，交叉剪辑）

（1）您今年多大了？当兵多少年了？

（2）您的爱好是什么？有没有什么特别崇拜的人？

（3）听说你们参加了十二次亚丁湾护航任务，厉害。第一次参加任务时，有没有担心自己回不来什么的？出航前是什么样的心情？

（4）参加任务次数多了，还会有担心吗？

（5）每次参加任务的心情是一样的吗？或者有哪些不同？

（6）是什么信念支撑您参加这么多次的护航？我们觉得你们是将生死置之度外的英雄。

（7）您有和海盗正面交锋过吗？

（8）护航途中碰到过哪些惊险的事情，您是怎么解决的？

（9）有什么有趣的事情吗？

（10）有什么难忘的事情吗？

（11）护航途中有和外国护航战士合作过吗？

画面：可以中间插一些资料画面或者士兵训练的画面。

旁白：人物介绍。（要通过采访得知）

画面：海军基地的画面。

采访护航战士：

(1) 出航前有跟家人沟通过吗？家人支持吗？他们是怎么想的？

(2) 参与护航的战士是怎么选出来的？有什么要求？

(3) 为什么选择出海护航？

(4) 最让您觉得光荣的事是什么？

(5) 你们当兵之前的梦想是什么？

(6) 当战友要出海护航时，你们会跟他们说些什么？

(7) 用一个词语来形容你们这支队伍，您觉得会是什么？为什么？

(8) 对于祖国，你们有什么祝福？

(9) 您为自己的工作自豪吗？为什么？

旁白：那舰长是我的父亲/那水兵是我的兄弟/那只鹰是我/我们住在云海之间/家是一片驿动的灯火/风云砥砺我的双翅/沧海涂镀我的肤色/那只鹰是我。(配音乐)

画面：士兵们欢笑的画面。最后是一只海鹰飞翔的画面。

3. 采访提纲

(1) 这支队伍参与了十二次亚丁湾的护航，他们是国家派出的第几支护航编队？

(2) 执行护航任务历时多久？具体是哪段时间？

(3) 可以介绍一下你们这支队伍的基本情况吗？(人数、任务分配)

4. 拍摄内容

护航战士之间的交流、护航战士跟我们的交流、护航装备。

5. 资料搜集

护航过程中的一些照片、视频（如纪录片《亚丁湾护航正在进行》）、护航线路图、护航作战策略。

“我是特种兵”

——揭开特种兵的神秘面纱

1. 选题阐述

特种部队是担负神秘任务的部队，每一名队员都身手不凡，一声令下随时可翻山、渡河、跨海、空降，执行特殊任务。他们是不为人知的特殊存在，但每当祖国有需要，他们则会应召守护在人民群众的最前方。

特种兵是神秘的，神秘源于它有那么多的“特殊”：使命责任特殊、组训模式特殊、任务环境特殊、后装保障特殊等。我们将近距离采访特种兵，揭开特种兵的神秘面纱。

2. 片子构想

正文一（影视作品虚拟场景剪辑）

主人公马晓强的梦境：作为一名特种兵执行任务。

主人公马晓强从梦境中醒来。

镜头接新兵欢迎仪式：

长官：跟大家讲讲你的真实想法，为什么选择结业来参军？

主人公马晓强发言：我参军的目的只有一个，我从小就崇拜男人中的男人、军人中的军人——特种部队的战士。我参军就是为了加入特种部队。国内最强的特种部队之一就是我们海军陆战队海鹰特种大队。我就是为了加入海鹰才来参军的。

备注：主人公马晓强是一个一心一意想当海军海鹰大队特种兵的大学生。

正文二（“陆地猛虎、海上蛟龙、空中雄鹰”）

旁白：可能有不少的特种兵战士跟马晓强一样，是为了成为男人中的男人而加入特种部队的。特种兵是人民心中的无名英雄，支撑他们坚守岗位的正是他们身后的祖国。祖国大地是他们生命的依托，祖国安危是他们一生的使命，任何艰辛磨难都撼不动他们炽热的中国心。“忠诚守纪、枕戈待旦、机智灵活、勇猛剽悍”是他们的风采。

画面：特种兵们训练、比赛的相关资料（抓近景，突出人物神态和特种兵训练共同发出的吼叫声等）、特种兵的装备以及相关介绍（有条件的话）。

正文三（特种兵背后的故事）

旁白：特种部队的训练，都是高风险和高难度的课目。他们的训练特点，是将人置于极度危险的实战状态，通过实战训练，磨炼队员的意志。训练虽有痛苦，但更多的是一种收获——战胜重重困难。全过程的摔打可锻炼特种兵的能力、意志、战斗精神和心理素质。

画面：本部分以采访为主线，穿插特种兵训练、日常生活等画面，有条件的话，可从军区取得一些资料画面。

3. 采访提纲

（1）根据我们收集的资料，特种兵的主要任务有袭扰破坏、暗杀绑架、敌后侦察、窃取情报、心战宣传、特种警卫，以及反颠覆、反特工、反偷袭和反劫持等。能跟大家解释一些这些拗口的名词后边都隐藏着哪些机密、故事吗？你们执行过的印象最深刻（最艰巨）的任务是什么？当时是怎么完成这个任务的，能介绍一下整个过程吗？

（2）参加任务次数多了，您会有担心吗？

（3）每次参加任务的心情是一样的吗？或者有哪些不同？

（4）有和海盗正面交锋过吗？

（5）有什么有趣的事情吗？

（6）有什么难忘的事情吗？

（7）我们在电视剧上看到过很多生死与共的战友情谊，能跟我们说一下您跟您最要好的兄弟的相识、相知过程吗？

（8）作为一个特种兵要掌握各种知识吗？除了作战技能，是否还要了解哪种草有毒、哪些植物可以食用、如何对付猛兽等？

（9）如今成为特种兵都还需要具备哪些条件？听说特种兵要会多国语言，你们需要吗？

（10）特种兵的装备与一般部队士兵也不同，都有哪些不同？能跟我们介绍一下你们的装备和它们的用途吗？

（11）平时训练都有哪些项目？

（12）你们训练应该很苦，是怎么坚持下来的？

（13）您参军之前的梦想是什么？

（14）为什么做了特种兵？

（15）成为特种兵之前已经当了几年兵了？

（16）听说特种部队中，有名气且战功显赫的被称为“精锐特种部队”，作为撒手锏而又大多不为人所知的称为“超精锐部队”。那你们觉得自己是作为何种特种兵存在的呢？平日里是否需要向旁人隐瞒自己的身份？（如果需要隐瞒的话）你们一般会说自己是干什么职业的呢？会和家人说自己是干什么的吗？

（17）家人支持你吗？

（18）会以自己是一个特种兵而骄傲吗？对于人们所夸耀的特种兵特有的血性和气势，你们自己是怎么看待的？

（19）你们会经常参加一些比赛吗？都取得了哪些骄人的成绩呢？能跟我们分享一下这其中的经过吗？

（20）很多资料都显示特种兵队员们不仅具备远超常人的体能、心理素质和技战能力，一人徒手对付几人不在话下，而且人人精通多种武器。这些说法的真实程度如何呢？

（21）听说特种兵可以服役十几年，之后也可以留在部队做新兵的教头。您打算服役多久？

（22）参加任务之外，您喜欢做什么，有什么兴趣爱好？

（23）对于未来，您有什么期许？

梦起航·风雨兼程

旁白：势如雷/疾如风/我们是忠诚的特种兵/能查善打/撒手锏/纵横天下真英雄

特种部队/特种人/特种精神/特种魂/笑傲沙场/兵中王

我们是中国特种兵/我们是中国特种兵

箭上弦/刀上锋/我们是铁血的特种兵/如虎如鹰/如蛟龙/三栖鏖战显神通

特种部队/特种人/特种精神/特种魂/笑傲沙场/兵中王

我们是中国特种兵/我们是中国特种兵

画面：海岛上的波涛汹涌、熊熊烈日、海鸥、军用设备等，采访的镜头画面，特种兵的表情特写，文艺晚会的表演等。

4. 画面

采访画面：穿插特种兵在联欢晚会上的表现的画面，抓住细腻细节，如人物的面部表情、肢体语言、与人交流时的精神面貌等。（展现他们严肃的神情，同时也表现他们平日亲和的笑脸）

5. 新片呈现方式

若是无法拍摄到特种兵的训练过程，则片子中间片段的呈现将会把采访所获得的内容与影视作品相关片段相结合。片子具体展现特种兵的风采，同时对影视作品所呈现的内容进行甄别。

琼崖女兵

——三亚女兵实录

1. 选题阐述

女兵是军队中一个特殊的群体，在艰苦的训练中她们练就坚毅的性格和超强的任务执行能力，同时作为“军中玫瑰”，她们又有着女性的细腻柔情与独特性格。据《军事记者》2013 年 5 月 27 日《女兵班里“牛人”多》一文报道：海南省三亚警备区通信连女兵“牛人”辈出，曾两次荣获集体三等功，在各军区级比武竞赛中获奖无数。在训练之余，女兵们还各展所长，超群的技艺得到众多官兵的喜爱，极大地丰富了连队的课余生活，像警备区的优秀班长李楠楠、精通钢琴与射击的高手吴春等女兵都是有着动人故事的人物。

每一位女兵的经历都是一个独特的故事，她们的工作与生活、坚守与执着、经历与愿景，都是值得记录的片段。此策划旨在通过对海南女兵的生活、工作的记录，还原真实的女兵生活，记录“军中之花”的生活点滴，展示女兵的艰苦训练环境与细腻的内心世界，听她们讲述曾经的抉择和未来的愿景。

2. 采访提纲（群体采访、典型采访）

（1）从哪一年开始加入军队？（参军几年了？）

（2）为什么当时选择成为一名女兵？

（3）有没有后悔过？

（4）这过程中有什么让您刻骨铭心的经历？

（5）退伍后打算做什么？

（6）能给我们介绍一下每天的训练流程吗？

（7）在军队的生活，最困难的是哪一部分？

（8）用三个词语来描述你自己，您会选哪三个？

（9）多久会跟家里人联系一次？

（10）多久回一次家？

（11）在军队里学会了哪些技能？

（12）军队的生活有没有对您的性格产生一些影响？

（13）您向往的爱情是怎么样的？

（14）军队是一个风格统一的地方，但是作为年轻的女性，内心会不会也希望像普通的青春少女一样打扮自己，展示自己的独特风采？

（15）您小时候有想过自己会成为一名女兵吗？为什么？小时候有想过自己在 20 多岁的年华里是怎样的一种状态吗？

（16）参军这几年最大的收获是什么？最大的遗憾是什么？

（17）以后有了自己的小孩子，您会让他/她参军吗？

3. 拍摄主题

全方位展示海南女兵生活与工作现状及内心世界。

4. 拍摄内容

（1）女兵生活、工作环境空镜头。

（2）日常生活细节记录（叠被子、摆放军帽等）。

（3）女兵队列、擒敌、体能等必备的军事技能。

（4）采访画面：空镜头、画面等。

5. 采访设备清单

设 备	数 量（个）	备 注
平板电脑（笔记本）	3	自备
话筒	1	学院借出
三脚架	2	学院借出 1 个、自备 1 个
摄像机	1	学院借出
储存卡	5	学院借出
单反相机	2	学院借出
录音笔	1	学院借出
充电器	1	学院借出

6. 呈现方式

（1）纪录片。

（2）图文采访报道。

（3）电子杂志（可供新传院网站上播放）。

（4）广播专题（口述军区历史、参军经历、见证事迹）。

7. 可行性分析

（1）海南军区除了公众所常见的男性海兵之外，也有女性海兵，这些女兵为采访报道提供了基本的人物条件，而根据先前的军区新闻报道，这些女兵都各有特色，具有报道价值。

（2）海防女兵作为一个特殊人群，并不为公众所了解，女兵生活可记录性较强，这个特殊的群体往往有独特的经历或情感思路。对女兵的采访报道能够在一定程度上满足受众的好奇心和求知欲，引发受众阅读或观看的兴趣。

（3）海防行计划深入海防前线，这为采访女兵提供了地缘条件，接触才能了解，与女兵们近距离接触和交往，比电话采访、网络采访等任何一种形式都能取得更直观和丰富的新闻素材。

（4）海防行活动是由暨南大学新闻与传播学院和军区联手展开的，这一点解决了采访中可能遇到的大部分困难，是深入了解女兵们故事的前提条件。

（5）本小组成员均为女生，这可避免因性别差异而带来沟通上可能出现的障碍和不便，能够获取更丰富、人性化和更细化的信息，可使后期制作出的电视节目和写出的稿件更加生动和富有人情味。

（6）目前已通过查找资料和联系军方等方式了解了女兵群体的基本情况并确定了军方能够安排采访。

建功深蓝

1. 选题拍摄内容（备用素材，以实际情况选取）

（1）搜集路人甲、乙、丙、丁对海防特种兵的认识，提炼关键词（作为片子开头）。

（2）海防特种兵的常规活动，如每天清晨的升旗仪式（国旗迎风招展以及士兵面部特写）等。

（3）海防特种兵的常规训练。

（4）海防特种兵给家里人打电话、聊家常。

（5）海防特种兵在宿舍的生活环境以及饭堂的环境。

（6）海防特种兵的娱乐消遣或集体活动，如上网、体育运动等。

（7）记者与海防特种兵面对面深入交流。

（8）对基地周围环境、海边人文风光的拍摄。

（9）搜集的一些历史资料、影视画面。

（10）海军领导层的一些讲话和指挥的画面。

（11）对船舰、潜艇的拍摄。

2. 采访提纲

（1）您是什么时候参军的？

（2）为什么选择成为一名海防特种兵？

（3）当您成为一名海防特种兵的时候，第一感觉是什么？

（4）对海防特种兵来说，在日程训练中是不是要求比普通士兵高很多？

（5）这一过程中，最困难的是什么？怎么克服？

（6）去亚丁湾护航时发生了什么难忘的事？可以分享一下吗？

（7）您最初的梦想是什么？现在的梦想又是什么？

（8）军营里有哪些趣事和囧事？给我们讲讲你们的兄弟情谊吧。

（9）多久会和家里联系一次？

（10）常年不在家人身边，对家人有什么想说的？

（11）这个选择给您带来哪些改变？

（12）有得便有失，成为一名海防特种兵，您觉得您失去了什么？

（13）如果可以再来一次，您还会选择成为一名海防特种兵吗？为什么？

（14）您觉得20多岁应该是怎样一种状态？

（15）您对自己的生活状态满意吗？觉得自己幸福吗？

（16）对志愿成为海防特种兵的大学生，有什么想说的？

（17）最喜欢哪首歌？能给我们唱几句吗？

注：视实际回答情况选择问题、增加问题和深入采访。

3. 片子构想

画面	解说词
大学生甲、乙、丙、丁对海防特种兵的认识（紧凑的节奏） 记者拉行李箱、上车（画面加快） 车开出（画面加快） 记者在车上、窗外景色（画面加快）	【出镜记者】提到海防特种兵，您第一个想到的词语是什么？ 【画外音】无论是××，还是××，这都是我们意识中的海防护卫军，那究竟他们的庐山真面目是什么样的呢？记者带着同样的好奇心搭上开往三亚榆林海军基地的汽车。
记者站在榆林海军基地大门外（摇镜头，固定镜头）	【出镜记者】经过十五个小时的跋涉，现在我们已经来到三亚榆林海军基地，未来两天我们将与这里的海防护卫兵进行零距离接触，走进他们的真实生活。
军港环境（远景，摇镜头） 单一舰艇、潜艇外部（全景） 舰艇的型号、主炮、雷达等（特写） 从船外看到的海景 海防特种兵站岗（多角度） 接待员给团队队员介绍设备、海防知识等	【画外音】海军陆战队是海军的一个独立兵种，它是一支诸兵种合成的能实施快速登陆和担负海岸、海岛防御或支援任务的两栖作战部队，是应付局部战争和军事冲突的“拳头”，又是联合进攻行动的“尖刀”，在现代战争中起着举足轻重的作用。（未定，且根据实地考察资料而定） 【现场音】记者与介绍者的对话或团队老师与介绍者的对话。

（续上表）

画　面	解说词
船舰上飘扬的旗帜 海军领导讲话和指挥 排列整齐的海防特种兵的脸（特写） 海防特种兵整齐站姿（中景） 船的甲板 在训练中，突出拍摄对象的训练 采访画面 新兵招收处 生活、工作环境空镜头 日常生活细节记录（叠被子、摆放军帽、洗漱用品摆放等） 采访画面	【现场音】海军领导讲话声 【画外音】人们一般认为，特种兵起源于德国……（未定，根据实地考察资料而定） 【出镜记者】什么时候参军？为什么选择成为一名海防特种兵？当您成为一名海防特种兵的时候，第一感觉是什么？ 【出镜记者】对海防特种兵来说，在日常训练中是不是要求比普通士兵要求严格很多？
敏捷的训练画面，超乎常人的技艺 采访画面 采访画面	【画外音】训练场上，特种兵正在进行体能训练。无论酷暑严寒……除正常训练外，士兵们还要进行……（根据采访回答而定） 【出镜记者】这一过程中，最困难的是什么？怎么克服？ 【出镜记者】去亚丁湾护航时发生了什么难忘的事？可以分享一下吗？
已有影视资料、图片资料 船舰的整体外观 船舰的船身等外部 其他设备 采访画面 采访画面 特色海防特种兵的服装（突出与普通士兵穿着的不同之处） 特种兵的全身装备（特写，中景，全景）	【画外音】介绍亚丁湾护航。（未定） 【出镜记者】有很多男同学对舰艇很感兴趣，可以给我们介绍一些海防新型装备吗？ 【出镜记者】选择成为海防特种兵，这个选择给您带来哪些改变？ 【出镜记者】如果可以再来一次，您还会选择成为一名海防特种兵吗？ 【出镜记者】有得便有失，成为一名海防特种兵，您觉得让您失去了什么？

（续上表）

画　面	解说词
部队士兵和"揭梦三沙"团队的同学在礼堂布置会场 现场座无虚席（全景） 主持人在台上宣布晚会开始（远景） 部队表演 采访画面 海防特种兵的娱乐消遣或集体活动	【画外音】两天的军营生活给我们留下了深刻的印象。今天晚上，队员们和部队官兵在基地礼堂举行联欢晚会。没有绚烂的灯光，没有专业的演员，没有华丽的服装，但是他让我们看到了海防战士的另一面。 【现场音】联欢会主持人开场白 【现场音】据现场具体情况而定。 【出镜记者】在部队里，平时你们都有哪些娱乐消遣或集体活动？
采访画面 脸部或手部（特写） 采访画面 海防特种兵集体照（特技叠化）	【出镜记者】您觉得 20 多岁应该是怎样一种状态？ 【出镜记者】最喜欢哪首歌？能给我们唱几句吗？ 【现场音】采访对象的歌声

注：双机拍摄，以记者探知采访为主线，采访内容与画面、史实资料交叉呈现。

4. 活动计划

阶　段	内　　容
前期筹划	与指导老师充分沟通，确定好项目进展的各个细节，确认具体活动方法、活动目标和人员分工。
资料收集	进行前期准备和资料收集的工作，搜集有关海防特种兵的资料，并提炼出能够代表他们意见的关键词。
深度策划	通过讨论，为开展个人访谈写出采访提纲，并与指导老师进行充分讨论，确保采访提纲的有效性以及纠正措辞等。
实施阶段	——

（续上表）

阶　段	内　　容
后期加工阶段	汇总相关视频材料和图像材料，开始后期剪辑工作；根据本次活动获得的一手资料，并通过自己在活动中的认识来撰写新闻稿。
检查完善并总结阶段	检查并完善得出的纪录片、专题摄影集和新闻稿，对一些敏感的内容要予以取舍，最后总结活动成果。

5. 人员分工

任　务	人　员
统筹、分工	张妙
摄像、拍摄	陈宇曦、林镜有、范敏超
访谈问题设置、讨论	张妙、范敏超、陈宇曦、林镜有
实地提问、访谈	张妙、林镜有
后期剪辑	张妙、陈宇曦、范敏超
汇总、撰写新闻稿	林镜有、范敏超

6. 预期成果

出一条能够展现出海防特种兵生活和他们背后故事的纪录片（10 分钟左右）以及一个专题摄影集，另外，撰写一篇新闻稿。

三、溯源：潭门镇

潭门铁女子，平凡潭门梦

——记录潭门渔嫂坚韧的一生

1. 背景

潭门镇，地处海南省琼海市东部沿海，东面环海，南邻博鳌，西接嘉积，北连长坡，行政区域面积为89.5平方公里，海岸线总长18公里。全镇辖14个村委会（其中沿海村5个）、220个村民小组，常住人口约3.1万人，外来流动人口3 000多人。潭门镇以农业为主，发展海洋捕捞和海淡水养殖业及海贝壳加工业，有海南东部唯一天然深水良港——龙湾港，自然水深达12米，可供建设1万吨至20万吨级深水泊位200多个；有2009年被国家农业部定为一级渔港的潭门中心渔港，该港是海南岛通往南沙群岛最近的港口之一，也是我市西、南、中、东沙群岛作业渔船后勤补给基地和深远海鱼货的集散销售基地。南海，包括黄岩岛在内，被当地渔民称作“祖宗海”，是他们世代讨生活的地方。除近海捕捞外，潭门镇渔民基本以黄岩岛为主进行海洋捕捞活动。

潭门是世界的一个特殊部落。潭门渔民是世界历史上唯一持续开发西沙、南沙的特有群体。渔民以捕鱼为主业，多为男性出海捕捞，女性则在家中打理家务，犁田种菜，甚至打零工，例如，开摩托车载客等。只有当休渔期到来时，男人们才开始陆续从海上归来。但是，并不是每个出渔的男人，都能顺利归来。领海争端从很早以前就一直存在，而南海的中国渔民也一直都经历着“刀尖上的日子”。许多渔民在出海过程中被外国不法分子劫持，轻的被困监狱抑或成功脱逃，重的则流落海外当难民，甚至葬身海外。许多海南潭门的渔民家庭，都经历过这样的变故。因此，正因为男人的出发携带着诸多的不确定性和不安因素，他们背后的女人，必须承担起家中的担子，顾老顾小，打理家事，出门打点零工为家中填补点家用，减轻丈夫的负担。有些甚至守寡，侍奉公婆，抚养儿女，干农活或打工赚钱，终此一生。潭门女性，也因此更加独立、自强、坚韧。

2. 主题分析

潭门镇四面环海，在海洋的影响下，那边的人也拥有海洋文明的核心精神：敢于冒险，敢于向未知探索，敢于追求。这里的船长最常说的话便是——“哪里有钱赚，就把船开向哪里”。这里的男人是富有雄心与信心的一个群体，他们将出海捕鱼当作一生的追求。而这里的女人，在丈夫离开期间，虽然时常挂念，但总是自觉并独立地担负起家中大小事，认真打理，从不疏忽，在面对丈夫生死未卜的消息时，女人们依旧能够坚韧地为了家庭而继续奋斗。

在勇敢而洒脱的潭门男人的背后，总有这样一群坚韧的潭门女人的支持。这样坚强的女人们，让人不禁肃然起敬。

潭门女人的坚韧，正是我们此次主题的核心。通过这些女人的日常生活和情感的表现，在她们生活中的艰辛与简单的美好，情感经历的困苦、烦恼与快乐两组对比当中，反映出潭门渔嫂们的个人追求与梦想。也许其追求在我们看来十分简单。但对于她们而言，她们所希冀的这样看似平凡而简单的梦，可能是难以轻易实现甚至无法实现的。因此，这样的简单已经不简单，让人一看，顿生肃敬。也正是对于简单而幸福的梦的追求，无形中造就了她们坚韧的性格，以及过人的勇气。这样平凡的梦，因为她们而不平凡。因为这样平凡的梦，她们必须变得坚韧。因为她们的坚韧，她们的梦一点点在实现，在接近。

梦与坚韧同行，造就潭门女人不一样的光辉。

3. 开展时间和涉及地点、采访对象

（1）时间：7 月 27 日—8 月 1 日。

（2）地点。

①潭门海港。潭门海港是渔民出海的重要地点，在此可以拍摄到渔民出海画面和守家的渔嫂挥手告别、目送丈夫离开的画面及大海等空镜头。

②潭门衣冠冢所在地（位于村民居住地附近）。潭门遍布衣冠冢，一个个坟头就是一个个英勇的战士。衣冠冢里面的魂灵是妇女日夜梦牵的人儿。拍摄衣冠冢和妇女上坟画面，体现潭门镇人民的生活的悲壮与坚强。

③渔嫂居住地。主要拍摄妇女日常生活的画面并进行深度采访，挖掘她们身上的故事以及强大的内心世界和情感变化。

④潭门镇镇政府。通过采访镇长了解潭门镇渔民的历史和故事，以及镇上的大事记。

⑤潭门镇中心渔港大石头前的空地上。拍摄妇女日常娱乐消遣的画面。

⑥琼海广播电视台。寻找录像资料。

⑦潭门镇边防派出所。采访黄国孝上尉。

具体路线：

潭门派出所→潭门镇渔民协会→潭门镇政府→琼海渔政管理站→琼海市公安局潭门边防派出所

（3）采访对象。

主要人物：邢惠琼，是被外国士兵射杀的渔民卢永的妻子。

人物简介：

邢惠琼，女，33 岁，海南省琼海市潭门镇人。其丈夫是潭门镇 2012 年第一个被外国士兵射杀的渔民——卢永。

2012 年 3 月 30 日，邢惠琼的丈夫卢永在太平洋岛屿附近的一次激烈冲突中，被西太平洋岛国帕劳警方开枪击毙。直到同年 4 月 5 日，邢惠琼才从网上得知了丈夫出事的消息。

丈夫出事后不久，记者蜂拥而至，也有官员到邢惠琼家中问候，并承诺会让对方给她一个说法，但之后就没有了下文。

目前，邢惠琼育有一男一女，男孩 11 岁，女孩 4 岁。在丈夫死去后，她便独自撑起了她的家庭。

备选人物：符苏敏的妻子。符苏敏多次从台风、自然灾害中逃生，采访其妻子，以展现渔民背后妇女的坚强和压力，丰满渔家女性的形象。

其他人物：

①许书林，20 世纪 70 年代潭门时任镇长，对于潭门镇的大事和渔民历史比较清楚。通过采访他，我们可以了解到潭门镇的历史和故事，以及发生过的一些与渔民息息相关的事情。

②黄国孝，潭门边防派出所上尉。负责登记爱人意外身亡的孤寡妇女，并常给予其关怀。跟渔家妇女接触比较多，比较熟悉。通过他了解潭门镇妇女的一些生活情况和困难之处。

③柯洲轩的妻子（年纪比较大），住在潭门镇旧县村。她的儿子柯维喜在南沙海域遇袭，丈夫和儿子出海后，她就成了家里的顶梁柱。通过采访，以她为见证者，讲述过去年代的妇女的生活情况、生活状态，突出大背景下现实的改变。

信息源：渔民协会。

潭门镇渔民协会：

1996 年潭门渔民协会成立，发展到现在已经有 2 600 多名会员。十六年来，协会不仅带领渔民发展生产，还切实为渔民解决实际困难、调解纠纷，成为潭门镇社会管理创新的重要力量。在过去，渔民出海报关，手续繁多，环节层层，给渔民带来诸多不便。作为政府和渔民之间的中介组织，渔民协会切实反映渔民的意愿，在协会倡议下，由政府牵头，边防、渔政、渔监、镇渔业办四个部门组织成立渔业联合办公室，对出海渔船报关手续进行简化，渔民们对此拍手叫好。

4. 片子构想

画　面	镜　头	文　本	采访问题
衣冠冢所在地			
衣冠冢遍布山头	全景	纯音乐	
渔嫂孤独地立于亡夫坟前的背影	远景		
渔嫂亡夫坟头的环境	近景		
渔嫂在坟前祭奠亡夫，上香，喃喃自语	近景		
夕阳	摇镜头，渐渐模糊		
潭门港、潭门镇内			
山头俯瞰琼海潭门全貌	鸟瞰全景（摇镜头）	琼海潭门是海南东部的濒临大海的小镇，这个小镇的人们祖祖辈辈以海为家，世世代代以捕鱼为生。海洋是一个充满危险的地方，无法预知的海难和遇袭是潭门渔民的安全隐患。对于潭门渔民来说，出海捕鱼是一件只能听天由命的工作。	
小镇环境	平拍摇镜		
海岸线			
门口几只母鸡悠闲地觅食			
临街门口几米外是几位躺在绿树间吊床上聊天的老渔民			
渔民整理渔网			
港口渔民出海			
渔船归航			
遇难资料			
海鸥飞翔			
遍布衣冠冢的山头	平拍摇镜到定镜	在琼海潭门，每家的家史里，都有一段亲人遇难的故事。	

（续上表）

画　面	镜　头	文　本	采访问题
采访许书林，交代衣冠冢由来	近景		采访问题： （1）潭门为什么会有那么多的衣冠冢？ （2）衣冠冢是什么时候开始出现的？
衣冠冢历史资料画面（深入了解）			
采访老年渔嫂，老泪纵横地追忆当年立衣冠冢的情形	近景，细节描写，慢镜头		采访问题： （1）我们在路边有看到衣冠冢，是镇上妇女专门为那些遇难的渔民而建的吗？ （2）你们为什么要立衣冠冢？有什么含义吗？
一排衣冠冢（前实后虚）	小景深镜头	潭门的男人一直以来都是过着“刀尖上的日子”。几乎每个潭门家庭都有男性葬身海上，不少家庭绝户。所以，潭门遍布着衣冠冢。	
典型人物邢惠琼的家中			
渔船起航、码头观望		刑惠琼今年才33岁，她的丈夫卢永，在2012年被外国士兵射杀。刑惠琼丈夫遇害后，家里的重担全部压在了刑惠琼的身上。煮菜烧饭、带小孩、照顾老人、喂养家禽家畜，下田耕种……都由刑惠琼一手包办。而丈夫的逝世，也断了家里的经济来源，刑惠琼为支撑家中的生计，开始出外赚钱。	
刑惠琼在自家院子中择菜，身边是儿女在嬉戏			采访问题： 以前，一般丈夫一次离家出海的时间是多长？
刑惠琼做饭的情景			采访问题： （1）平时一般工作多长时间？ （2）下班回家之后，家务活也是自己做吗？
刑惠琼喂养家禽、家畜的画面			
刑惠琼照顾小孩的情景（采访）			
刑惠琼照顾老人的情景			
刑惠琼田间劳作的画面			
刑惠琼外出工作的画面			

（续上表）

画　面	镜　　头	文　　本	采访问题
邢惠琼回溯以往的生活（海边、家中）			
邢惠琼在海边遥望远方，述说过去			
采访画面（穿插以下画面）			采访问题： （1）我们有了解到潭门渔民出海前会有祭祀仪式，能跟我们谈谈吗？ （2）丈夫出海时，你们会不会担心？最担心什吗？
渔民出海前的祭祀风俗（杀鸡→点香→上饭→供上猪肉→酒茶→放鞭炮）的一系列画面			
妇女送丈夫出海			
渔船起航			
渔船在大海行驶			
渔民海上作业			
渔民坐在船头			
渔民遇难（资料画面）		潭门渔民出海捕捞随时随地都面临着生命危险，台风、巨浪、海啸、暗礁都是造成海难的重要因素；海上劫持、领海争端所引发的冲突，使得许多无辜的渔民可能遭到滥杀或者误杀。	
采访画面			（3）出海那么危险，你们有没有想过要转行？ （4）那你们当时最想要过的生活是什么样的？
空镜头（海港、码头）			
丈夫归来，一家人其乐融融的画面（以其他人物画面代替）			

（续上表）

画　面	镜　头	文　本	采访问题
采访画面（如主体人物不能给出我们想要的答案，用空镜头阐述文本。也可以拍摄渔嫂在海边眺望远方，思念亡夫，再转向茫茫大海的画面）		在丈夫去世后，邢惠琼有很长一段时间一直陷在失去丈夫的痛苦当中。过去，虽然不能常常看见丈夫，但每次只要站在海边望向远方，她就能感觉到，即使丈夫身在远方，也从未离自己远去。	（5）以前您有到港口等丈夫回来的习惯吗？那现在在这里跟以前的感觉有什么不一样吗？
家中跟丈夫有相关联的一些特殊摆设和布置（穿插采访）	摇镜头，特写		采访问题： （1）能跟我们分享一下你们一家人最快乐的时光吗？ （2）这个物件有什么特殊的意义吗？
刑惠琼展示与丈夫的结婚照和一家人的生活照照片（特写）		每当想念丈夫的时候，刑惠琼总会翻出那些带有美好记忆的照片，细细回味过去与丈夫的种种。	
刑惠琼讲述一张有特殊意义照片的故事			采访问题： 哪张照片对您有重大意义？能给我们讲讲这张照片的故事吗？
（黑屏过渡）别人家一家人完完整整团聚在一起，其乐融融的画面		本来刑惠琼一家也可以拥有最平凡、最朴素的幸福，但丈夫卢永的死让幸福的沙漏倾向了另一边。	

（续上表）

画　面	镜　　头	文　　本	采访问题
以下画面穿插： 采访画面：刑惠琼讲述当时得知噩耗的经过（神情特写、手部特写） 空镜头：大海、海港 关于外国扣押、侵袭的资料画面（照片、视频均可）		（反映事实情况） 邢惠琼知道丈夫出事是在当年4月5日，是在网上看到的消息，被抓的船员都写了名字，唯独他没有名字。这也是刑惠琼第一次听说，西太平洋有个叫"帕劳"的国家，直到现在，她也弄不清楚，这个人口比潭门镇还少的岛国为什么要这样对待她的丈夫。 丈夫出事之后，总有一群记者在邢惠琼家中采访，也有官员对她保证要对方给一个说法，但直到现在她也没等来任何消息。	采访问题： 您当时是怎么得知这个噩耗的呢？当时第一感觉是什么？
以下画面穿插： 刑惠琼讲述自己振作起来的过程（神态特写、近景、手部、脚部动作等） 刑惠琼照顾家里老人、与老人相处的画面 刑惠琼带小孩的画面			采访问题： （1）丈夫不在了，您和家人的生活发生了什么变化？ （2）这段时间，您觉得最大的困难是什么？（以例子说话） （3）那您是怎么振作起来的？
结合例子，寻找适合的画面			

（续上表）

画面	镜头	文本	采访问题
刑惠琼照顾家庭、拖儿带女、与邻居友好相处的画面 刑惠琼田间劳作、外出工作的画面 干警接受采访，介绍潭门镇孤寡妇女总体情况与生活现状 大街上女司机正在载客等场景 多个潭门女人的特写，快闪而过，以刑惠琼的特写结尾。刑惠琼面对无边无际的大海，望向远方（剪影） 海边夕阳渐落，直至黑屏		丈夫的死虽然给刑惠琼的生活和精神带来了很大的打击，但是她不放弃生活，对家庭不离不弃。这种坚韧就是她追求简单生活的筹码。 在琼海潭门，刑惠琼只是众多潭门女性的一个缩影。在这里，只要你逗留足够长的时间，你会发现这里的三轮车司机几乎全是女性。 “巾帼不让须眉”，女人从事男人的职业，在潭门镇上早已不是什么稀奇的事儿了。她们就像刑惠琼一样，披着最坚强的外壳，努力地奋斗着。 但是我们不可以忽略的是，她们始终只是一群柔弱的小女人，在她们的心里，无时无刻不在吟唱着那首古老的歌谣：“夫啊夫，送夫送到海隅坡，船上惜别四眼看，眼送夫船天边去，西天有知驾魂回，妻儿灵前欲断肠。”	采访问题： （1）在琼海潭门镇，孤寡妇女到底有多少？ （2）他们目前总体生活情况如何？ （3）据您了解，她们的最大困难是什么吗？ （4）你们采取了什么措施去帮助她们？

5. 拍摄方案

时 间	主要内容概要	涉及对象
7 月 29 日	(1) 到达琼海潭门镇，沿途拍摄潭门镇的风光、风景及居民生活情况，留作资料及空镜头使用。 (2) 在镇上，在现有资料的基础上，通过观察、采访镇民、收集资料（如镇政府里关于镇兴衰历史等的资料），进一步了解潭门镇的历史、现状、渔民生活状况等信息。 (3) 寻访事先联系好的采访对象（包括主要典型人物、辅助人物），确定居住地点，为明天的采访、拍摄做好准备。	(1) 潭门镇周边风光 (2) 部分镇民（对镇上历史比较熟悉的） (3) 片子涉及的对象（邢惠琼、柯洲轩的妻子、干警黄国孝、镇长许书林）
7 月 30 日—8 月 2 日	(1) 与典型人物（暂定邢惠琼）进行访谈，边访边拍，在了解她的经历基础上，深入挖掘其内心世界，重点记录丈夫逝世前后她的心路历程、情感变化及生活变化，展现潭门女性的坚韧形象。多拍摄展现细节的镜头（如人物变化的表情、手部动作等）。 (2) 跟拍邢惠琼的日常生活，包括其持家做饭、照顾老人与子女、外出工作等画面，展现渔嫂坚强生活、积极向上的一面。 (3) 拍摄典型人物邢惠琼与儿女、老人、邻居等周围人相处的画面，通过全方位的描述展现渔嫂生活中的点点滴滴，丰满人物的性格与精神品质。 (4) 跟拍渔嫂为丈夫做出海准备、送行的画面，展现渔嫂的坚韧，展现渔民的勇敢。（如果拍摄不到典型人物给丈夫送行的画面，可用其他渔嫂给丈夫送行的画面代替）	邢惠琼、渔民

（续上表）

时　间	主要内容概要	涉及对象
8月3日	（1）采访潭门镇镇长，了解镇上渔民的故事，以及潭门镇的渔业现状以及镇上的一些大事记。 （2）采访干警黄国孝，大致了解潭门镇的渔嫂总体情况。	干警黄国孝、镇长许书林
8月4日	（1）对之前拍摄不足的镜头进行补拍，对采访不足的人物进行补访。 （2）前往琼海市广播电视台（琼海市嘉积镇豪华路）咨询，寻找相关的录像资料或者其他形式的资料等。	

6. 可预见性困难

（1）出海作业拍摄的限制。

渔民出海作业本身具有一定危险性，限制条件比较多，导致拍摄会比较麻烦。所以我们在拍摄之前需要事先做好心理准备，并且在拍摄前要利用一切可以利用的机会充分熟悉环境，以使拍摄顺利进行。如果遇到休渔期无法拍摄到画面，那我们就采用资料画面来代替。

（2）采访。

有些人不愿意面对镜头，不愿意向外人诉说自己的经历，需要我们与采访对象进行很多的沟通，进行很多的接触，让采访对象信任我们，愿意对我们说出心里话。

（3）真实性。

毕竟面对镜头，每个人都会或多或少地紧张，我们记录的相关内容，可能不能真实地反映现实情况。而且，我们与采访对象接触的时间可能不足以让她们完全习惯摄像机的存在。所以，尽可能地保证对现场的破坏减到最小。

7. 器材准备

（1）小高清摄像机或支持高清视频拍摄的单反相机两台（最好是单反相机），以及其附带的电池、充电器等。

（2）录音笔一个，以保证采访对象声音或现场声的收录。

（3）存储卡两张（16G或以上）。

（4）脚架两个。

（5）话筒及配套的线以供采访用。

8. 预算

除基本的路费和器材损耗外，暂时无其他支出。

可能需要给采访对象赠送一些纪念品作为答谢。同时，在采访过程中，给采访对象准备一些饮料之类的东西，让采访对象能尽可能保持轻松的状态。预计支出250元。

9. 人员构成

摄像或记录、采访记者。（每次采访至少有两人同行，一人负责拍摄或记录，一人负责采访）

没有潭门，就没有三沙

1. 选题介绍

自宋元时期起，为了家人的生计，以远海潜水捕捞为作业方式的潭门人，就在《更路簿》的指引下，远赴西沙、中沙、南沙各岛礁获取海珍品。他们手持罗盘，熟记星象海流，凭着一身的胆识挺进未知海域，为途经的一个个岛礁命名。

这些在今天看来有如“航海天书”的古老文本，历经数代潭门人的传承和完善，在帆船航海时代，曾帮助渔民们躲避暗礁、辨别航向，发挥过巨大的作用。一条条洒满潭门渔民血与泪的航线，勾勒出了中国人开拓南海的画卷。

时至今日，声呐、雷达、航海卫星定位仪这些现代化的工具日新月异，使捕鱼技术不断提升，那些当年曾在帆船时代的老船长们手里熠熠生辉的《更路簿》已经完成了它们的历史使命，安静地躺在了博物馆里，《更路簿》便成了中国自古便拥有三沙主权的铁证。

潭门镇渔民拥有的是海洋文明的核心精神：敢冒险，敢向陌生领域前进，敢同陌生国度的人做贸易，敢冲破束缚，追求自由……这里的船长最常说的一句话是——“哪里有钱赚，就把船开向哪里”。

所以今天成立三沙市，这得感谢潭门人。没有潭门人，哪有三沙市？以西沙群岛的永乐群岛为例，凡有居委会的地方，上面的居民几乎无一例外都来自潭门镇。

因此可以说，潭门镇渔民的生存史与中国的“海洋主权梦”是紧密地联系在一起的。正是他们每个人的“海洋梦”，以及在海上九死一生的开拓，才把远在千里之外的西沙、中沙、南沙与中国陆地连接起来。

2. 影片内容

（1）从潭门渔港、潭门镇的大致介绍切入，转到《更路簿》话题。

（2）话题转到保存有《更路簿》的船长。

（3）拍摄苏承芬（船长）的日常生活，并对其进行专访。

（4）拍摄潭门人传统的捕鱼作业方式。

（5）穿插访谈另外两位船长（主要是关于《更路簿》的问题）。

（6）以资料加画面等形式探讨潭门和三沙的关系。

（7）采访一些当地的官员（可以配合三沙方面的采访内容），以官方资料来彰显潭门人移民三沙的具体情况。

（8）访谈一些当地的渔民，从民间视角来了解潭门和三沙的关系，配合拍摄一些渔民的日常生活的画面。

（9）采访博物馆、高校以及研究所（南海研究所）等，希望从学界的角度来佐证前面的采访结果，配合拍摄一些史实资料和学术成果。

（10）用影像加旁白的方式概述。

3. 采访提纲

（1）采访伍书光。

伍书光，潭门镇草塘村人，今年 81 岁，在潭门众多的帆船船长中，他是十分杰出的一位：从 18 岁开始驾船出入西沙、南沙，几十年来，从未迷失航向。早在 1983 年，他就驾驶一艘载重量为九吨的帆船前往南沙。

①六十多年间，他们驾驶着帆船，从潭门乘东北风出发，闯荡西沙和南沙，再从南沙乘西南风而归。

问题：海洋对您来说，意味着什么？

②祖父、父亲都是船长，父亲是一个帆船驾驶高手，帆船出海一般是四级风，到了六级风，帆船出海是一个很冒险的行为，可是父亲驾驶技术十分高超，有时遇到六级风，父亲连眼睛都不眨一下，驾着帆船就出海。

问题：父亲是一个什么样的人？他对您有什么样的影响？

③真正去南沙，是伍书光 18 岁那年，“第一次去南沙，我在船上是事务长，说白了就是煮饭的，还有管管船上的杂事”。

问题：18 岁就出海，当时是什么心情？有害怕吗？心里怎么想的？

④两个月后，逐渐熟悉了海上事务的伍书光开始转做水手，下海潜捕。

问题：第一次下海潜捕有何收获？能分享一下当时的细节？

⑤伍书光说，潜捕就是不带氧气罐，只戴着面镜下潜到海里，捕捉海参、苏眉、石斑等珍贵的鱼虾贝类，这些只有南海的珊瑚礁盘上才有，它们是海鲜市场的高档产品。伍书光 19 岁时升为大副，20 岁时升为船长。

问题：当时来说，当上船长是您最终的目标吗？南海的珊瑚礁盘是个什么样子？您希望到的最远地方是哪儿？

⑥“夜间星星一闪闪，不是台风就是雨”，“要想知道明日天，太阳下海看红云”，渔民们能根据天象变化预测台风。

问题：预测天气是自己在一次次出海之后积累的，还是从父亲等前辈那里学来的？

⑦伍书光更绝，他可以根据岛礁在天空的云朵中映出的明暗程度来判断岛礁方位。

问题：据说您用云朵中映出的明暗程度来判断岛礁方位，跟现在船上配备的仪器相比，您觉得哪个更准确？您更喜欢哪一种方法？

⑧“我们当时使用的帆船全靠风力，一年才能往返一次。一般每年 12 月或 1 月起航，到第一次西南风起时返回。风向好的时候，从潭门到西沙也得两三天，从西沙到南沙，时间就更久了。”伍书光说。

问题：以前你们一年才能往返一次，那这是不是意味着你们每次出海都会在陌生岛屿上生活很长的时间，甚至有可能定居下来？您觉得这是永兴岛上出现城镇的根本原因吗？

⑨20 世纪 50 年代，伍书光升为船长，驾驶帆船闯荡南海还没多久，潭门渔民就接到相关部门通知，不允许到南沙捕捞生产。去南沙捕鱼，成了伍书光的一个梦想。

问题：当时为什么不让渔民去南沙捕鱼，您知道是什么原因吗？现在，你们去南沙捕鱼，政府有建议或者规定你们在哪个范围内作业吗？

⑩1983 年，伍书光带着八个水手，驾着一艘九吨的帆船——琼海 0499，向南沙奔去。伍书光此举揭开了琼海潭门渔民重返南沙的序幕。

问题：您知道 1983 年您驾船去南沙在当时的意义吗？

⑪伍书光十七八岁的时候去过南沙，知道那里的海货多。潭门镇渔民祖祖辈辈都在那里捕捞，把那里称为“祖宗海”。

问题：南沙对你们来说意味着什么？三沙呢？

(2) 采访苏标武。

苏标武的爷爷是潭门镇大名鼎鼎的船长苏德柳。《更路簿》由经验丰富的渔民总结而成，版本诸多，而苏德柳的版本是最好的，不仅包括了如何去西沙、南沙，还包括如何经过三沙前往外国的航线。本来原件就有几个版本，但是前前后后有 3 拨人来潭门镇，收走了。专门研究《更路簿》的作家卢先生手上有一份手抄版的苏德柳《更路簿》，抄录者正是苏标武。苏标武现居草塘村，50 岁上下，小时候随爷爷出过海，做过船长。他手里的爷爷留给他的

《更路簿》，已被广东省博物馆收藏。

采访问题：

①我们之前有对更路簿做过了解，从您的角度来给我们介绍一下《更路簿》好吗？

②现在您手里还有流传下来的《更路簿》吗？

③为什么《更路簿》被誉为“南海天书”？

④有句话说“家有《更路簿》，能当好船长”。这是不是说明，只有能够读懂《更路簿》的才有资格做船长，否则不让做？那要看懂《更路簿》，是自己慢慢积累经验，还是由父亲或者师傅教？

⑤您使用或者看到过的《更路簿》当中，最远的航线是到现在的哪里？当时在你们的脑海当中，三沙是一个什么样的地方？

⑥据您之前所说的，您的爷爷16岁那年，就凭着《更路簿》，在北海（南沙）的铁峙（中业岛）上居住，种了番薯和蔬菜，还修建了地窖，用来存放海货和粮食。他为什么要去那里住？这是否说明三沙上的人也是这样来的？

⑦1965年，您的爷爷在北海（南沙）的双门（美济礁）附近打捞到一麻袋“永乐通宝”铜钱。您知道这事吗？您觉得这有什么意义？

⑧在出现现代指示路线的仪器之前，如果没有《更路簿》，你们怎么办？

⑨对于出海来说，《更路簿》意味着什么？

⑩您上次看到祖父的《更路簿》是什么时候，为什么想着要抄一份？

⑪当时广东省博物馆来拿您抄的《更路簿》，为什么您没有再抄一份再给他们？

⑫从什么时候起，咱们潭门的渔民们就没用《更路簿》了，是什么代替了它？您觉得哪个更好？

⑬想过把《更路簿》传给下一代吗？为什么？

⑭您现在使用这些现代仪器怎么样？好用吗？

⑮如果没有《更路簿》的指引，咱们潭门镇人就到不了三沙，这样说可以吗？

⑯如果没有《更路簿》就没有今天的三沙市，您觉得这样说对吗？为什么？

⑰您去过永兴岛吗？上次是什么时候？描绘一下当时的情形好吗？

⑱您上次出海是去的哪里，最近一次去的最远的地方是哪里？

⑲现在出海感觉安全吗？为什么？

⑳现在的海洋环境跟您小时候随父辈出海时的环境相比，怎么样？有什

么不同？

㉑在所有这些出海经历当中，最危险的一次是什么时候，当时的情况是怎么样的？

㉒有遇到过别的国家的人来找麻烦吗？

㉓您希望今后的潭门发展成什么样？

㉔三沙现在建立地级市了，有没有想过去那里定居？为什么？

（3）采访苏承芬。

苏承芬，海南省非物质文化遗产项目“南海航道更路经”的代表性传承人，潭门镇草堂村人，在南海闯荡50余年，从未发生过迷航。苏承芬13岁就开始出海，20多岁当上船长后，就一直在南海闯荡，直到69岁退休。他手里有两本《更路簿》：一本是父亲传给他的；一本是他改开机动船后，自己修正方向而写出来的。他最远曾到曾母暗沙，一直坚信南海是“祖宗海”，是渔民的根。对于中沙群岛的黄岩岛，苏承芬再熟悉不过了。苏承芬曾经多次到黄岩岛一带进行礁盘作业，潜到水下二十米深，把附着在礁石上的蚌壳和海参捕捞上来。潭门的渔民骨子里都有着一种朴素的维护国家主权的意识。苏承芬出海的那些年，每到一处大的岛礁，他都会找块木板，写上“中国领土神圣不可侵犯”，然后插在岛上。

1960年，在琛航岛捕鱼时，苏承芬与八十多名潭门渔民曾遭遇了越南军方的非法抓捕，随后他们被关在越南岘港二十多天。1985年，国家决定重新开发南沙群岛时，苏承芬驾船担任领路人。1985年，农牧渔业部在潭门数千渔民中选出了苏承芬、周安国、邓学潮、陈胜元、黄庆凯和吴祝茂六人，带领四条渔船开赴南沙探捕。

采访问题：

①您13岁的时候就开始出海了，第一次出海的时候，是和谁一起，当时您心情怎样呢？那时候您会背《更路簿》了吗？您是从什么时候开始接触《更路簿》的呢？

②听说您20多岁的时候就已经是船长了，请问您还记得具体的时间吗？能为我们讲讲从船员成为船长的这段时期您在海上的故事吗？什么事情对您后来成为船长有最深的影响呢？当时成为一名船长需要经过什么特殊的考核吗？

③成为船长之后，您觉得和一名船员最大的不同点是什么呢？在开始成为船长的时候，大家有没有不服您的呢？成为船长之后，您最大的愿望是什么呢？最想去哪里呢？

④听说您的闯海史最远曾到达曾母暗沙，请问您还记得是什么时候的事

情呢？当时为什么想到要去曾母暗沙呢？可以讲讲您刚登上岛时的情况吗？有什么收获呢？

⑤您当时去曾母暗沙的时候，是通过什么方式到达的，当时的物质条件怎么样？当时是多个人一起去的吗？在这个过程中，《更路簿》给了您怎样的帮助呢？《更路簿》有失灵的时候，如果《更路簿》失灵了，你们会怎么处理呢？

⑥听说您出海的那些年，每到一处大的岛礁，都会找块木板，写上“中国领土神圣不可侵犯”，然后插在岛上。能否告诉我们当时为什么会想到这么做呢？有发现《更路簿》上没有命名的岛屿吗？

⑦听说20世纪60年代，您在南海捕鱼的时候被越南军方非法抓捕，被关了二十多天，在那次以前，您是否也遇到过这种情况呢？还记得您第一次被抓捕是什么时候吗？被抓之后心里是怎么想的呢？是否后悔过去这么远的地方捕捞？

⑧第一次被抓的时候，国家说必须保持你们的体重，那你们在那段时间有受苦吗？你们有没有受到越南军方的虐待？听说您后来出海的时候也遭受过抓捕，请问是否经常遇到这样的情况呢？后来的是否还受到过不公正的对待呢？

⑨您从十三岁时就开始闯海，直到六十九岁退休，这么多年在海洋上飘荡，对着茫茫大海有没有无助和孤单的时候？晚上在海洋上飘荡的时候，会不会特别想家呢？在这么多年的闯海生涯里，你们不捕捞的时候，有什么好玩有趣的事情吗？

⑩1985年的时候，国家开发南沙群岛的时候，您驾船担任领路人，当时接到这一任务的时候，心情怎样？您觉得这样的一次活动有什么特殊的意义吗？对您或者整个渔民群体来说有什么影响呢？

⑪听说你们出海到达某个岛屿的时候，需要“拜山头”，能给我们谈谈当时“拜山头”的一些具体的事情吗？

潭门镇的未来在哪里

1. 选题介绍

潭门镇渔民的祖先们自宋代就开始前往三沙海域捕捞海珍品了，形成了远海潜水捕捞海珍品的独特作业方式，老一辈的船长们以此为生，代代传承，延续百年。

然而到了今天，这种传统的作业方式正面临三重变化的考验：现代工业和商业文明的冲击、海洋渔业资源的日益匮乏、现代生态文明环保理念的猛烈批判。潭门人传承了几百年的生存方式受到了挑战，新一代潭门人将面临怎样的迷茫与选择？他们心态如何？老船长的海洋精神今天是否还在？

机遇在于港口。潭门港于2004年被国家农业部定为一级渔港，是海南岛通往南沙群岛最近的港口之一，也是西、南、中、东沙群岛作业渔场后勤给养基地和深远海鱼货的集散销售基地。小小的潭门镇正从一个不起眼的渔村，逐渐崛起为海南岛东部重要的港口。但是，它面临着东边正在崛起的龙湾港的挑战，也面临着海洋渔业资源日益匮乏的困境。

2. 影片内容和采访对象

立足当下，仍从个体人物切入，审视潭门未来的发展。面对传统生产模式难以为继的状况，我们将采访潭门新一代年轻渔民，通过采访的形式，展现他们内心的困惑与挣扎。

发展的道路困难重重，同时也孕育着机遇。采访渔民的同时，我们也将采访潭门港码头的从业人员，与工人、企业家一起畅聊，讨论在面对挑战时，潭门港该如何发挥它的枢纽集散作用，在提出问题的同时，尝试为潭门港未来的发展提出大胆的设想。我们初步计划是采访码头的工作人员，了解码头的集散、运行状况。最好是深入码头工作的工人群体，拍摄他们具体工作情况。我们也将和码头的企业家们对话，了解他们港口码头投资、经营企业的状况。

由于目前对潭门港口以及新一代船长的情况所能查找和掌握资料较少，所以计划在抵达潭门镇后，继续深入了解潭门。并在着手实施选题　的同时，联系当地村委会、渔业协会等部门，以及选题一中计划采访的老船长、当地村民等，自己联系或者由他们协助推荐采访人选。

3. 小组工作流程

（1）每天白天外出采访拍摄。

（2）每天晚上9点小组开碰头会，总结当天的采访成果，安排第二天的采访计划。

（3）小组四人分成两组，每天轮流撰写新闻通讯和采访手记。

（4）整理、存储当天拍摄采访的素材。

（5）整理器材，为电池充电。

4. 采访设备清单

设 备	数 量（个）	备 注
电脑	2	自备
单反相机	2	自备
500G 移动硬盘	2	自备
录音笔	1	自备
带摄像功能的单反相机	1	学院借出
高清摄像机	2	学院借出
采访话筒	1	学院借出
无线话筒	1	学院借出
摄像机充电器	1	学院借出
单反充电器	1	学院借出
摄像机电池	4	学院借出
单反相机电池	2	学院借出
三脚架	2	学院借出

四、行走三亚

My Way 2013 · 三亚

1. 选题简述

（1）选题简介。

“My Way 2013 · 三亚”是一个关于大学生在三亚旅游的体验活动。当今的大学生，他们并不像其他社会阶层那样拥有足够的资金去旅游，因此，他们会选择最经济实惠的游玩方式——穷游三亚。但是穷游三亚不代表你不能深入地了解三亚，反而能让你在旅行中收获得更多。不求量而求质，不是那种“剪刀手”拍照留念、到此一游的旅行，而是真正地用心感受这座城市的自然美景、历史变迁、人文气息，彻底地把这座城市刻在心中。

大学生拥有追求新潮、自由、求异的心理，因此在选择线路或者美食的时候，往往避开那些著名的景点，常常是点到为止。在美食上，我们也没有把重点放在大家都十分熟悉的四大美食上，而是把目光转移到那些在三亚一个个角落的小吃上。这些小吃不仅价格便宜，还能展现三亚美食的原有风味。这种寻根探宝式的美食搜索方式，能够满足大学生的猎奇心理，也是大学生穷游三亚的首选。

本选题以三亚为拍摄地，通过记录旅行的方式，跟随出镜记者，带着问题去旅行，以行程为线索，通过与当地人的接触，真实地展现当地的人物风情以及三亚给大学生的心理感受。

（2）选题目的。

本选题是为了能够拍摄出反映出当今大学生旅游的真实情况的片子，真实地记录大学生在三亚旅游当中不断地感受着城市的魅力，通过自己的探索，了解这座城市的历史，感受普通观光客感受不到的美景。另外，出一部三亚的图集，介绍大学生眼里的三亚美丽景色，让更多的人感受这座城市的印记。

（3）选题意义。

一方面，让更多的人更深入地了解三亚这个独具魅力的城市；另一方面，让外界的人了解大学生在旅游时的想法以及他们独特的旅游方式和追求，例如网络搜寻攻略，穷游，微信、微博实时记录，注重旅游感受和一定的文化品位，充满活力等。

2. 时间安排

时　间	地　　点	关键词
第 1 天	崖城镇	历史；我国统治海南的标志；打柴舞黄家近老人（郎典村）。
第 2 天	鹿回头黎族文化旅游区	少数民族文化（衣食住行）；黎族竹筒饭。
第 3 天	三亚港	渔民生活（寺庙、宗教）城市变迁。
第 4 天	亚龙湾	海边；沙滩；日出；落日余晖。
第 5 天	三亚湾（备选内容）	夜游三亚湾；沙滩篝火晚会；第一市场的消夜生活。

3. 拍摄过程

时间	地点	拍摄内容	备注
第1天	崖城镇	早上：崖城古建筑群；崖城学宫——中国最南端的孔庙。 下午：郎典村探访黎族风情；采访黄家近老人（黎族民间打柴舞传承人）。	“大小洞天”作为备选地点。
第2天	鹿回头黎族文化旅游区	早上：园内景区，黎族船形屋文化景观 下午：少数民族工艺，竹筒饭，简要采访对话。	
第3天	三亚港	早上：农贸市场，市民赶集，各色海鲜商品，三亚港环境。 下午：渔民的信仰（妈祖）部分采访。 傍晚：渔民收网，渔船回港。	
第4天	亚龙湾	早上：日出，海天一线，沙滩，出镜记者活动。 下午：嬉戏的人群。 傍晚：海边落日。 晚上：三亚湾夜景，沙滩篝火晚会。	晚上部分（三亚湾夜景、沙滩篝火晚会）为备选素材。
第5天	第一市场、鸿港	早上：第一市场“正宗抱罗粉”，椰奶清补凉。 下午：鸿港市场，品尝并介绍芒果、山竹、椰子，拍摄交易的情况和人流。 晚上：回到第一市场，人流较多，拍摄夜宵生活（对采光要求比较高，人流杂乱，收音也比较难，拍摄时要特别注意）。	其他美食（例如黎族的特色竹筒饭）的拍摄灵活安插在其他拍摄中。
第6天	补拍	整理素材，补拍缺失的重要镜头。	视在三亚停留的时间而定。

4. 行程说明

地　点	内　容	交　通	备注与费用	其他说明
崖城镇	①崖城古建筑群 ②崖城学宫——中国最南端的孔庙 ③郎典村探访黎族风情 ④采访黄家近老人（黎族民间打柴舞传承人） ⑤欣赏民间传动打柴舞	到三亚汽车总站乘坐班线车，搭乘“三亚—港门”的车。班车行驶路线为“汽车总站—三亚湾路—友谊街—解放路—凤凰镇—上西线高速（349公里处）—天涯镇—下西线高速（326公里处）—崖城镇”。行车时间大约70分钟。	三亚市区至崖城的票价为9元/人；崖城学宫门票（学生价）7元/人；机动费用50元。	打柴舞是黎族最古老、最受欢迎的舞种之一，起源于古崖州黎族丧葬活动。2006年6月2日，海南省三亚打柴舞被正式列入国家级非物质文化遗产名录。
鹿回头黎族文化旅游区	①黎族婚嫁文化景观 ②黎族大舞台景观 ③黎族船形屋文化景观 ④黎族文化长廊以及民族工艺特产街、风情烧烤园和水果吧	①从三亚市区乘坐2路、4路公交车到“鹿回头”站下，再坐三轮车到景区门口。 ②乘3路、22路公交车也可以到达景区的门口。	开放时间：07:00—22:00 门票：成人45元/人，团队35元/人。	园区一共规划了十六个文化景观：①迎客门景观；②黎族婚嫁文化景观；③仙鹿园景观；④弓箭娱乐场；⑤仙鹿堂；⑥观海亭；⑦山顶鹿神文化景观；⑧黎族大舞台景观；

（续上表）

地 点	内 容	交 通	备注与费用	其他说明
鹿回头黎族文化旅游区				⑨奇石盆景大观园景观；⑩仙鹿湖景观；⑪槟榔林生态景观；⑫黎族船形屋文化景观；⑬观鱼池、射鱼池景观；⑭酿酒文化景观；⑮鹿回头传说展厅；⑯黎族文化长廊以及民族工艺特产街、风情烧烤园和水果吧。
三亚港		①从鹿回头步行130米至鹿回头广场站，再乘坐3路公交车，在“水产码头”站下车，最后步行250米即可到达三亚渔港。 ②三亚渔港步行至三亚港古井。	车费：来回4元/人。	
亚龙湾	日出、晨曦中的亚龙湾、浴场、日落、海边、沙滩	①15路到六盘村向西北步行到终点。 ②乘坐23路、25路公车。	开放时间：7:30—18:00。	
第一市场、鸿港	三亚小吃和特色热带亚热带水果（芒果、山竹、椰子），交易的情况和人流	坐2路公交车在“文化宫”站下车，沿着河边走大约三四百米。	“正宗抱罗粉”，椰奶清补凉6元/份。	黎族美食安排在去探访黎族寨子的时候，作为一个安插的节目（可以在去那里的时候作为午餐品尝）。

5. 片子构想

画　　面	解说词
预告（片头）	【画外音】穷游，不是为游而游，而是一种不同以往的行走方式。背上行囊，清清爽爽地上路，简朴行走，心灵自由，和“有钱”、“没钱”无关。大学生就是一群花样百出的穷游儿，就是要实现他们的梦想：穷尽想游之地。累了吗？与美丽的三亚一起放松吧。
高处俯瞰（摇镜头，由上往下） 出镜记者（由虚转实）背着背包向镜头走来，对镜头说话 出镜记者相片（定格）	【标题字幕】Sanya City · 三亚 【出镜记者】Hello，大家好！ 【标题字幕】旅行体验者 暨南大学大二学生 【出镜记者】我现在的位置是在海南岛最南端的热带滨海旅游城市——三亚。背起行囊，现在我将展开一场“穷尽想游之地”的三亚之旅。
地图（虚，特技）在前，三亚各景点图片在后（固定镜头，摇镜头）	【画外音】三亚市别称“鹿城”，南临南海，有“东方夏威夷”之称。陆地总面积 1 919. 58 平方公里，海域总面积 6 000 平方公里，人口 68. 5 万，是一个黎、苗、回、汉多民族聚居的地区。三亚是海南省南部的中心城市和交通通信枢纽、中国东南沿海对外开放黄金海岸线上最南端的对外贸易重要口岸，是中国通向世界的门户之一、中国主要旅游城市之一。
三亚汽车总站 外景记者乘车画面 车窗外沿途的美丽风光 崖州古城城门外，外景记者现场解说 崖州古城墙（推镜头，特写）	【画外音】三亚古称“崖州”，早在秦始皇时期就是南方三郡象郡的边界。说到三亚市的历史就不得不提到崖城镇。崖城镇位于三亚市西部 40 多公里处，是我国最南端的古镇，也是海南岛内最早有人类聚居并开发的地区之一。到三亚汽车总站乘坐“三亚—港门”的班车，大约 70 分钟的车程就可以到崖城镇了。 【出镜记者】现在在我面前的就是崖州古城了，从外面看就很有历史的感觉，当然，这里不仅是三亚市的起源，还是海南岛南部文明的发祥地。我们现在就赶紧进去看一看吧。

（续上表）

画　　面	解说词
崖州古城园区内的古楼阁（远景，仰拍） 园区内的椰子树（正侧全景、中景） 崖州古塔（仰拍，推镜头） 跟拍出镜记者	【画外音】崖城镇历史悠久，人文璀璨。近两千年来，在这块美丽富饶的土地上，留下了众多的名人足迹和丰富的历史文化遗产。 从唐朝起，有不少官僚名仁被奸臣陷害后被流放到崖州城来，单是副宰相以上的大官重臣就有14人之多，因此崖城又有“幽人处士家”之称。宋末元初著名的女纺织家黄道婆，居住在崖城水南村近40年之久，向当地黎族人民传播纺织技术。历代的文人墨客、圣贤学者、达官名流的流配谪居，广东、浙江、福建等发达地区的商贾留居落籍，对崖州城的兴盛具有重要的影响。明代时，崖州已具有“弦诵声黎民物庶，宦游都道小苏杭”的盛况。
崖州学宫全景 出镜记者进行介绍，跟拍出镜记者 出镜记者跨门槛，进入崖州学宫	【出镜记者】现在在我们面前的就是大名鼎鼎的崖州学宫了。崖州学宫又叫“崖州孔庙”，是古代崖州的最高学府，也是我国最南的孔庙了。在古代，每年都会有很多祭拜孔夫子的活动在这里举行，不知道里面现在是什么样子，我们赶紧去看一看吧。
崖州学宫内部景象（中景，移镜头） 学宫内大成殿、大成门、昆明池等 崖州学宫外围环绕拍摄	【画外音】崖城学宫是目前海南省保存下来的级别最高、规模最大的古代官办学校。始创于宋庆历年间，历史上屡经迁建，至清同治十一年（1872年）最后一次修建，形成了完整壮观的建筑群组。至今大成殿、大成门、东庑、西庑、天子台、昆明池等重要建筑保存完好，建筑构件和细部也完好无损，鼓镜式莲花石柱础带有宋代风格特征，七架抬梁式木构架局部比例仍有明代的风格特征。学宫建筑群对称、严谨、协调，具有鲜明的地方特色和文化价值，是古崖州传统建筑的典范之作。
出镜记者从古城内出来	【出镜记者】游览完崖州古城，我觉得三亚在我心中不仅仅只是一个有美丽海滩、椰子树的海滨旅游城市了，它有着悠久而独特的历史底蕴。

（续上表）

画　　面	解说词
去郎典村途中的景色 出镜记者徒步跋涉 出镜记者与当地村民交谈	我们马上要去的地方同样有着古老的历史，还有独特的民族风情。到底是什么地方呢，我先卖个关子，一会儿就知道啦！ 【出镜记者】这里是郎典村吗？ 这里离郎典村还有多远啊？（视实际情况而定）
郎典村的风光 随着记者的视角，从天空摇镜头到村子周边景色 视频资料中黎族男女在跳打柴舞的片段 出镜记者叙述	【画外音】原来这个地方叫郎典村。从三亚市崖城镇经过偏僻的小路行驶10多公里，我们终于来到了传说中的郎典村。郎典村是三亚目前唯一保留打柴舞的村庄。 打柴舞是黎族民间最具代表性的舞种。它起源于古崖州地区（今海南省三亚市）黎族的丧葬活动。在古代，三亚地区的黎族村落遇有人去世，则要停棺十二、二十四天或一个月，然后才下葬，叫“旱赛”。在“旱赛”期间，每天晚上，全村人要到死者家门前为死者跳打柴舞，直到下葬为止。打柴舞有它独特的舞步，是黎族人民智慧的结晶。在2006年海南省三亚打柴舞被正式列入“国家级非物质文化遗产名录”。
与黄家近老人见面 与黄老先生进行交谈 黄家近老先生现场表演打柴舞和钱铃双刀舞（这部分是预设，一切以当天实际情况为准） 对黄老先生进行采访（中景，同时包含老先生和出镜记者）	【画外音】来到郎典村我觉得（对周边景况简单描述）我们这次来还有一个重要的目的，就是要去拜访一位老人，他在村里非常德高望重，而且是黎族打柴舞的唯一代表性传承人。 【出镜记者】老先生您好…… 【现场音】 【出镜记者】（1）您今年多大年纪了，身体还硬朗吧？ （2）您从什么时候开始学习传统打柴舞的？

（续上表）

画　　面	解说词
出镜记者和当地村民互动，学习打柴舞简单舞步	(3) 现在的年轻人很多都不愿意再学习和继承传统的一些舞蹈、习俗，您是怎样看待他们的这些想法？ (4) 几年前您曾受到时任国务委员的接见，并说过要尽自己力量发扬打柴舞。那么几年过去了，打柴舞在传承方面有什么进展呢？（具体问题视当时情况而定） 【现场音】
淡入第二天早晨（特技） 黎族少女活动（侧背面） 黎族服饰或配饰（特写） 鸟瞰黎族船形屋屋顶（拉镜头，慢速） 穿着黎族服饰的青年们的表演、制作工艺品（中景，特写） 黎族大舞台、水井（全景） 古老的树桩（中景，摇镜头） 园林、石刻壁画、“鹿回头”雕塑（正侧全景、中景）	【现场音】（鸡鸣） 黎族人民辽阔的歌声 【画外音】在三亚鹿回头半岛西北侧鹿回头岭脚下，有一道占地 500 亩，依山傍海的园区。绿揶古木自然形成了一道独特、亮丽的风光，这里的人们与大自然和谐相生。在这里，你可以观赏美丽吉祥的梅花鹿群，可以领略浓郁的民族民俗风情，可以欣赏“鹿回头”美丽动人的大型歌舞表演。
出镜记者在“鹿回头”雕像前解说有关鹿回头的美丽爱情传说（摇镜头，固定镜头）	【出镜记者】相传，很久很久以前，有一个残暴的峒主为取名贵的鹿茸，强迫黎族青年阿黑上山打鹿。有一次阿黑打猎时，看见一只美丽的花鹿，正被一只斑豹紧追，阿黑用箭射死了斑豹，然后对花鹿穷追不舍，一直追了九天九夜，翻过了九十九座山，追到三亚湾南边的珊瑚崖上，花鹿面对烟波浩瀚的南海，前无去路。此时，青年猎手正欲搭箭射猎，花鹿突然回头含情凝望，变成一位美丽的少女向他走来，于是他们结为夫妻。鹿姑娘请来了一帮鹿兄弟，打败了峒主，他们便在石崖上定居，男耕女织，经过子孙繁衍，便把这座珊瑚崖建成了美丽的黎族庄园。根据这个美丽爱情传说而建造的海南全岛最高雕塑“鹿回头”已成为三亚的城雕，三亚市也因此得名“鹿城”。

（续上表）

画　　面	解说词
黎族船形屋外部（固定镜头，全景、远景） 黎族船形屋横梁（摇镜头） 黎族船形屋前的家禽活动（固定镜头） 路上行人	【画外音】黎族的传统房屋是船形屋，内为竹架或木架、外铺茅草的架空高脚船形屋，可能是缘于黎族祖先乘船从大陆而来。 【画外音】黎族歌舞取材于劳动和生活，有竹竿舞、舂米舞、钱铃双刀舞、踩波舞、草笠舞等，另有别具一格的鼻萧、树叶吹奏、竹木打击乐等。
出镜记者与黎族人对话 黎族人多彩的歌舞表演（多镜头） 出镜记者行走在黎族文化长廊以及民族工艺特产街、风情烧烤园和水果吧，走走停停，好奇地看着黎族的工艺特产 出镜记者在小摊前与民族工艺特产制作人对话 出镜记者走路至背面（跟镜头） 竹筒饭（特写） 游客纷纷购买竹筒饭（全景、中景） 旅客津津有味地品尝（中景，特写） 出镜记者行走背影	【出镜记者】我听说，你们黎族人都擅长唱歌，是吗？现场给我们来几句吧，好让我们膜拜膜拜。 【画外音】闻歌而行，我们来到黎族文化长廊以及民族工艺特产街。 【出镜记者】这是什么？是怎么做出来的？这有什么寓意？可以教我做一个吗？（或者简要介绍工艺品，视实际情况而定） 【出镜记者】逛了一天，才发现肚子有点饿了，现在我要去尝尝黎族风情的美味佳肴。 【画外音】竹筒饭用山兰米（一种旱稻）配肉类为原料，放进新鲜竹筒中，以炭火烤焦绿竹即熟，是黎家人出远门、上山、待客之食用佳品。 【出镜记者】（讲述品尝后的感受，视实际情况而定）
记者回到住所坐在床上，整理相片，发微博（正侧面） 手打键盘（特写） 微博	【画外音】天色已晚，游客仍意犹未尽。数千年的民族情结，经勤劳善良的黎家儿女传承，留下了一段段娓娓动听的故事。 【出镜记者】先发条微博！
出现出镜记者，并做出享受海风的舒服姿势 出镜记者看着镜头说话	【出镜记者】这儿就是我们行程的第三站——三亚港，今天，我会为大家努力地探索发现这里的乐趣。来吧，跟上我的步伐！

（续上表）

画　面	解说词
从三亚港向外望出的海景 三亚港渔船的来往 渔民作业 起重机作业 地图上弄出红点，指明三亚港的位置	【画外音】三亚港位于海南省南部著名的旅游胜地——“天涯海角”东侧25公里的海岸线上，三亚河在港口处入海，左隔鹿回头半岛与榆林港相毗邻，东南与西沙群岛隔海遥望。它是古代崖州的临川港，南宋以前是临川镇的主要驻地，并开始形成港。清光绪年间有盐商来此经营盐田，后逐渐兴旺。而现在它依然发挥着作用。
出镜记者边走边说 渔船停靠在岸边 渔民在休息 出镜记者走过去的脚步 出镜记者与渔民交谈 渔民拜妈祖 渔船内的渔民生活 出镜记者和渔民挥手告别 镜头摇至渔船，并逐渐模糊	【出镜记者】今天终于回到海边了。这里码头并不大。你看，那边有渔船，让我们去找找渔民聊聊吧 【出镜记者】今天收获怎么样？你们在这边多久了？这个是怎么用的？拜妈祖对你们有什么特别的含义呢？ 【画外音】寂静无语的古港是茫茫大海中漂泊的船只的坚强依靠和后盾，默默守候出海归来的人们。对于世代居住于此的人们，三亚港具有难以言喻的意义。
回到岸上，记者步行到了三亚港的涂鸦墙 一个个涂鸦的画面 出镜记者在涂鸦墙上比画着，模仿涂鸦的内容 往上移天空全景 沿途的行人走过涂鸦墙	【画外音】说到三亚，人们可能会想到有椰风海韵的“天涯海角”和佛教圣地南山寺等旅游景点，但有这样一个地方，虽略显小众，但凡去过的人都对它赞不绝口。它，就是在三亚港的仓库涂鸦墙。 【出镜记者】这里的涂鸦听说是由三亚高校的一群涂鸦艺术爱好者来完成的，充满了青春的气息。快给我多拍几张照吧！
镜头切换到三亚港古井 井周围的石亭、石船等景物 古井的介绍牌 石亭上的对联“海河泉众水兼和涌琼液，天地人多泽协惠滋港民” 古井（特写）	【出镜记者】接下来我们的目的地是位于河西区建港路的三亚港古井。去看看这个承载了百年文化记忆的古井，感受三亚的历史文化。 【出镜记者】（读出对联内容）

(续上表)

画　　面	解说词
游人在认真地看着古井 夕阳西下，回到三亚港	【画外音】三亚港古井记录和见证了三亚的一段历史、一段传统文化和三亚边陲小镇群众重视与保护文化遗迹的义举。
出镜记者向外看的剪影 远处的渔民收拾着渔船的东西 渔民纷纷上岸（脚步特写） 三亚港的夜色 三亚港的一艘船淡出	【出镜记者】岁月流逝，多少往事回忆最终都将湮灭在历史长河中，饱经沧桑的三亚港同样面临着不可抗拒的变迁。看着三亚港周围的种种现代化建筑，这个略显陈旧的港口就显得有些格格不入了。愿三亚港更加美好！
（特技翻页） 风吹椰树 出镜记者戴着墨镜躺在两棵椰树之间的吊床上享受日光浴（固定镜头，虚实结合） 出镜记者摘下墨镜，对镜头说话	【出镜记者】这里实在是太舒服，太梦幻了。暖暖的阳光、清新湿润的空气，让我感觉像在做梦。
出镜记者各种 pose 照片、发微信（固定镜头，照片式叠加） 微信模式（画面），朋友回复 手打字（特写） 脚丫，柔软的沙子 出镜记者从沙滩走向海边，同时介绍亚龙湾（跟镜头）、海岸线（摇镜头） 奇花异草和原始热带植被（特写） 特色的度假酒店建筑群（全景）及建筑一角（特写）	【出镜记者】对了，先来个自拍，发发微信。 【出镜记者】我在三亚。 【画外音】亚龙湾位于三亚市东南 28 公里处，是海南最南端的一个半月形海湾，全长约7.5公里。8 公里长的海岸线上椰影婆娑，生长着众多奇花异草和原始热带植被，各具特色的度假酒店错落有致地分布于此，恰似一颗颗璀璨的明珠，把亚龙湾装扮得风情万种、光彩照人。因而民间有"三亚归来不看海，除却亚龙不是湾"之说。
出镜记者海边嬉戏，轻拂海浪，张开双臂 蹲下捧沙（跟镜头） 记者出镜	【出镜记者】你看，亚龙湾的蓝天白云，就像画出来的一样啊。这里湛蓝的海水清澈如镜，柔软的沙滩洁白如银，是一个具有文艺气息的地方。

（续上表）

画　　面	解说词
亚龙湾风光 其他游客的海边娱乐活动 出镜记者海边夕阳剪影（远景） 傍晚，其他游客的海边娱乐活动（远景、中景） 海边风云变化（长时间曝光，加快）	
（特技翻页） 记者出镜	【出镜记者】吃货出门旅行，怎么能少了吃呢。其实啊，不用进高档昂贵的酒店也能品尝到美食。找一位当地的朋友带你去街头巷尾搜罗各种小吃，也是一种不错的选择哦。锵锵锵，这就是我们今天的导游××。××，我们今天要去吃什么，既照顾到荷包，又能吃得心满意足呢？
“第一市场”的招牌（全景） 市场的总体情况（摇镜头） 公交车和出租车（固定镜头） 站牌（特写）	【画外音】三亚，素以海鲜出名。而今天我们要去的地方，就是各位游客大力推荐的第一市场，性价比高，品种丰富。来穷游的我们肯定能用便宜的价格满足我们的大胃口。 【画外音】这里位于三亚市区，公交车可以直达，可以坐2路、4路公交车，交通便利，还可以选择打车，费用也不高。
出镜记者把一些特别的海鲜拎起来（特写），如象拔蚌、大虾…… 吃饭前，每个人都拿起相机拍摄发微博的画面（侧拍、俯拍） 画面分割，几条微博 菜肴（特写） 各位组员期待的目光（摇镜头） 饭后，餐桌 每个人拍拍肚子，显得饱足的样子（摇镜头） 账单（特写）	【画外音】三亚是我国所有沿海的渔场中唯一没有被污染的渔场。附近有三亚湾、海棠湾、红塘湾等19个天然海湾，渔业资源十分丰富。由于海水纯净，此处的海鲜肉质鲜美、口感极佳，被誉为“生态海鲜”。三亚的海鲜价廉味鲜，品种主要有龙虾、对虾、蟹、各式海螺等100余种。 【出镜记者】简要介绍或与老板对话。（视实际情况而定） 【出镜记者】好满足，我们来算一下账……

（续上表）

画　　面	解说词
鸿港市场各种空镜头 水果摊，一堆水果（固定镜头、急拉镜头） 人来人往，讨价还价 各种水果（摇镜头） （重点拍一个椰子的特写镜头） （对买来的果汁进行推拉的拍摄）	【画外音】海南是我国热带水果的天堂，我们吃海鲜吃得那么饱，这个时候最好就是来点水果消消食。 【出镜记者】哇，你看看这芒果多大，肯定很美味！ 【画外音】鸿港市场是最大的水果批发市场，这里水果品种丰富，有山竹、芒果、莲雾、荔枝等。纯天然的椰子只卖3～4元，这种天然的饮料自然受到大家的青睐啦！相比于其他调制出来的饮料，既放心，又好喝。吃水果有点累了，就榨成汁，也别有一番风味。
街景（各种角度） 店铺的招牌（特写） 碗里的椰奶清补凉（特写） 出镜记者拿筷子或勺子进行搅拌（中景、特写）	【出镜记者】关于海南的四大名菜，相信来过海南的人都不陌生。下面我们来介绍一下三亚当地特色的小吃。 【画外音】清补凉不是广东用来煲汤的药材，在海南是一款甜品，很纯正的椰奶味，以前从没吃到过，加上里面的西瓜粒、红枣、粉条……还有各种不认识的豆了，冰过的，美味又解暑啊 。
"正宗抱罗粉"店，跟随记者的脚步，找到这一家店（跟镜头） 环境和招牌 抱罗粉（四面特写） 抱罗粉的制作过程（固定镜头，跟拍） 记者出镜	【画外音】据朋友介绍，最正宗、最好吃的抱罗粉在三亚第一市场新民街123号。我们现在就来到这里了。 【出镜记者】抱罗粉的吃法有干、湿、炒三种，任你选择。我选了湿的吃法，下面让我来试试味道如何。
在海边，夕阳西下，记者和几个拍摄人员一起拉着手冲向海边，跳跃。[定格画面，字幕出现（日记本形式）]	【字幕】我们在美好中告别三亚这座海滨城市，把这份美好的回忆写进属于我们的青春纪念册……（未定）

6. 采访设备清单

设 备	数 量（个）	备 注
电脑	1	自备
摄像机	1	学院借出
单反相机	2	自备
	1	学院借出
收音麦	1	学院借出
三脚架	2	学院借出
录音笔	1	自备
闪光灯	1	学院借出
硬盘	1	自备

7. 预期成果

出一条介绍大学生走读三亚的片子（30 分钟左右）以及一个三亚专题摄影集，另外，将记者心得（日记、手记）集结成稿。

休闲渔业

——以三亚为例

1. 选题概述

休闲渔业是以资源为依托，从市场实际需求出发，通过渔业和旅游资源的优化配置，将休闲、娱乐、餐饮等行业与渔业结合为一体，实现第一产业与第三产业的结合，提高渔业的社会、生态和经济效益，实现资源开发和环境保护协调发展的一种新型的渔业。

休闲渔业起源于 20 世纪 60 年代拉丁美洲的加勒比海沿岸，兴盛于 20 世纪 90 年代欧美、亚太地区。国际上，休闲渔业已逐渐成为现代渔业的支柱性产业。我国近邻日本，在 20 世纪 70 年代就提出了“面向海洋，多面利用”发展休闲渔业的战略。东南亚诸国，如菲律宾、马来西亚、泰国等较早把休闲渔业与旅游业有机结合，形成了形式多样、广纳客源的游钓业。中国的休闲渔业始于20世纪90年代初，广东、福建和浙江省为先行。

海南省现今也加大了对渔业资源的开发和利用，借助渔业资源本身的多样性特点，大力发展捕捞、养殖等传统渔业，以及以观光餐饮为主的休闲渔业等新型渔业。三亚作为一个热带滨海城市，其旅游产业比重逐渐上升的同时也会给传统渔业带来影响，并开始走向融合发展。第一、三产业结合下的休闲渔业在三亚有着怎样的特点，其发展面临着怎样的机遇和挑战，如何既带动旅游创收，又实现渔业的新发展，这些都是亟待解决的问题。

2. 背景介绍

（1）海南省正打造国际旅游岛。作为我省第一个休闲渔业发展的规划文本，《三亚市休闲渔业发展规划》日前已通过专家评审。该规划提出，三亚休闲渔业将重点建设“一线二岛三街七大景区”，这些项目涵盖休闲渔业的吃、住、行、游、购、娱六大要素。到2015年，三亚休闲渔业将达到国内先进水平，2020年处于国内领先地位，初步建成具有世界一流水准的休闲渔业胜地。

（2）中共十八大报告提出，要建设海洋强国。渔业资源和滨海旅游资源的开发，将有利地推动海洋经济的发展。

（3）广东、福建、浙江等省份早就开始发展休闲渔业，有许多经验可以借鉴。

3. 任务要求

（1）针对游客做样本量为100份以上的问卷，调查游客到三亚旅游的消费心理和需求，旨在为休闲渔业的发展提供市场调查数据，便于海南省为打造国际旅游岛，实现旅游实践和传统资源的有机结合做参考，利于政府、渔商做出合理的营销和宣传方案。

（2）针对渔商进行深度访谈，旨在了解其面临激烈竞争、海南省扶植政策、旅游业日益增长的环境时，实际的营销宣传方案，以及休闲渔业发展面临的困境和挑战。

（3）广泛收集相关的政策法规和论文刊物，结合三亚休闲渔业的发展特点和困境，为渔商和政府发展休闲渔业建言献策。我们将从政策法规、监管执行、文化营销、媒介宣传、餐饮结构调整等方面提出具体的建议。

4. 问卷设计

有关三亚休闲渔业的调查问卷

亲爱的朋友：

您好！

我们是暨南大学新闻与传播学院暑假实践小组，以下是一份有关三亚游客与当地休闲渔业发展关系的调查问卷。希望您能抽出宝贵的两分钟，完成以下问卷。您的意见相当宝贵，请就您的个人情况和感受如实填答。该问卷不记姓名，调研结果仅用于学术研究，绝对保密，谢谢参与！

附解释：

休闲渔业：将休闲、娱乐、餐饮与渔业相结合的新型渔业。

1. 您有吃海鲜的习惯吗？

A. 有　　B. 没有

2. 您一般选择在哪里吃海鲜？

A. 所住酒店及附近的餐厅　　B. 小吃街或大排档

C. 休闲渔业地（如红沙鱼排）　　D. 其他

3. 在这之前，您对休闲渔业了解程度如何？

A. 没听说过　　B. 听说过，但了解不多

C. 比较了解　　D. 非常了解

4. 您是通过哪种渠道了解到休闲渔业？

A. 电视旅游美食节目　　B. 新闻报道

C. 亲朋好友　　D. 网上的旅游攻略

E. 其他

5. 您认为发展休闲渔业的意义有哪些？（多选）

A. 便于游客体验传统渔民的生产、生活方式，丰富人生阅历

B. 渔民可以获得更多的经济收入，提高生活质量

C. 探索渔业的新型发展之路，推进渔业产业结构调整

D. 休闲渔业旅游可以丰富旅游地的旅游资源，增加旅游收入

6. 您对哪些休闲渔业的元素感兴趣？（多选）

A. 以捕鱼、钓鱼为主的运动活动　　B. 采集贝壳的体验活动

C. 旅游购买，品食海鲜　　D. 游览观光渔业劳作

E. 参观水族馆或者海鲜产品博览会　　F. 其他______

7. 您是否愿意前往三亚的休闲渔业地，比如红沙鱼排？

A. 是　　B. 否

8. 您为什么不会选择休闲渔业？

A. 收费过高，增加旅游成本　　B. 对海鲜和渔业没兴趣

C. 没有时间体验休闲渔业　　D. 其他

9. 您为什么会选择休闲渔业？

A. 度假　　B. 游览观光

C. 公务出差旅游　　D. 探访亲朋好友

E. 学习参观为主　　F. 其他

10. 您的性别？

A. 男　　B. 女

11. 您的年龄段？

A. 10～19 岁　　B. 20～29 岁

C. 30～39 岁　　D. 40～49 岁

E. 50～59 岁　　F. 60 岁及以上

12. 您长期居住的城市是：________。

13. 您的职业是什么？

A. 学生　　B. 教师

C. 医生　　D. 公务员

E. 商人及个体户　　F. 军人

G. 其他

14. 您的月收入（元）是多少？

A. 2 000 以下　　B. 2 001～4 000

C. 4 001 及 6 000　　D. 6 001～8 000

E. 8 001 及以上

5. 采访提纲

采访鱼排休闲渔业餐厅的商家。

采访问题：

（1）为什么会开这样一所餐厅？（理念来源）

（2）在开餐厅之前有怎样的从业经历？有何经验积累？做了哪些前期准备？

（3）餐厅的特色是什么？吃的方面？装修方面？娱乐环节？

（4）为了吸引更多游客，会有哪些活动？

（5）旺季、淡季期间，餐厅如何调整自己的菜式或者活动？

（6）三亚政府有没有什么政策支持休闲渔业的发展？

（7）作为国际旅游岛，客似云来，在经营餐厅过程中与游客发生过哪些有趣的故事？

（8）在经营餐厅过程中遇到过哪些困难，是如何解决的？

（9）对餐厅未来发展的规划有哪些？

（10）休闲渔业和传统渔业有什么不同？

（11）是否会和旅行社进行合作？

（12）餐厅最受欢迎的特色活动是什么？你们的招牌菜是什么？有何

特点？

（13）海鲜的进货渠道？

6. 文献资料来源

（1）政策法规。

①《中华人民共和国海洋环境保护法》。

②《海南省近岸海域环境功能区划》。

（2）论文资料及新闻报道。

①徐质斌．中国海洋经济发展战略研究．广州：广东经济出版社，2007.

②吴邹儒．略谈海南省海洋捕捞今后之去向．海南经济可持续发展文集．北京：海洋出版社，2002.

③史小珍．舟山市海洋产业结构调整及发展战略研究．山东：山东师范大学，2003.

④钟世坚．旅游渔业初探．旅游研究与实践，1996(3).

⑤楼筱环．休闲渔业旅游内涵初探．商业经济与管理，2006(8).

7. 报告呈现方式

以文字报告为主，包括市场调研数据分析、深度采访稿、休闲渔业发展困境和机遇，以及相关的建议。

以纪录片为辅，结合以三亚渔业发展困境与机遇为主题的纪录片，详细介绍三亚渔业的历史与现状，展现出三亚渔民对渔业发展现状的看法和思考，以及三亚休闲渔业发展的前景和困难。

8. 地点安排

（1）三亚渔港，也叫水产码头，在渔港街。（以拍摄和采访为主）

（2）红沙码头，即红沙鱼排。大量休闲渔业餐厅汇集于此。（以做调查问卷和人物访谈为主）

（3）有着“海鲜之城”盛誉的鸿港市场及第一市场。（以做调查问卷和拍摄为主）

9. 时间安排

具体日期随时有变，以活动开展周期时间为计。

时　间	上　午	下　午	晚　上
第一天	早上6点半左右到渔港拍摄渔民捕鱼上岸、整理渔具、售卖海鲜的场景，并采访渔民。	在红沙码头及附近景点，对游客做市场调查问卷。下午5点左右前往休闲渔业餐厅，说服渔家接受采访，或者采用吃一顿海鲜自助餐的方式换取自由拍摄。	边吃自助餐，边拍各类海鲜菜色、海上风景及游客行为等。
第二天	前往有着“海鲜之城”盛誉的鸿港市场及第一市场，继续对游客做市场调查问卷。	再次前往红沙码头，对前一天联系好的渔家做深度访谈和拍摄。	继续拍摄傍晚红沙码头的海景及渔餐厅中游客享受美味的场景，以及各类美味的海鲜。
第三天	机动时间，用于补拍渔港码头和红沙码头。	机动时间，用于继续做还未完成的市场调查问卷及深度访谈。	

10. 设备要求

（1）录音笔一支（学院借出）。

（2）单反相机及镜头（自备）。

（3）问卷及笔纸（自备）。

（4）高清摄像机一部、三脚架一个、无线麦一个（学院借出）。

11. 安全措施

（1）自备防中暑药物、防晒霜和伞。

（2）队伍集中行动。

“揭梦三沙”
南海深度采访行各组照片集锦

一、“揭梦三沙”采访组

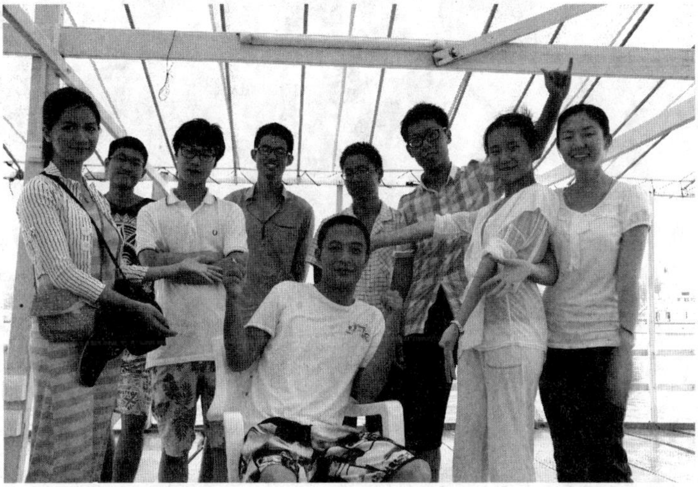

小组成员在三亚鸿港码头就休闲渔业问题采访店主后，与那里的工作人员合影留念

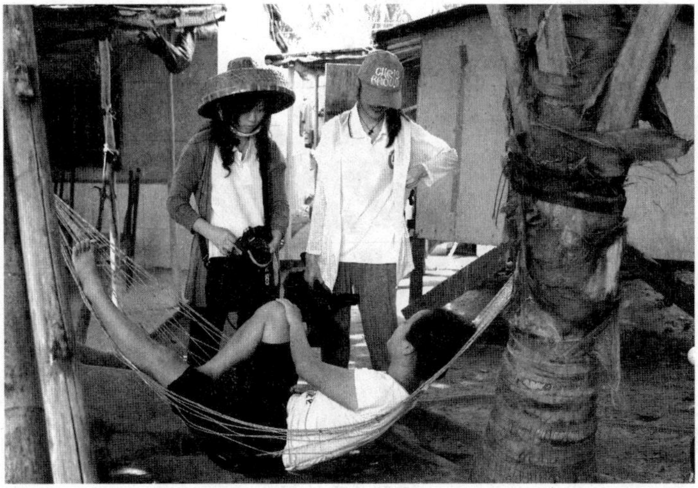

张怡、梁诗敏在永兴岛渔民村就渔民子女教育问题采访当地妇女

周冬敏、杨帆在永兴岛渔民村采访、拍摄老渔民

二、"跨·跃"采访组

博鳌参观拍摄

返程偶遇美丽夕阳

鸿港码头拍摄

美丽晚霞照映着“琼沙 3 号”

俯冲觅食的海鸥与“琼沙 3 号”

三亚鸿港码头拍摄

三亚游艇码头等待采访对象

潭门镇与采访对象合照

“天涯海角”处合照

永兴岛拍摄外景空镜头

三、“爱是深蓝”三亚潜艇部队采访组

在沙滩取景的最后一天，深蓝剧组的主演以及工作人员在落日下合影留念

大家商讨如何取景和选择拍摄角度

男、女主角正在进行拍摄

男主角与导演沟通拍摄计划

由于光线不足，大家正在商讨后续拍摄方案

采访老兵典型

清晨 6 点部队暂停出操，士兵们早起打扫卫生

导演为男、女主角讲戏

女主角为接下来的拍摄准备台词

四、My Way 2013 · 行走三亚组

体验打柴舞

在槟榔谷与阿婆合影留念

与槟榔典村村民交谈中

与黄家近父子的合照

与槟榔典村村民大合照

与钟赞棉船长等人合影

在槟榔谷进行拍摄（1）

在槟榔谷进行拍摄（2）

在槟榔谷前合照

组员在槟榔谷前与阿公合照

在亚龙湾进行拍摄（1）

在亚龙湾进行拍摄（2）

在亚龙湾进行拍摄（3）

打柴舞唯一代表性传人黄家近正在表演打柴舞

海南小吃——香酥菜饼

黎族待客佳肴——竹筒饭

香喷喷的海南椰子饭

在鹿回头进行拍摄

五、"守·望"采访组

路上讨论采访方案

采访老船长

船上拍摄

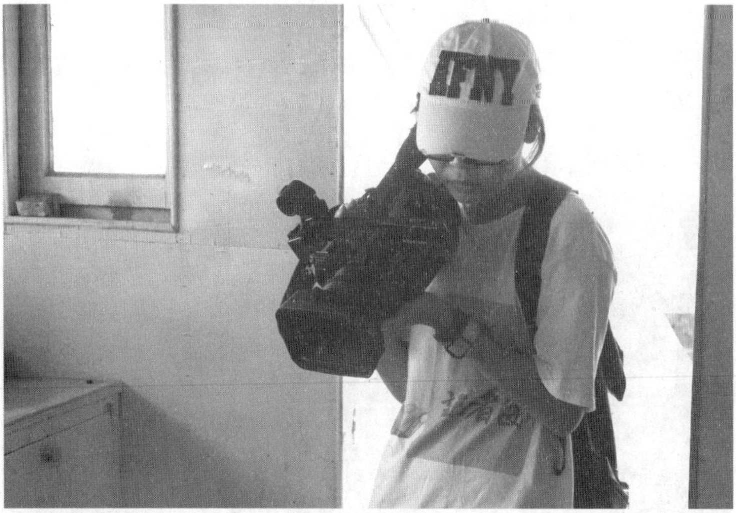

船舱拍摄

与主要采访对象的合照

在天台上俯拍潭门街景

记录沿途的风景

组员在拍摄日出

跟拍主要采访对象

采访老船长

六、"潭门"采访组

台风"飞燕"过境之后，潭门镇中心渔港干净整洁的路面

2013 年 7 月 31 日，海南省琼海市的渔民在观看"两岸共祭妈祖"活动的晚会排练活动

海军战士正在向参加暑期实践活动的同学介绍一款名叫“匕首枪”的武器

祭祀妈祖活动前夕，两名执勤人员走在潭门中心渔港，当日天空出现奇异晚霞

祭祀妈祖活动期间，潭门镇中心街道夜景

清晨渔港卖鱼结束后，一位渔民正在将刚刚卖鱼所得的钱放进口袋里

“潭门”采访组海边合影

潭门镇的居民在用渔网制成的吊床上休息

潭门镇渔港港尾，几个渔民的小孩在嬉戏打闹

潭门镇中心渔港岸边晾晒的海星

附录一：媒体部分报道集纳

《广州日报》

暨大学子进三沙采访

本报讯（记者陈翔　通讯员邱一江、杨帆）在今年暑假大学生社会实践活动中，暨南大学新闻学院的采访活动格外有趣和“神秘”——30 余名师生将组成采访团前往海南省三沙市，进行“揭梦三沙”南海深度采访活动。据悉，这是全国第一个进入三沙进行采访的大学生课外实践采访团队。

昨天，暨大召开活动启动仪式。带队老师邱一江说，采访团队将走进真实的军旅生活，沿岛探寻三沙的姿容、三沙的梦想。

GUANGZHOU NEWS A11

医生与家长谈性 帮小候鸟解困惑

荔湾上半年GDP增15.6%

暨大学子进三沙采访

白云道德讲堂再开讲

我有我的精彩

《中国新闻网》

暨大学子将赴海南三沙“探秘”　体验军旅生活

暨南大学南海深度采访活动“揭梦三沙”于25日拉开帷幕。暨南大学新闻与传播学院30余名师生将组成采访团前往最年轻的地级市三沙市进行深度采访和调研，尝试揭开三沙市的神秘面纱，并体验真实的军旅生活。

带队老师邱一江介绍，“揭梦三沙”南海深度采访活动是暨南大学诸多实践教学活动项目之一，此次采访活动得到了暨南大学和军方的支持。采访团将于26日启程奔赴采访活动的第一站三亚。

作为内地第一个进入海南省三沙市进行采访的大学生课外实践采访团体，采访团此行不仅要揭开三沙市的神秘面纱，还将走进真实的军旅生活，通过实地采访、调研，来实践课堂上所学的理论，同时加强大学生的海防意识。

据了解，此次“探秘”活动为期11天，采访团除了前往三沙市进行采访调研外，还将派出两支小分队进入三亚和琼海的潭门镇进行实地考察拍摄。

目前，采访团经过一个多月的准备，已对选题进行了详尽的策划，选题涉及自然风光、历史文化变迁、海军舰队等多个不同角度，将尝试深入海南，挖掘三沙梦、中国梦的历史情愫。

最近一直为准备采访活动而忙碌的康群群告诉记者，作为采访团的成员，她最近一个月几乎每天都在熬夜修改选题策划，直到今天举行启动仪式才感觉到一切都要变成真实的了，很兴奋又有些紧张。

http://www.hq.xinhuanet.com/sansha/2013-07/

海南频道　海南要闻 社会 美图 视频 旅游 房产 政务 言论 访谈 直播 专题 副刊 女性 服务 新华社记者专栏 海南国际旅游岛论坛 海口论坛

学习贯彻十八届三中全会精神

您所在的位置：首页 >> 正文　　新华搜索：新闻 搜索

暨大学子将赴海南三沙“探秘”　体验军旅生活

2013-07-26 07:44　来源：中国新闻网　分享到：0

暨南大学南海深度采访活动“揭梦三沙”于25日拉开帷幕。暨南大学新闻与传播学院30余名师生将组成采访团前往最年轻的地级市三沙市进行深度采访和调研，尝试揭开三沙市的神秘面纱，并体验真实的军旅生活。

带队老师邱一江介绍，“揭梦三沙”南海深度采访活动是暨南大学诸多实践教学活动项目之一，此次采访活动得到了暨南大学和军方的支持。采访团将于26日启程奔赴采访活动的第一站三亚。

作为内地第一个进入海南省三沙市进行采访的大学生课外实践采访团体，采访团此行不仅要揭开三沙市的神秘面纱，还将走进真实的军旅生活，通过实地采访、调研，来实践课堂上所学的理论，同时加强大学生的海防意识。

据了解，此次“探秘”活动为期11天，采访团除了前往三沙市进行采访调研外，还将派出两支小分队进入三亚和琼海的潭门镇进行实地考察拍摄。

目前，采访团经过一个多月的准备，已对选题进行了详尽的策划，选题涉及自然风光、历史文化变迁、海军舰队等等多个不同角度，将尝试深入海南，挖掘三沙梦、中国梦的历史情愫。

海南要闻　更多>>
- 海南“单独二胎”放开 政策生效前生二胎违规
- 海口出入境证件10天可办好 非工作日也能办理
- 海口清查“两违”问题 领导干部参与一律停职
- 渐进式延迟退休海口市民热议 需解决后顾之忧
- 海口滨海大道20日起禁左车咋走？相关部门支招
- 海南已停止劳教审批 劳教所基本转型为戒毒所
- 海南补贴大型展览会 单个展会最高补100万元
- “一年多考”受海口市民期待 机会多压力小了

订“新华快讯”掌握海南精彩

视频　更多>>

《新华纵横》橡胶大省的污染之困　《新华纵横》汽车路驾市场乱象调查
- 小学生3年花6万学情商 被选为学生校长
- 女孩因小事争执揭死母亲并分尸丢工地

25 日的启动仪式上还设置了一个特别环节，师生纷纷在白纸上写下“梦想中的三沙”，投入“聚梦箱”。这个承载着 30 多名师生对三沙的梦想和希望的“聚梦箱”将随采访团一起抵达三沙。

《中青在线》

暨南学子南海深度采访活动今日启动

中青在线讯（记者林洁　实习生陈瑾）“揭梦三沙”南海深度采访活动近日在暨南大学校园中举行了启动仪式，30 余名暨南大学新闻与传播学院的师生将组成采访团前往全国最年轻的地级市三沙市，26 日起进行为期 11 天的深度采访和调研。

这是全国第一个进入海南省三沙市进行采访的大学生课外实践采访团体。采访团不仅要揭开三沙市的神秘面纱，还将走进真实的军旅生活，并进行实地采访、调研。

本次采访团除了前往三沙市进行采访调研外，还将派出两支小分队进入三亚和琼海的潭门镇进行为期一周的实地考察拍摄。

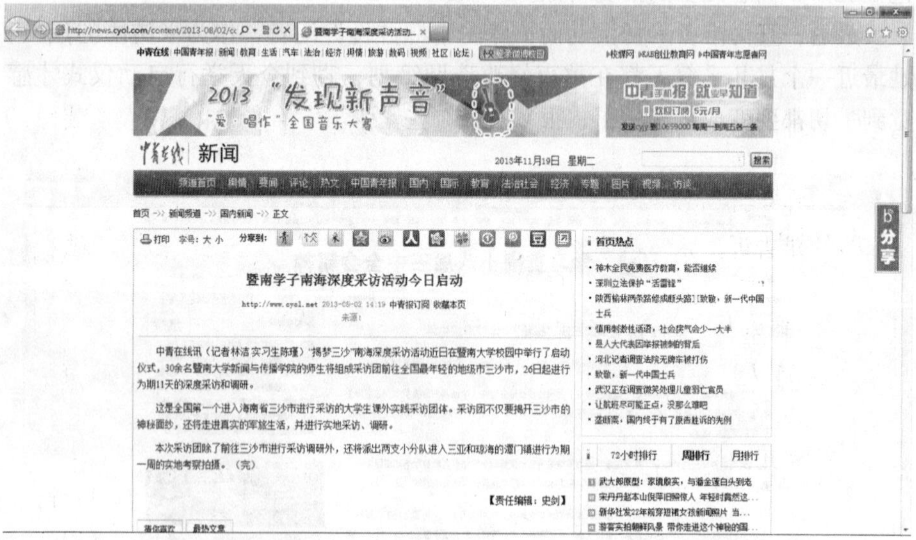
中青在线 新闻

2013年11月19日 星期二

首页 ->> 新闻频道 ->> 国内新闻 ->> 正文

暨南学子南海深度采访活动今日启动

http://www.cyol.net 2013-08-02 14:19 中青报订阅 收藏本页

来源：

中青在线讯（记者林洁 实习生陈瑾）“揭梦三沙”南海深度采访活动近日在暨南大学校园中举行了启动仪式，30余名暨南大学新闻与传播学院的师生将组成采访团前往全国最年轻的地级市三沙市，26日起进行为期11天的深度采访和调研。

这是全国第一个进入海南省三沙市进行采访的大学生课外实践采访团体。采访团不仅要揭开三沙市的神秘面纱，还将走进真实的军旅生活，并进行实地采访、调研。

本次采访团除了前往三沙市进行采访调研外，还将派出两支小分队进入三亚和琼海的潭门镇进行为期一周的实地考察拍摄。（完）

【责任编辑：史剑】

《南方日报》

■广东大学生行走三沙

永兴岛医院将可接收产妇

南方日报讯（记者赖竞超　通讯员麦尚文、邱一江）日前，笔者跟随暨南大学“揭梦三沙”采访团登陆三沙市市政府驻地——西沙永兴岛，全团一行13人先后走访“琼沙3号”、三沙市人民医院、邮局、图书馆、永兴岛污水处理厂等设施项目，试图为读者揭开这座全国最年轻地级市的神秘面纱。

“琼沙3号”每周往返一次

7月31日清晨7时15分，在颠簸了14个小时后，满载着300吨物资和大约200名乘客的“琼沙3号”终于驶入港湾，抵达永兴岛。

长期以来，三沙市的交通不便，严重缺水、缺电、缺物资，生产、生活条件十分艰苦。“琼沙3号”对于永兴岛及周边诸岛的岛民而言，就好比是一条海上流动的“生命补给线”。

据介绍，“琼沙3号”载有大米、鸡蛋、蔬菜、牛奶、鸡肉、猪肉、牛肉、羊肉、桶装矿泉水等共约100吨（最多时载160吨），此外还有200吨淡水。过去，开往永兴岛的补给船每月只有两次，而如今‘琼沙3号’每周往返文昌和永兴岛一次。

笔者来到三沙市人民医院——永兴岛北京路10号，看到医院大楼装修已基本完毕，但医疗设备等还未搬入。医院院长胡亚雄接受采访时透露，新医院最快将在9月投入使用。

胡亚雄告诉笔者，“我们只能处理轻伤缝合等小问题，像骨折都没法在岛上医治。”胡亚雄说，西沙人民医院将设有儿科、外科、妇产科、五官口腔科等10多个科室，按一级医院建设，仿二级医院配置，拥有床位30张，人员编制预计35人。副院长林显伟告诉笔者，新医院投入使用后，将可结束孕妇必须出岛产宝宝的历史。

垃圾将压缩打包出岛处理

目前，永兴岛上的污水处理厂一期工程已投入使用，处理后的中水可用于绿化浇灌和建筑施工；而二期工程将建成污水处理总厂，今年底有望全面投入使用。

据三沙市经济发展局负责人贾增祥透露，永兴岛正在建造一座日处理垃圾20吨的垃圾转运站、两座收集站及4座垃圾收集房，届时永兴岛垃圾将实现压缩打包运回海南本岛处理。

出行：居民出岛仍不便

永兴岛只有 2 平方公里，步行环岛一周仅 1 小时左右。岛上居民反映，他们出行还是不太方便。如果遇上台风天，“琼沙 3 号”可能一个月都来不了一次。

用水：有时用雨水煮饭

虽然“琼沙 3 号”每周会带来 200 多吨淡水，但也会遇到台风天气船开不了的时候。“实在没水了，我们甚至拿收集的雨水煮饭吃。”在三沙市邮局工作的陈先生告诉笔者。

贾增祥介绍，目前海水淡化设备已投入使用的有永兴岛、赵述岛和晋卿岛，其中永兴岛 100 吨/日、赵述岛 40 吨/日、晋卿岛 30 吨/日，而日产 1 000 吨的海水淡化厂及配套供水管网工程已经完成前期工作。

广东 社情
A10
项目团队曾因无经费解散 “火箭少年”不屈不挠进大漠
华工学生成功发射探空火箭
赖债地产商急还 1.2 亿借款
永兴岛医院将可接收产妇

通信：信件最快 10 天出岛

岛上居民除了信件，很多生活用品都要靠岛外的家人通过邮局寄过来。昨日笔者走访了三沙市邮局了解到，该邮局可寄出明信片、平信、挂号信和包裹，由于抵岛的船最快也要一周才来一次，所以信件和包裹需要 10 到 20 天才能到达海南岛。三沙市图书馆有 1 万册图书，有电脑但是还不能上网，只能观看电脑中存储的电子书和电影等。

《南方日报》

■广东大学生行走三沙

暨大“揭梦三沙”采访团登上永兴岛，直面“老三沙人”的期盼

孩子能上学　进出更方便

南方日报讯（记者赖竞超　通讯员麦尚文、邱一江）日前，在“琼沙3号”补给船的搭载下，笔者跟随暨南大学“揭梦三沙”南海深度采访团登上了三沙市政府驻地——西沙永兴岛。

在那里，笔者目睹了这个中国最南端、最年轻的地级市的成长。更让笔者难以忘怀的是一代“老三沙人”的期盼。这些人大都是渔民，来到永兴岛十年有余，他们在岛上的时间大大超过在家乡的日子。他们喜爱三沙、筑梦三沙，更希望留在三沙，但这需要依仗更多的梦想成真：当上“有证”的“新三沙人”、孩子可以留在岛上读书、进出岛更方便快捷……

无证的人

见到符少强，是在“琼沙3号”补给船上。这是他在三沙永兴岛上的第10个年头。

但这位“老三沙人”没有幸运地拿到三沙市首批居民身份证或流动人口居住证。上月17日，三沙市政府在永兴岛发放首批居民身份证及居住证，其中身份证10张、居住证68张。

和符少强同村、在永兴岛上生活了14年，同时也是三沙市永兴居委会主任的渔民符载畴幸运地拿到了流动人口居住证。这位“老三沙人”变成“新三沙人”后对笔者说：“有了这个居住证，就等于确认了我的身份，以后上下岛会更方便。”

此前，三沙市公安局负责人梁鸿在两证发放仪式上向媒体介绍了两证发放的范围及居住证持有者所能享受到的权益：“发放身份证是具有三沙户籍的人员。居住证是主要发给在岛上居住的2009年以前参加三沙市相关村委会成立时登记的渔民。上岛人员如果持有居住证，优先享受上岛，享有一些岛上的社会保障，比如就业、医疗卫生、教育等，这些待遇都与常住人口一样。”

据统计，到2012年底，三沙市有常住人口833人，登记在册的户籍人口是233人。符载畴所任职的永兴居委会在三沙“设市”前，是永兴村委会，有159人，大都是从海南文昌、琼海、海口、万宁等地来西沙捕鱼的

渔民。

对于没能成为“新三沙人”，符少强并没有表现出多大遗憾，但是同一居委会、也拿着居住证的张女士却显得有些不悦。张女士2007年来到永兴岛，她坦言来这里就是为了“揾两餐”，因为丈夫喜欢捕鱼，无其他谋生技能，渔业资源丰富且鱼种珍贵的永兴岛成了他们的首选。

住在张女士家不远处的李女士2011年才随丈夫搬到永兴岛。她和丈夫还未能在永兴居委会居住人口簿上正式登记在册。“我们不是正式的村民，每次搭乘‘琼沙3号’都得托人买票，很麻烦。”李女士说。

难登的船

走访岛上的村落，听到最多的心声便是“进出岛不便”——除了“买票难”，还受天气影响。如果遇上台风天，“琼沙3号”可能一个月都来不了一次。对于永兴岛及周边岛民而言，“琼沙3号”就好比是海上流动的“生命补给线”，他们的衣食住行都与之息息相关。

“喝的水基本是靠岛外提供，洗澡、洗衣服的水靠井水或雨水。”多位岛民告诉笔者。

“琼沙3号”有关负责人透露，这趟船上载有大米、鲜鸡蛋、蔬菜、牛奶、鸡肉、猪肉、牛羊肉、桶装水等物资共约100吨，此外还运有200吨淡水。“最多的时候会载160吨货物。”

早在三沙设市以前，“琼沙1号”、“琼沙2号”等补给船就一直在为岛上居民运送物资。“但那时候一个月只有两次，现在‘琼沙3号’一周往返文昌和永兴岛一次。”连续在琼沙系列号上工作了35年的“琼沙3号”二副黄李清说，过去岛上若是快“断粮”而无补给时，大米只敢煮稀饭吃，肉就更不可能有了，只能吃腌萝卜。

现在岛民们最盼望的是正在建造并于明年交付使用的大补给船——“三沙1号”。除了8 100吨的排水量，“三沙1号”还能让从海南岛到三沙的航程从现在的十五个小时缩短为八九个小时，而且能在八级台风下正常航行，十级台风也能保证安全。

留守的娃

笔者和符少强闲聊时，他13岁的儿子羞涩地躲在爸爸身后。每逢暑假，儿子就从老家琼海市潭门镇来到岛上，和父母团聚。

这样的孩子在永兴岛上比比皆是。成群的孩子们就像候鸟，一到七八月就“飞”到岛上和父母相聚。但多数时候父母出海捕鱼去了，孩子们只能在小岛上奔跑嬉闹。

“我想来岛上和妈妈住。”读小学一年级的小蝶是李女士的女儿。虽然年纪小，但已经会做很多家务，每次爸妈捕鱼回来，她都做好饭菜等着他们。

“不行啊！这里没学校，孩子不读书怎么成？难道让她也和我们一样一辈子捕鱼为生吗？”眼下李女士特别担忧小蝶的学习问题。这次期末考，小蝶语文考了 80 分，数学只考了 60 多分，婆婆为此责怪媳妇“不上心”。

“我准备让孩子留级，我也回潭门照顾她，留老头子（李女士的丈夫）一人在永兴岛捕鱼。”李女士觉得，她的孩子等不了三沙建好学校的那天了。

几天前，三沙市迎来了“设市”一周年纪念日。一年来，三沙市政府累计投入 5 700 万元，用以解决交通运输、物资补给、海水淡化、修路、太阳能发电、防风避险、环境卫生等困扰岛上居民生产生活的七大难题。如今，在三沙市主要街道——北京路上，一座座现代化的建筑——市委市政府办公大楼、三沙市人民医院、邮局、银行、图书馆……拔地而起，唯独没有学校。

是的，这个全国最年轻的地级市尚未设有任何一间学校，无论是幼儿园、小学还是中学。

符少强的女儿初中毕业就不读书了，到永兴岛上帮忙父亲打理捕鱼的生意，父亲每月给她 2 000 元工钱。“我其实希望她能多读书，可惜她不努力。现在希望全寄托在小儿子身上了。”

符少强现在对儿子更加严厉，时不时要打电话回家过问孩子的学习。

说到以后的去处，符少强显得有些茫然。他坦言不知道今后老了，医疗保障等社会福利会不会有。

不过他也说，自己还没老到出不了海，他还是信任政府的，“毕竟过去缺水、缺电、缺粮食，现在路铺了，水够了，电有了，新医院就要投入使用了，许多基础设施都建起来了。比起 10 年前，真的好很多了”。

深读 INSIDE 南方调查 A13

时隔一年，南方日报记者再次来到三沙，感受并记录下这座岛屿城市的转变

建市一年，民生基础设施基本完备

孩子能上学 进出更方便

“目前移民三沙并不现实”

《南方日报》

■广东大学生行走三沙

当渔业资源不断萎缩，“靠海吃海”的渔民该怎么办？

渔民之变：当传统捕捞遭遇现实挑战

南方日报讯（记者赖竞超　通讯员麦尚文、邱一江）8 月 1 日，南海伏季休渔结束，渔民们纷纷鸣响汽笛“扬帆出海”。但有关数据显示，自20世纪80年代以来，南海渔业资源就呈现萎缩迹象，并一直延续至今，包括北部湾渔场和西沙海域渔场等。

当“靠海吃海”的渔民生计遭遇现实的挑战，他们将要怎么做？日前，笔者跟随暨南大学南海深度采访团走进三沙市永兴岛渔民村，观察当地渔民的现实生活，也了解他们对现代渔业发展的真实想法。

选择永兴岛是因为安全

三沙市民的生活是什么样？在永兴岛，采访团一行来到岛民聚居地之一——永兴村一探究竟。

永兴村又叫渔民村，因为村民大都是来自海南文昌、琼海、万宁等地的渔民。三沙设市以后，该村正式更名为永兴居委会，村民们也跟着“升级”为“市民”。

但这些新市民依旧过着和从前相似的日子——靠一张网捕鱼走天下。

走进永兴村，首先映入眼帘的是几排简陋的小木屋和吊床。一些村民正在家门口清理“闭关”许久的捕鱼用具。原来，南海伏季休渔已进入倒计时阶段（5月中旬—8月1日）。随着8月1日“2013两岸妈祖佑南疆”祈福活动在海南省琼海市潭门镇开幕，为期两个半月的休渔期正式结束。

在潭门镇的中心渔港，几百艘渔船汽笛齐鸣、依次开动马达，带着渔民的希望，驶向浩瀚富饶的南海。而永兴渔港里的船只也蓄势待发。

符少强来永兴岛十年有余，岛上很多渔民称他“老大”。他的家乡就在潭门镇。

说起潭门，符少强脸上立刻浮现一丝骄傲的神色。潭门镇位于海南岛东部沿海，潭门港是海南岛通往南沙群岛最近的港口之一，能停泊1 000艘渔船，同时也是西、南、中、东沙群岛作业渔场后勤的给养基地和深远海鱼货的集散销售基地。有历史记载，早在唐宋年间，就有潭门百姓到西沙群岛上过着渔猎生活。现在，全国奔赴西沙、南沙、中沙等海域作业的渔民中，超过八成来自潭门。永兴岛上来自潭门镇的渔民也占了大多数。

为何是永兴岛——很简单，因为很安全

年轻时，符少强去过更远的中沙、南沙群岛捕鱼，那里的鱼种更珍贵丰富，但那里总有外国渔船和军警出没，安全无保障。来永兴岛有5年多的渔民符功达就曾被菲律宾军警扣押过。“明明是中国的领土，可我们的船开过去，他们却开枪。为了安全，现在我都不去那么远了。”

比起渔业资源严重枯竭的北部湾等近海海域，永兴岛的现况还不错。尤其是自打三沙设市以后，永兴港综合码头建起，“琼沙3号”补给船增加到每周一次，来岛上的人越来越多了，不用再担心鱼鲜“有价无市”的问题。在渔民村里，几乎家家户户都有个大冰柜，装满了海参、鲍鱼、八爪鱼等海产品。“经常‘琼沙3号’一到，这些干货就被一扫而空。”符少强说。

靠传统捕捞，路会越走越窄

虽然现在生意不错，但稳重的符少强却已经在为往后发愁：“这几年，永兴岛的鱼也少了很多，渔民却一直在增加。”为此，他新购了一艘12米长、3米宽的渔船，打算9月份下水，到附近的小岛如晋卿岛、赵述岛去捕鱼。“听说那些小岛的鱼很多。”

来岛上已有十四年的另一位老“三沙人”——永兴居委会主任符载畴说，近五六年间，永兴村渔民增加了40人，目前全村共有159人。但现在捕捞技术越来越先进，捕捞速度远超渔业资源恢复的速度，“与2000年我上岛相比，岛上渔业资源缩减了不止一半”。

除了自己捕捞，符载畴和岛上一些渔民开始另谋出路——收购海产品再转卖给大公司。符载畴家里建有一个小型冷藏库，装满了他从渔民或过往船只上收购的各种名贵海鲜，有青衣、苏眉、红鲷等，他将这些海鲜包装完好，再转手给一家海鲜销售公司。通过这家公司，南海的海产品已经销往全国各地。

但搞收购依旧摆脱不了“靠海吃海”的命运。15岁就开始和父亲下海捕鱼的符载畴深知依靠传统的捕鱼方式，路子会越走越窄。他寻思着另一条更加具有竞争力的道路——现代渔业发展路径。“渔民的观念、渔民的生产方式必须要转型升级，否则留给我们后代子孙的只可能是悲剧。”

为了说服村民跟自己一起“转型”，符载畴拟了一份调查报告，挨家挨户向村民讲述“想法”，“很惊喜，村民们几乎都赞同我的观点”。

在这份尚未递交给市政府的报告中，他这样写道：“调查结果显示，永兴村30%的渔民具备远海捕捞条件，另外70%则无，后者需要转型。”符载畴解释，他希望今后具备远洋捕捞条件的那30%渔民继续到中沙、南沙群岛等地去捕鱼作业，剩下的七成渔民则全力发展岛上的服务业。“我的想法是，成立一个具备独立法人资格的公司，让村民当合伙人，公司主要为今后到永兴岛旅游的游客提供休闲渔业、餐饮、住宿、娱乐、购物一条龙服务，村民们则领取工资和参与分红。”

当然，符载畴表示，眼下最要紧的还是推动报告通过市里的审批。今年9月，永兴居委会即将举行换届，虽然是否继续担任主任还是未知数，但符载畴表示一定会将这份报告递上去，为岛上渔业产业转型升级尽一分力。

年轻一辈向往外边世界

早在明朝，潭门镇渔民就凭借着《更路簿》，驾帆船前往西沙、南沙等地从事深海捕捞。现今，潭门镇的渔民依旧继承着祖辈的技艺，沿着祖辈留下来的航道，在南海一带从事生产。只是帆船变成了机动船，导航工具也变成了先进的 GPS 导航。

现在潭门镇的渔民捕捞地点依旧以南沙、西沙为主，每次出海两三个月。对他们而言，出海期间驻足的那片陆地也是家。

42 岁的黄耀坚有二十五年捕鱼经历，他家也在潭门镇，长期在南海捕捞海珍品，每次出海要长达四个多月，南海上的岛屿就成了他们在海洋上的栖居地。多年的捕鱼生涯中，永乐群岛上的羚羊岛成了黄耀坚捕鱼期间的中转站，在三沙设市后，黄耀坚当选为羚羊岛居委会主任。

他说，像他这样长期居住在南海岛屿上的渔民较多，羚羊岛上七八成的人来自潭门。大家都和他一样，在岛上有个家，在陆地上也有一个家，年复一年的长期奔波于两地，但每年在海上的时间比在陆地上长多了。

男人出海，家就交给了女人。潭门镇的女人几乎承担了家里所有的一切：照顾老人、小孩，下地干活，收鱼、卖鱼，去海边捡海产品等。在潭门镇的大街上，随处可见开三轮车的女司机。

老一辈渔民一心想要保留传承的渔业文化，在年轻人心中却已不是那般重要。

家住在潭门镇林桐村的小娜表示一定要走出去，“想去海口，也想去北京、上海、广州开开眼界，去陌生的地方开始独立生活，感受不一样的环境。”

小娜的父母是渔民，现在在永兴岛上从事收鱼的生意。小娜中学毕业后也经常在潭门镇和永兴岛之间来回，帮助父母料理生意。可她一点也不喜欢这样的生活，“太没意思了”。

“80 后”、“90 后”的渔民渴望着转变，走向另一种生活，老一辈的渔民也是如此，只不过他们将转变的希望寄托在了下一代身上。

“我们当初从学校离开就去捕鱼了，希望我的小孩不要再过这样海上漂泊的生活。”提到孩子，黄耀坚一脸自豪。他的一对儿女正就读于某重点大学。

开三轮车的李大姐，小孩正在上小学。她希望小孩能够去琼海市或者海口上学，接受更好的教育，“只希望他们能多读点书，走出小渔港”。

传统的渔民文化就算是在数代捕鱼的人家也难以继承。

潭门镇草堂村的老船长苏承芬，是帆船时代的最后一批老船长，凭着一本《更路簿》闯荡南海五十多年，最远曾到达曾母暗沙以南的南海海域。但从他儿子辈，传统的渔民生活就已经开始发生了转变；到了孙辈，几乎都没有捕鱼，或去琼海，或者打工，或进入职校学习。“我在海上生活了一辈子，希望我的孙辈不要再像我这样了。”

深读 INSIDE 时政南方眼 A11

自7月初推出以来广东6万多大学生获上岗机会，但他们对此感受不一

“展翅计划”或助他们走出实习困境

当渔业资源不断萎缩，“靠海吃海”的渔民该怎么办？

渔民之变：当传统捕捞遭遇现实挑战

深读 南方调查

《南方日报》

国内首支登陆三沙大学生实践团队

暨大南海深度采访团成果丰硕

南方日报讯（记者赖竞超　通讯员麦尚文、邱一江）日前，为期十一天的暨南大学“揭梦三沙”南海深度采访行活动顺利落下帷幕，三十余名暨南大学新闻与传播学院的师生已于8月6日凌晨全部安全返抵校园。

作为全国首个进入海南省三沙市采访的大学生课外实践采访团，暨大学子此行深入南海，深入中国最年轻的地级市——三沙，筑梦南海，圆梦三沙。在这个采访团中，共有十三人登上三沙市人民政府所在地——西沙永兴岛实地探访。他们重点走访了三沙市政府广场、三沙市人民医院、三沙市邮局和图书馆等地。不仅如此，采访团一行还运用新闻教学中所学的本领，扛着“长枪短炮”深入渔民聚居地——永兴村进行采访拍摄，了解渔民的生活现状及渔民子女的受教育问题等。

带队老师、暨南大学新闻与传播学院广播电视系主任助理邱一江表示，通过此次在三沙等地实地调研，暨大学子们不仅在实践中提高了采访拍摄能力，还领略到了三沙独特的自然风光，海防意识得到了加强。

广东 地方 A12

广东以“三打”为契机整治食品安全

去年646人因食品安全被刑拘

2013广州时装周广佛两地举办

连续工作36小时，两次发病治疗后又回到派出所

英德民警刘世生倒在岗位上

中山政法工作满意度全省第一

暨大南海深度采访团成果丰硕

第三届中秋（吴川）月饼节明日开幕

患白血病，家庭无力支付巨额医疗费

肇庆大学生发网络求助信

首届乳源禅石文博会10月举行

“颈腰椎，膝关节病”喜遇良方

《湛江晚报》

湛江三学子参与“揭梦三沙”

网友报料：进入海南省三沙市采访的大学生课外实践采访团中有3人来自湛江！昨天，记者通过微博联系对其中的湛江籍大学生进行了采访。

【实践】湛江三学子“揭梦三沙”

通过申请并经政府有关部门批准，由30多名暨南大学新闻与传播学院的老师和学生组成的采访团，在今年7月下旬至8月上旬乘船出海，到全国最年轻的地级市——三沙市进行调研，进行了为期11天的“揭梦三沙”南海深度采访行活动。据《南方日报》报道，这是全国首个进入海南省三沙市的大学生课外实践团体。

通过网友报料和微博联系，本报记者发现，参加此次活动的大学生中，有3人来自湛江！她们分别是就读于暨南大学新闻与传播学院10广电班的梁思敏、11广电班的邹薏颖和小伊。

昨天，邹薏颖对本报记者说，“揭梦三沙”之行，让自己感觉真正走出了校园，“跟我平时在大学里做的那些相差好远。只有真正‘走出去’，才会发觉外面的世界好精彩，会遇到很多人、很多事。‘读万卷书，行万里路’，实践对于我们这些大学生来说，真是太重要了”。

该团队登上了三沙市人民政府所在地——西沙永兴岛实地探访，重点走访了三沙市政府广场、三沙市人民医院、三沙市邮局和图书馆等地；还扛着“长枪短炮”深入到渔民聚居地——永兴村进行拍摄，了解渔民的生活现状。通过“活学活用”来实践所学的新闻理论，同时加强大学生们的海洋意识，深化爱国教育。

【豪情】“用脚丈量天地”

@暨大学子揭梦三沙南海深度采访行：我们始终要用脚去丈量天地的宽广，用心去体察世间的沧桑。

@颖小白暑假很充实－加油思密达：做记者最开心的莫过于当你觉得采访无望的时候，采访对象又愿意对你敞开心扉。

@诗敏要勇敢：#揭梦三沙南海深度采访行#今日风雨大作，只有两个小时的东岛拍摄时间，任务艰巨，只能迎难而上。组员们，我们拼了！

@z芮_有一个忙碌的暑假：各种不舍！善良又热情的渔民、澄净的星空都留在了我们的心中。

@丽影_grow：再见了，几天的艰苦化成了依依不舍的爱恋！那些和蔼可亲、热情好客的人儿，谢谢你们给予的感动与帮助！

湛江晚报　声音·微观　14

湛江晚报新浪官方微博
http://weibo.com/zjwbgd

全国首个登陆三沙的大学生采访团中有3名来自湛江

湛江三学子参与“揭梦三沙”

【实践】湛江三学子“揭梦三沙”

【豪情】“用脚丈量天地”

网友抓拍闪电场景——

气象工程师：不值得提倡 不安全

人没上来

东西太沉

舍不得吃

附录二："揭梦三沙" 南海深度采访行作品获奖情况

广 东 省 教 育 厅

粤教思函〔2014〕3号

关于公布"我的中国梦"——
"立志·修身·博学·报国"
主题教育系列活动评选结果的通知

各普通高等学校：

根据《广东省教育厅关于开展"我的中国梦"—"立志·修身·博学·报国"主题教育系列活动的通知》（粤教思函〔2013〕23号）精神，省教育厅于2013年6月至12月在全省高校组织开展了"我的中国梦"征文大赛、"最美中国"主题摄影创作大赛、"最美中国"主题微电影创作大赛、"大手拉小手—万名留守、流动儿童及困难群体关爱行动"博客大赛、"我的家·我的梦"宿舍文化创意PPT大赛等一系列主题教育活动。全省各高校精心组织，师生积极参与，涌现了一批优秀活动成果。经组织专家评审，每个项目分别评出一等奖10项、二等奖30项、三等奖60项。中山大学等33所高校被评为优秀组织奖。现予公布。

附件：2013年"我的中国梦"——"立志·修身·博学·报国"主题教育系列活动获奖名单

广东省教育厅
2014年1月10日

公开方式：主动公开

“最美中国”主题微电影创作大赛获奖名单（部分）

一等奖

作品名称	学校	队伍名称	作 者
彩色中国梦之最美遂溪	广东外语外贸大学	夏日乡情	高 晴
寻福	广东财经大学	BTR 工作室	冯卓华
灯隐	深圳大学	灯影寻梦队（传播学院）	娄卓男 王 琳
爱的邮差	广东培正学院	“向阳”社会实践团队	陈 兵
最美中国——侗乡	华南农业大学珠江学院	行者队	莫建国
笑脸女孩	广州大学	——	吴广智
牧羊人	华南师范大学	炭烧团队	许拥旺
守·望	暨南大学	尘埃	高 康
色彩虚幻之旅	广东技术师范学院	客家文化映像工作室	唐文涛
阿公	广东工业大学	艺术设计学院橙光工作室	陈 蕾

二等奖

作品名称	学校	队伍名称	作者
风雨强国路	暨南大学	暨南我行我动小分队	高 康
连平美梦	华南理工大学广州学院	2013 华广河源调研队	刘 汉
寻迹广州十三行	广州大学		吴广智
海阔天空	广东文艺职业学院	11 级编导	林 奋
我们的微电影	江门职业技术学院	圆方队	谭喜庆
天使的梦	广东农工商职业技术学院	影想队	马 娟
一厘米的梦想	广州南洋理工职业学院	——	——
永怀感恩之心	华南师范大学	SCNU 公益拍	许拥旺
26 号	华南师范大学	马路公社	许拥旺
揭梦三沙	暨南大学	寻梦人	高 康
致命记忆	广东财经大学	HK studio	冯卓华
龙湖古寨	韩山师范学院	韩山师范学院教育系摄录学会	杨志亮
寻	华南师范大学	未果影像剧组	许拥旺
最美中国之粿一潮汕文化印记	韩山师范学院	无限工作室	杨志亮
希望之光	广东工贸职业技术学院	“希望之光”服务队	景永斌
蒲公英的梦想	广东第二师范学院	广东第二师范学院花梦三下乡服务队	刘小琥
美在心灵	广东商学院华商学院	美在心灵	罗嘉玲
中国梦·民族兴·上山行	广东工贸职业技术学院	“携爱上山”服务队	景永斌
背包攻略	暨南大学	WE ARE YOUNG	高康

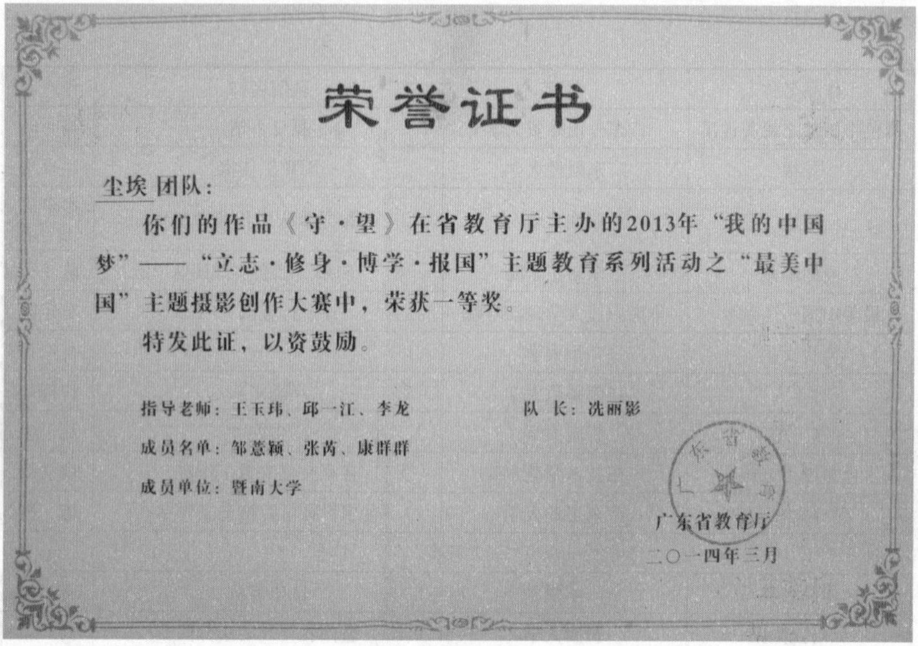

荣誉证书

尘埃团队：

你们的作品《守·望》在省教育厅主办的2013年“我的中国梦”——“立志·修身·博学·报国”主题教育系列活动之“最美中国”主题摄影创作大赛中，荣获一等奖。

特发此证，以资鼓励。

指导老师：王玉玮、邱一江、李龙　　队 长：冼丽影

成员名单：邹薏颖、张芮、康群群

成员单位：暨南大学

广东省教育厅

二〇一四年三月

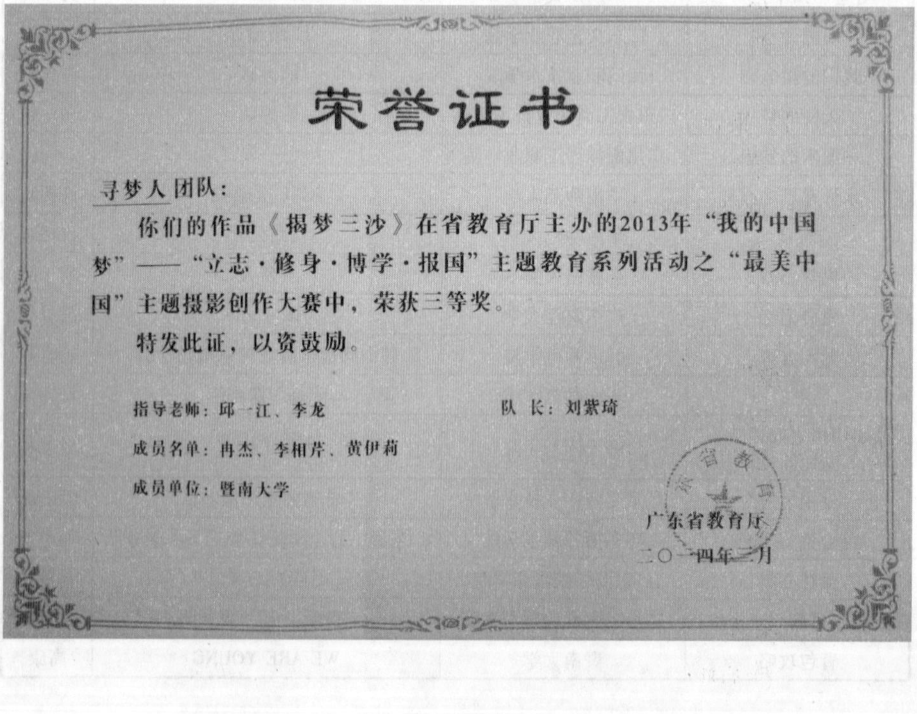

荣誉证书

寻梦人团队：

你们的作品《揭梦三沙》在省教育厅主办的2013年“我的中国梦”——“立志·修身·博学·报国”主题教育系列活动之“最美中国”主题摄影创作大赛中，荣获三等奖。

特发此证，以资鼓励。

指导老师：邱一江、李龙　　队 长：刘紫琦

成员名单：冉杰、李相芹、黄伊莉

成员单位：暨南大学

广东省教育厅

二〇一四年三月

附录三:“揭梦三沙”南海深度采访行分组一览表

指导老师:

邱一江　广电系副主任、副教授、博士
王玉玮　广电系主任助理、副教授、博士
麦尚文　暨南大学新闻中心副主任、副教授、博士
李　龙　新闻与传播学院学生工作办公室老师

“揭梦三沙”采访组

组长:刘紫琦　2011 级广播电视新闻学专业本科生
组员:王云帆　2011 级广播电视新闻学专业本科生
　　　张　怡　2010 级广播电视新闻学专业木科生
　　　杨　帆　2012 级播音与主持艺术专业本科生

“潭门”采访组

组长:覃华兵　2012 级新闻与传播专业硕士研究生
组员:范晓玲　2011 级新闻学专业硕士研究生
　　　王　潇　2012 级新闻与传播专业硕士研究生
　　　王　骏　2012 级新闻与传播专业硕士研究生

“守 · 望”采访组

组长:冼丽影　2011 级广播电视新闻学专业本科生
组员:邹薏颖　2011 级广播电视新闻学专业本科生
　　　张　芮　2011 级广播电视新闻学专业本科生
　　　康群群　2011 级广播电视新闻学专业本科生

“爱是深蓝”三亚潜艇部队采访组

组长:牛若曦　2010 级播音与主持艺术专业本科生

组员：蔡晓纯　2010 级广播电视新闻学专业本科生
　　　刘　旭　2011 级广播电视新闻学专业本科生
　　　李　志　2012 级播音与主持艺术专业本科生

My May 2013 · 行走三亚组

组长：张　妙　2011 级新闻学专业本科生
组员：范敏超　2011 级新闻学专业本科生
　　　陈宇曦　2011 级广播电视新闻学专业本科生
　　　林镜有　2011 级广播电视新闻学专业本科生

“跨 · 跃”采访组

组长：冉　杰　2011 级广播电视新闻学专业本科生
组员：李相芹　2010 级广播电视新闻学专业本科生
　　　梁诗敏　2010 级广播电视新闻学专业本科生
　　　黄伊莉　2011 级广播电视新闻学专业本科生

后　记

本书是集体特别是同学们心血的结晶。从策划案到作品，从采访心得到工作日记，从主题、内容到篇章结构，都是由同学们一字字堆砌、一个个构筑，一步步走来。在这个过程中尤其要感谢负责各个部分的编辑，他们是冼丽影（作品文本和采写心得）、牛若曦、李志（采访日记）、张怡（策划方案）、李相芹（照片）、杨帆（媒体报道）。

本书是“策划”的产物。“揭梦三沙”总策划案中明确规定了各个阶段要提交的各种材料：出发前，要提交报道方案，并以报道方案取人。报道方案经过带队老师组成的评委团审核通过了，制订方案的同学才能成为正式的成员；活动中，要求每一位队员写采访日记，并随时抽查；活动结束后，要求大家在规定的时间内拿出作品（包括视频和文本）、采访体会。由于策划到位，任务明确，加之执行不打折扣，所以构成本书的几大部分内容都能比较顺利的收集、整理出来。

编纂过程中，得到新闻与传播学院的大力支持。暨南大学出版社的史学英先生为本书的最后面世做了大量细致的工作，他的谦恭与认真让我们感动。在此，谨向各方面的关心、帮助与支持，表示真诚的谢意！

由于编者水平所限，书中错漏、偏颇难免，敬请指正。

编者

2014 年 6 月

于暨南大学新闻与传播学